ANTOLOGÍA
DE POESÍA HISPANOAMERICANA
(1915-1980)

Selecciones Austral

Jorge Rodríguez Padrón

ANTOLOGÍA DE POESÍA HISPANOAMERICANA
(1915-1980)

SELECCIÓN Y ESTUDIO PRELIMINAR DE
JORGE RODRÍGUEZ PADRÓN

ESPASA-CALPE, S. A.
MADRID
1984

Edición para

SELECCIONES AUSTRAL

© Espasa-Calpe, S. A., Madrid, 1984

—

Diseño de cubierta: Alberto Corazón

—

Depósito legal: M. 33.150—1984
ISBN 84—239—2132—8

Impreso en España
Printed in Spain

Acabado de imprimir el día 26 de septiembre de 1984

Talleres gráficos de la Editorial Espasa-Calpe, S. A.
Carretera de Irún, km. 12,200. 28049 Madrid

ÍNDICE

JAVIER SOLOGUREN

(Lima, 1921)

CINTIO VITIER

(Cayo Hueso, Florida, 1921)

ÁLVARO MUTIS

(Bogotá, 1923)

ERNESTO MEJÍA SÁNCHEZ

(Masaya, Nicaragua, 1923)

ERNESTO CARDENAL

(Granada, Nicaragua, 1925)

JAIME SABINES
(Tuxtla Gutiérrez, estado Chiapas, México, 1926)

Páginas

CARLOS GERMÁN BELLI
(Lima, 1927)

ENRIQUE LIHN
(Santiago de Chile, 1929)

JUAN GELMAN

(Buenos Aires, 1930)

ROBERTO FERNÁNDEZ RETAMAR

(La Habana, 1930)

HEBERTO PADILLA

(La Habana, 1932)

ROQUE DALTON

(San Salvador, 1935)

HUGO GUTIÉRREZ VEGA

(Guadalajara, México, 1934)

ÓSCAR HAHN

(Iquique, Chile, 1938)

JOSÉ EMILIO PACHECO

(Ciudad de México, 1939)

PEDRO SHIMOSE

(Riberalta, Bolivia, 1940)

JOSÉ KOZER

(La Habana, 1940)

LUIS ALBERTO CRESPO

(Carora, Venezuela, 1941)

ANTONIO CISNEROS

(Lima, 1942)

JUAN GUSTAVO COBO BORDA

(Bogotá, 1948)

ESTUDIO PRELIMINAR

1

Para sentirse medianamente cómodo en medio de la literatura hispanoamericana; para llegar a ella con una ventaja siquiera mínima de comprensión, al lector europeo le es imprescindible saber que va a encontrarse ante un hecho totalmente diferenciado; que, a pesar de ser una literatura escrita en lengua española, la manera de abordar la realidad, el espíritu de esa escritura, es completamente distinto al de la literatura que se escribe en España. No en vano declaraba Miguel de Unamuno, en carta a Rubén Darío, algo que puede parecer un simple juego de palabras, pero que es rotundamente cierto y que, además, ha de aceptarse así, a riesgo de quedarnos en un conocimiento superficial de la cuestión si no lo hacemos. Desde la Europa finisecular, y desde la España confusa y confundida del 98, que reforzaba el sentido individualista y nacionalista de su historia y de su cultura, lo que exigía retomar el origen espiritual de una tradición que se le escapaba por entre los dedos, disuelta por las repetidas torpezas de los siglos que precipitaron su decadencia, Unamuno —digo— escribía a Darío en estos términos: «Lo que yo veo, precisamente en usted, es un escritor que quiere decir, en castellano, cosas que ni en castellano se han pensado nunca ni pueden, hoy, con él pensarse.» Es evidente el tono entre paternalista y despectivo que alienta en las palabras de Unamuno, pero no es menos explícito su estupor, consecuencia lógica de la incomprensión profunda de un fenómeno inédito que alumbraba la literatura española de América.

El hombre español que llega a América a partir del descubrimiento traslada con él al nuevo continente una cultura evolucionada desde la perspectiva rigurosa y racionalista del Renacimiento; España lleva a América su concepto de civilización, pero no alcanza a entender, en todo su sentido, el inevitable diálogo que, desde ese mismo momento, se va a entablar entre la cultura que llega (y que España pretende reimplantar en el Nuevo Mundo), las culturas indígenas preexistentes (algunas de notable desarrollo) y —sobre todo— el nuevo producto cultural nacido de esa inédita relación recién establecida entre ambas. Una mezcla que, inmediatamente, se constituye en identidad de esos nuevos pueblos, nacidos de la fusión indudablemente fructífera de dos fluidos culturales tan diversos, pero de potencia creadora semejante. Con una ventaja aparentemente pequeña (y sólo aparentemente pequeña) a favor de los pueblos colonizados: en los pueblos de América que reciben esta nueva cultura, ésta va a ser semilla que germine, origen (y, por lo tanto, posibilidad abierta de desarrollo); entre los europeos, se trata de un capítulo más de su historia, de ese tiempo tradicional que pesa sobre ellos.

No piense el lector que divago. Todo lo contrario: establecer este marco mínimo en el que situar la literatura hispanoamericana era imprescindible; como me parece igualmente necesario apuntar un discrimen fundamental: la colonización anglosajona en América del Norte se basa únicamente en la reimplantación de un sistema sociopolítico, de un modelo cultural, que sin variación alguna (yo diría que hasta reforzando y acentuando su carácter) se utilizará en los nuevos territorios, tanto en los establecimientos de la costa atlántica como en lo que luego constituirá la épica marcha hacia el Oeste, hacia su *El Dorado*. No descubro nada nuevo si hago referencia al ingrediente fundamental de puritanismo presente en las primeras oleadas de colonizadores anglosajones, y en la subsiguiente formación de una sociedad separada, ordenada en compartimentos estancos, cuya permeabilidad con respecto a las razas aborígenes es muy escasa o nula; y de hecho, en la mayoría de los casos, supone el origen de arduos conflictos todavía latentes. La colonización española, sin embargo, es una aventura muy peculiar ya desde sus orígenes. Si bien es cierto que, políticamente, el sentido imperial predomina en el impulso y sostenimiento de la empresa americana; humanamente, tanto los viajes del descubrimiento, como las posteriores expediciones colonizadoras y sus asentamientos de población, se nutrieron de aventureros, en el sentido más amplio del término, que afrontaban la experiencia desvinculándose por completo de lo que atrás dejaban; que para algunos (muchos) no era absolutamente nada, salvo la pobreza o un difícil pasado que olvidar; y que para otros, impulsados por el sentido místico y hasta fanático con que se adornó la idea, consistía en un timbre de gloria que sumar a su reconocida fama de nobles o gentilhombres (no olvidemos qué viva influencia tuvo en la cultura española del tránsito entre el Renacimiento y el Barroco la lectura y difusión de las novelas de caballería, y de qué forma condicionaron el sentido visionario y arriesgado de la conquista de América, o de las guerras de expansión europeas).

Las Indias, El Dorado, la evangelización no son sólo ideas administrativamente asumidas por la política de un determinado momento, son deseos de absoluto repetidamente contravenidos por la realidad insospechada que encontrarán en América aquellos españoles, desesperados los unos, analfabetos los más, tercamente empeñados unos pocos en hacer de aquel mundo la continuidad lógica del Imperio. Pero esto —insisto— era una idea muy distante de las preocupaciones tangibles del descubrimiento y la conquista. Consecuencia de todo ello: el mestizaje será un hecho inmediato e incuestionable; y sin él no se comprenderá en absoluto la nueva realidad americana. «El mestizaje —escribe el venezolano Arturo Uslar Pietri— es la fuente de la novedad americana. Mestizaje de sangre y, sobre todo, mestizaje cultural. Esa novedad es precisamente la de no poder ser por su propia condición ni la continuidad de lo europeo ni la continuidad de lo indígena» [1]. Y este mestizaje genera una nueva actitud ante la vida y ante el mundo; una actitud que —y esto es lo verdaderamente importante— nunca es cerrada ni unívoca, sino abierta y posibilista. Lo que allí verán y vivirán los españoles modifica de tal manera su mentalidad que los hace *otros:* serán ya, desde ese preciso instante, *americanos.* Por poner un ejemplo muy característico, un caso como el del singularísimo personaje Lope de Aguirre [2] no se puede explicar sin ese nuevo sentido de la existencia. Lo que se vive y lo que se ve con esa nueva perspectiva exigirá, lógicamente, un nuevo lenguaje. Pero las lenguas indígenas, de tradición oral, oponen escasísima resistencia a la presión del castellano, ya organizado estructuralmente desde antes de iniciarse la conquista de América. El nuevo hombre de este nuevo continente deberá, pues, expresarse en castellano, pero imprimiendo a esta lengua su personalidad distinguidora. ¿En qué consiste tal pecu-

---

[1]   *Veinticinco ensayos,* Monte Ávila, Caracas, 1969. Véase también, para este tema: Manuel Andújar, *Andalucía e Hispanoamérica, crisol de mestizajes,* Edisur, Sevilla, 1982.

[2]   El personaje ha sido motivo de diversas interpretaciones históricas y literarias. Cito, por más conocidas, las novelas de Ramón J. Sender, *La aventura equinoccial de Lope de Aguirre;* de Abel Posse, *Daimon;* de Miguel Otero Silva, *Lope de Aguirre, príncipe de la libertad.* La interpretación histórica que el propio Uslar Pietri da en el libro antecitado y el filme del alemán Werner Herzog, *Aguirre o la cólera de Dios.*

liaridad? Pues en hacer de la escritura la expresión de ese enigma, de esa extrañeza, que es su identidad; en hacer una obra literaria en absoluto confirmadora o corroboradora de *lo sabido;* en volverse sobre el lenguaje y trasmitirle la experiencia padecida, de modo tal que aquél no sea instrumento definidor sino soliviantador, provocador, a causa de la ambigua pluralidad que manifieste. Es un proceso que tarda siglos en consumarse, como es lógico, pero que alcanza al fin su plenitud, cuando los países colonizados empiecen a acceder a su independencia. Hecha la salvedad, no obstante, de algunos casos aislados, como el cimero ejemplo de Sor Juana Inés de la Cruz, en México [3].

Estos pueblos recién nacidos, en los años siguientes a su independencia, ¿están fundando una idea colectiva o están originando en cada caso una identidad peculiar, una forma propia de entender el fenómeno de su realidad, conforme se hallen hundidos en la selva tropical, deban acomodarse a las encrespadas alturas andinas, queden aislados por extensiones desérticas y solitarias, o reciban, en fin, sucesivas oleadas de nuevas gentes y nuevas culturas? A pesar de la constante polémica habida entre ambas actitudes, yo prefiero pensar que la idea continental es siempre dominante; cosa lógica, por otra parte, si notamos que Hispanoamérica nos remite a una idea común, a una comunidad de intereses, pero también —y esto es lo más importante— condiciona la afirmación de una personalidad colectiva que quiere oponerse, desde el punto de vista político, sin duda, pero también —y en muy alto grado— desde una perspectiva cultural, a la tenaz filtración de lo angloamericano, en sus más diversos aspectos: desde lo que puede ser un

---

[3] Véase Octavio Paz, *Sor Juana Inés de la Cruz o las trampas de la fe,* Seix Barral, Barcelona, 1982. Se hace una detallada exposición de los aspectos que singularizan la obra de sor Juana con respecto a la literatura española de la misma época.

simple estilo de vida hasta el peligroso, y trágico muchas
veces, intervencionismo militar. Afirmación de una personalidad que quiere ser, en fin, la defensa de un sentido
de la existencia sucesivamente contradicho o abortado
por ese destino colonial que siempre ha parecido irreversible. Y esto es así, por muchos y diferentes que sean los
países —y los problemas específicos de cada uno— que
conformen, políticamente hablando, el continente. El
poeta cubano Roberto Fernández Retamar escribe con
suficiente clarividencia lo que sigue. Ello nos ahorra ser
más prolijos en nuestro comentario:

> Lo importante, lo definitivo es que aquellos países
> nacidos del colonialismo, entre los que se encuentra
> Cuba, tenemos, además de nuestras respectivas anti-
> guas culturas, una cultura nueva, revolucionaria, que
> estamos creando en común [4].

Y, citando a Federico de Onís, añade que esa cultura
nueva y común, múltiple y engendradora, es también la
cultura de un nuevo tiempo; pues el destino de este Continente «es el de ir siempre en busca de un más allá».
Una cultura, pues, en marcha; no hecha. Una cultura
de un tiempo abierto al futuro. Por eso, Octavio Paz ha
hablado de una identidad en ebullición, y precisamente
ese *estar en trance de ser,* pero nunca concluir *estableecién-
dose,* que hace de este mundo cultural un mundo vivo,
siempre renovado, otorga personalidad y riqueza indiscutibles a esa cultura, y por consiguiente a esa literatura,
nunca satisfecha con el modelo recibido, poniéndolo
siempre en cuestión, observándolo siempre (como ob-
serva al lenguaje) como una constante incertidumbre.
En este orden de cosas, puede interesarnos la afirmación
de Carlos Bousoño, referida a la vitalidad de las nuevas
generaciones. No cree Bousoño en el imperativo de la

---

[4]   Revista *Casa de las Américas,* núm. 99, La Habana, 1977.

edad como motivo único de los cambios renovadores en arte o literatura; pero sí apunta que «sólo quien, como el joven, carece, en cierto modo, de pasado, se halla libre de esas pesadas adscripciones que van siempre en sentido opuesto al de la vida» [5]. Si sustituimos cantidades iguales, será fácil entender cómo Hispanoamérica, una personalidad histórica joven y, además, aislada de su pasado histórico por la conquista y la larga etapa colonial, no sólo se encuentra en la necesidad de fundar ese pasado, de encontrar perentoriamente una raíz, una identidad que la defina, sino que al hacerlo, por una parte, se ve impulsada a correr un riesgo, a dar un salto constante en el vacío, y, por otra, no nos cabe duda de que tal decisión comporta una negativa rotunda a toda esclerosis y una explícita apuesta por la vida.

Hace escasamente un año, Mario Vargas Llosa se pronunciaba al respecto, durante su intervención en un encuentro de escritores hispanoamericanos celebrado en Berlín (R. F. A.). Hablaba el novelista peruano de la sugestiva función que ha cumplido América a lo largo de su historia: «materializar los sueños irrealizados de los europeos»; sembrar la semilla inquietante de una ficción posible. Hermoso destino; pero también peligroso: en ese extraordinario mosaico de culturas —añadía Vargas Llosa—, no del todo integradas todavía; un mundo, constante proceso de formación, de descomposición y recomposición, trae consigo infinitos problemas, pero es —en cambio— un extraordinario estímulo para la labor creativa [6]. No se parte de una tradición que deba guardarse celosamente, ni a la cual haya que referirse adoptando una postura de deferencia y respeto, sólo se cuenta con

---

[5] Cfr. *Épocas literarias y evolución,* Ed. Gredos, Madrid, 1981, en especial página 198.
[6] Véase *A B C,* Madrid, 2 junio 1982. Remito también al lector al discurso pronunciado en la Academia Sueca, al recibir el premio Nobel, por Gabriel García Márquez.

un mundo abierto y sugerente; no hay allí una lengua dada, como hemos visto, sino una nueva actitud ante la lengua hecha que se recibe, por eso, o se utiliza como una máscara o se asume como una pasión, pero nunca será indiferente, nunca será un simple paradigma aprovechado utilitariamente sin hacerse preguntas sobre el mismo. Se trata de una lengua constantemente interferida, manipulada, gozada, padecida; inventada a cada paso, cargada de imaginación, enfrentada con sentido crítico indudable y asumida con explícita ironía. Esta posición tan *moderna* genera esa temporalidad aludida que se vuelca hacia el futuro. Curiosidad y cosmopolitismo serán, por tanto, dos constantes que tratan de superar sucesivamente la raíz casticista o la vuelta a la contemplación limitada de una realidad circundante. Una temporalidad original, anterior a la historia, que desconfía de esa historia y que inaugura un mundo: el de la imaginación poética [7].

No existe, pues, tradición que rescatar, sino origen que encontrar ante el vacío y la orfandad, herencia histórica de la colonización, la persecución y el exilio, ingredientes los tres que crearán un sentimiento de pérdida y de culpa, e impulsarán a la literatura hispanoamericana no sólo a conquistar denodadamente una identidad, sino a sufrirla. Los protagonistas de la mayoría de las obras literarias hispanoamericanas, habitantes de mundos de ficción, se sienten sin embargo signados por una situación histórica que supone una condena a la inercia y a la anulación, pues los hechos no discurren transformando la vida sino confirmando un estatismo enervante, cuando no levantando nuevas fronteras que impiden salir de la propia aniquilación (pienso, por ejemplo, en el caso para-

---

[7] «Conocer diversas literaturas —escribirá José Martí, en 1882— es el medio mejor de liberarse de la tiranía de alguna de ellas.» Y tal como explica Octavio Paz, en la obra ya anotada, la concepción del mundo cultural en sor Juana Inés de la Cruz se asentaba también en la universalidad del conocimiento.

digmático de los personajes de Juan Carlos Onetti o Juan Rulfo). La historia —y el lenguaje— no se viven en América, sino que se padecen, ha explicado Octavio Paz, como una catástrofe o como un castigo. Y, paradójicamente, ése es su gran triunfo: un padecimiento, un sufrimiento visceral y cálido; nunca la aceptación satisfecha de una habilidad superficial que pueda revestirlos de fácil notoriedad. Creo que esa es la gran enseñanza que pueden darnos hoy, y no sólo dentro del ámbito de la literatura hispánica, los escritores (y en especial los poetas) de Hispanoamérica.

2

Como ya he advertido, salvo casos aislados (no por ello menos significativos), la literatura hispanoamericana propiamente dicha se inicia, como es lógico, en la segunda mitad del siglo XIX, cuando se pone en marcha, de forma irreversible, el proceso de independencia de los territorios sometidos hasta entonces al dominio de la corona española. A partir de este momento, y por directa intervención de la sociedad criolla en el proceso político y cultural que se sigue entonces, se refuerza la conciencia de identidad propia, e incluso se lleva a extremos de radicalización exacerbada (cosa natural en tales circunstancias); y —sobre todo— la conciencia de un lenguaje propio, capaz de expresar con justeza esa identidad, aflora insistentemente en la obra de los escritores que preparan el ambiente para la gran revolución modernista. Revolución que condicionará, de ahí en adelante, toda la literatura escrita en lengua española, tanto en América como en España. No es Rubén Darío el primer y único modernista —esto es de sobra sabido—, pero sí es indudable que el año de publicación de su libro *Azul,* 1888, se considera clave para el ingreso de la literatura española en el ámbito de la *modernidad;* y cualquier recuento histó-

rico de la poesía hispanoamericana dará como comienzo
y final de ese primer período (Modernismo y Postmodernismo) los años 1890 y 1920, respectivamente, fecha
esta última en que ya se han publicado las primeras obras
vanguardistas, y determina, por consiguiente, la superación del Modernismo. Pero vayamos por partes.

El Modernismo es un movimiento literario escasamente comprendido, e injustamente valorado en algunos
casos, especialmente desde la perspectiva española.
Quizá su excesiva fe en la belleza de la palabra, en la imaginación y en la formalización del poema ocultara, ante
el lector menos despierto, sus raíces más profundas, que
en la realidad desbordan lo exclusivamente literario para
entenderse como sustento espiritual, como actitud vital
que, al igual que el Romanticismo en Europa, impregnó
el sentido de la existencia entre los escritores hispanoamericanos de los últimos años del siglo XIX. Por tanto, si
atendemos a las circunstancias históricas que rodean a
los poetas modernistas, veremos hasta qué punto es coherente, y trascendental, su actitud. Ya hemos insinuado
que todos ellos se exigen la conquista de un lenguaje
propio (aun escribiendo en castellano; tal vez por eso
mismo); y por tanto deben traspasar, asumiendo todos
los riesgos, la estructura lógica de un lenguaje que tendía
a comunicar unilateralmente la realidad, un lenguaje ob-
sesionado por el racionalismo y el minucioso objetivismo
del mundo y de las cosas, y hasta de los comportamientos
humanos. Y para ello les basta con hacer una traspola-
ción, más o menos inmediata, del mundo que los rodea,
de su naturaleza específica y desbordada, al ámbito de la
creación literaria; es suficiente aprovechar la capacidad
de alumbramiento (de «ir más allá») que su deseo fo-
menta ante la insatisfacción que en ellos produce la realidad más próxima. Como los románticos, desean aso-
marse a otra realidad mucho más rica y sugerente: la que
su imaginación es capaz de crear. En una palabra, permiten al lenguaje acoger sin traumas la febril y caudalosa ca-

pacidad imaginativa que ha venido creciendo, en estado latente, desde el origen singularísimo de su existencia. No van hacia el pasado, intentan, una y otra vez, abrir puertas al futuro, y *descubrir* constantemente.

No van hacia el pasado, porque el pasado se confunde con el superestrato cultural español vigente hasta entonces; se confunde con una tradición que respetar y repetir. Así, y ante la necesidad de abrir caminos en un lenguaje que no desean repetitivo y gastado, se entusiasman con la literatura francesa de aquellos años. Parnasianos y simbolistas les ofrecen, además, la oportunidad de extremar la capacidad estética del lenguaje, por una parte, y de conectar la experiencia personal con el mundo de las imágenes, por otra [8]: las correspondencias que iluminan una vitalidad, a veces melancólica a veces eufórica, llenan la poesía del Modernismo de valientes y sugestivas formas expresivas, hacen del poema un mundo autónomo, donde experiencia vital y experiencia poética se confunden. De 1882 son estas palabras, sin duda precursoras, de José Martí: «La vida personal dudadora, alarmada, preguntadora, inquieta, luzbélica; la vida íntima febril, no bien enquiciada, pujante, clamorosa, ha venido a ser el asunto principal y, con la naturaleza, el único asunto legítimo de la poesía moderna.» De la poesía y también de la prosa, pues en ese mismo año de 1882, cuando Martí publica sucesivamente *Ismaelillo* y *Versos libres,* hace lo propio el mexicano Manuel Gutiérrez Nájera con los relatos que, al año siguiente, editará bajo el título de *Cuentos frágiles.* En uno y otro escritores se advierte, con toda claridad, el deseo de manejar una palabra viva, de plasmar una extremada voluntad sensorial como forma de posesión de la realidad, de dejarse llevar por un entusiasmo visionario que roza lo irracional... Y

---

[8]   Es, como explica Carlos Bousoño en la obra citada, una progresiva asunción y acentuación del individualismo característico de los períodos históricos de la literatura.

nada de eso se opone en sus obras (todo lo contrario) a
una voluntad artística, a una explícita precisión en la escritura, de modo que el texto se convierte en un orga-
nismo autónomo al tiempo que en un objeto bello: lenguaje e independencia; lenguaje que se independiza y
que, al hacerlo, nos descubre el sugestivo poder de una
palabra inaugural.

Y junto a la imaginación desbordada, la poesía americana nueva se abre al mundo; esquiva la fácil tentación
de lo cercano, de lo familiar, de lo autóctono, y asume su
inalienable condición cosmopolita, no sólo porque sea
capaz de admitir las más diversas y exóticas influencias
sino porque empieza a reconocer (algo que la poesía española no hizo, para su desgracia) que la poesía no es
voz individual, ni siquiera voz de una determinada comunidad, sino que es voz unánime. La Grecia imaginada
por Rubén Darío, o el Oriente sugestivo que él y otros
modernistas incorporan a sus obras, van mucho más allá
de la simple ambientación exótica o pintoresca de su
mundo poético: les permite trabajar sobre nuevos y cam-
biantes ritmos, o configurar de forma más atrevida una
abundante y desbordada imaginería. En ninguno de estos
casos podríamos hablar de frivolidad, ni de falso artificio,
ni —por supuesto— de despreocupación evasiva: esa
mirada que se dirige hacia otros mundos, atractivos por
su lejanía y por su extremada sensualidad, proporciona-
rán al poema una fuerza capaz de hacer saltar por los
aires, voluntaria y críticamente, el empobrecimiento cultural que el positivismo materialista de las sociedades
americanas recién nacidas a la independencia sufrían a
causa de su torpe concepción del mundo, a causa de su
obsesión por el progreso como única meta de la sociedad
y de la moral; que sufrían también porque consideraban
el espejismo de la riqueza y el progreso como su verdadera realidad, sin advertir que esa máscara satisfecha
ocultaba el verdadero rostro de una nueva colonización,
más vergonzante y estéril: la del utilitarismo anulador de

toda capacidad creadora, y por creadora imaginativa, vital, del individuo; y sobre todo del instrumento expresivo que, como también afirmaba José Martí, debía «cortarse la melena»: desmelenarse.

La belleza extremada, la postura elitista y estetizante de los modernistas, el individualismo que los encerraba en su «torre de marfil» eran —como muy bien explica Ricardo Gullón [9]— una forma de plantar cara, de manera escandalosa, a la sociedad estrechamente aburguesada y mezquina de la Hispanoamérica finisecular. Sensualidad y paisaje; extroversión plástica y desbordamiento imaginativo; sentido erótico y lúdico de la existencia y de la experiencia poética (no debe olvidarse que los modernistas volvieron su mirada al mundo poético de finales de la Edad Media, sobre todo hacia la idea que de la poesía y del poema tenían los trovadores provenzales: el poema como entidad autónoma y original, creada sí, pero como objeto precioso y descubierto) condujeron a los escritores de la época a la marginación frente a la sociedad que los difamaba y despreciaba: el de poeta no es un oficio *productivo;* y en aquel mundo, lo que no es *útil* no es bueno. Todo lo más podía ser asumido por esa burguesía como divertimento ofrecido por aquellos a quienes entendían como sus servidores.

Pero la perturbación había sido lo suficientemente profunda como para no dejar una huella indeleble: la identidad de un mundo inaugural estaba bien afirmada; las capacidades creadoras del lenguaje facilitarán una continuidad ya irreversible. De 1914 data el *Canto a la Argentina,* del propio Rubén Darío; pero ya en 1905, Lepoldo Lugones, con *Los crepúsculos del jardín,* ofrece los primeros síntomas de una superación del Modernismo que confirmará, entre otros, el mexicano Ramón López Velarde, en 1916, con *La sangre devota.* Todos estos libros tienen en común, no ya la exaltada exuberancia sensorial, ni la

---

[9]   Véase *Direcciones del modernismo,* Ed. Gredos, Madrid, 1963.

escenografía imaginaria del primer Modernismo, sino una preferente atención al mundo más próximo, a la cotidianeidad y a la sencillez de una experiencia configurada por sucesos vulgares. Y serán estos acontecimientos comunes, en apariencia intrascendentes, los que han de convertirse en sujeto de la poesía. Pero quisiera hacer una importante observación: este mundo pequeño y cotidiano no se toma como símbolo de nada, tiene su propia verdad y como tal es, literariamente hablando, muy valioso. La poesía lo trata con una perspectiva ya utilizada por el Modernismo: con asombro y sorpresa ante la magia de su sencillez; con la manipulación irónica y crítica de esa retórica de la dulce medianía. No se sublima lo cotidiano, sino que es observado con una actitud entre desengañada y escéptica, entre humorística y sentimental. Es el mundo del postmodernismo, donde el retorno a lo cercano impone también una vuelta a lo propio y peculiar, pero donde las conquistas del cosmopolitismo y la identidad crítica no sólo no han desaparecido, sino que se consolidan mucho más.

Al impulso abarcador y todopoderoso del Modernismo ha sucedido este mundo contenido en la temática, pero cuyo lenguaje posee ya la sabiduría otorgada por el *padecimiento* de ese lenguaje. Los poetas investigan entonces las posibilidades literarias de la palabra coloquial al utilizarla como vehículo capaz de abrir brecha en los valores establecidos, y precisamente desde dentro de esos mismos valores; utilizando sus propios recursos. Al apropiarse, de modo definitivo, del lenguaje urbano, los postmodernistas continuaron el camino iniciado por sus antecesores inmediatos, y lo desarrollaron adecuadamente. A fuerza de utilizar lugares comunes, en los temas y en el lenguaje, pretendían descubrir la imagen insólita de esa realidad. Y así mezclarán, deliberadamente, el lirismo más acusado con la objetivación reflexiva; la ironía más aguda con el canto más exaltado; o los rigores del verso con un prosaísmo perfectamente acoplado a aquéllos. El

poema se llena de interrupciones, de silencios, de sugestiones que ofrecen un nuevo campo de experiencia a la
lengua poética. El escritor, antes disidente escandaloso,
se refugia ahora en una cauta actitud irónica y critica esa
realidad desde ella misma, idealizando lo menos ideali-
zable, rompiendo la sintaxis lógica del discurso poético
con elisiones o contradicciones flagrantes, logrando una
síntesis de lo sublime y de lo vulgar, de lo poético y lo
prosaico; y asumen todo eso de una forma absolutamente
natural, permitiendo que tal extrañeza se convierta en
fuerza renovadora del lenguaje; lo mismo que la temática, considerada antipoética por la convención academi-
cista, descubría una nueva valoración, insólita, de aquella
realidad hostil.

Pero todavía quedaba cierto lastre racionalista en la
concepción textual, que el Modernismo no había logrado
desterrar. Precisamente con la violación de esos últimos
obstáculos, actuando con una fuerte capacidad imaginista, desde esa tendencia abiertamente cosmopolita ya
vista y, sobre todo, desde la asunción de la ironía, y por
medio de una valoración insólita de la realidad habitual
que integra lo urbano como elemento capaz de producir,
por contraste, sorpresa, magia poética, se abre la poesía
hispanoamericana al irracionalismo de las vanguardias, y
ya en 1918 Vicente Huidobro publica *Ecuatorial* y
Poemas árticos, precisamente en España. El lenguaje poético puede dar así el gran salto y, por distintos caminos,
alcanzar la plenitud. Fundadores de la nueva poesía latinoamericana llama Saúl Yurkievich a —entre otros— Vicente Huidobro y César Vallejo, poeta este último que,
también en 1918, publica su primer libro, *Los heraldos
negros.* Ambos escritores ofrecen una visión común de la
poesía, si bien a través de un desarrollo diferente de su
trabajo. Huidobro, que alcanza su plenitud con *Altazor*
(1931), asume la cosmovisión poética de forma absoluta:
su poesía, como escribirá Octavio Paz, es del aire; y en
esa totalidad cósmica se debate el *alto azor* de su poema:

Estás perdido Altazor
solo en medio del universo
solo como una nota que florece en las alturas del vacío.
No hay bien ni hay mal ni verdad ni orden ni belleza.
¿En dónde estás Altazor?
La nebulosa de la angustia pasa como un río
y me arrastra según la ley de las atracciones...

Pérdida y soledad se integran en un mundo de absolutos
poéticos; allí, la palabra se aleja de la tierra, se pierde en
el vuelo alto y solitario de Altazor, para caer precipitadamente al fin.

La poesía de César Vallejo también es poesía de totalidad, pero con una cosmovisión terrenal, humana, fundada en la solidaridad. Su pérdida y su soledad (las del
propio César Vallejo: «le daban duro con un palo y duro /
también con una soga; / son testigos / los días jueves y
los huesos húmeros, / la soledad, la lluvia, los caminos...») son una pérdida y una soledad que buscan desesperadamente al otro, a todos. Entrega y soledad re-
dentoras, capaces de lavar las culpas, de aliviar el constante padecimiento de los suyos, próximos o lejanos.
Poesía religiosa, porque Vallejo, como también ha explicado Octavio Paz, se nos muestra como «un peruano
que fuese así mismo un poeta que viese en cada peruano
al hombre y en cada hombre al testigo y a la víctima».
César Vallejo es así la última consecuencia del Postmodernismo, pero también una fuerza poética capaz de
combinar el mundo cordial y humano con la vitalidad
transformadora de una lenguaje que tiene capacidad suficiente para hacer del texto un lugar idóneo para esa experiencia solidaria y totalizadora. *Trilce*, su libro de 1922,
interiorizaba con una cálida fuerza individualizadora la
multiforme amplitud de esa lengua poética suya signada
por lo coloquial: un lenguaje urbano asumido definitivamente, pero a la vez poseído de la constante sorpresa y
de la dolorosa pesadumbre del marginado que fue
siempre César Vallejo.

Pero junto a la vanguardia francesa (de Apollinaire a Reverdy), y al igual que sucedió con los modernistas, que concibieron el cosmopolitismo imaginando el mundo clásico y oriental, o apropiándose de la imaginería simbolista de la poesía francesa, los vanguardistas hispanoamericanos (que también inauguran esta vanguardia poética en la literatura española) incorporaron un nuevo orientalismo: ya no se trataba de un oriente escenográfico y apabullante, de leyenda y fantasía, sino de una asimilación de la síntesis conceptual del mundo a través de la imagen instantánea (y, por tanto, cargada de una nueva temporalidad) como la que brindaba, por ejemplo, la poesía japonesa. Así, el mexicano José Juan Tablada introducía en la poesía en castellano, manejándolas con soltura indudable, formas poéticas orientales como el hai-kú, que dejaron a la escritura en una situación inmejorable para la captación conceptual de una realidad original, sorprendida en el instante del alumbramiento. Precisamente entre 1919 y 1922 publica Tablada sus libros más significativos a este respecto: *Un día...*, *Li-Po y otros poemas, El jarro de flores*.

Hemos dicho más arriba que la moderna poesía hispanoamericana está siempre en trance de ser, que nunca concluye *estableciéndose*, que anda siempre en busca de su personalidad. Por eso, alternativamente, tienta la aventura de la expansión cosmopolita y la configuración de una escritura de lo inmediato. En el primer caso, se apropia de nuevos materiales, contrasta su lenguaje con la arriesgada formalización textual de nuevos intentos poéticos; en el segundo, trata de volverse sobre la realidad cercana queriendo ejercer, con penetrante ironía, la aventura de escribir. Pues bien, una vez que la vanguardia liberó definitivamente a la poesía de su racionalismo tradicional y dejó al discurso poético en disposición de vivir a plenitud la experiencia creadora, la poesía hispanoamericana se acomodó más o menos a ella, pero sintió que su influencia era ya irreversible. El grupo mexicano de «Contemporáneos» que, cronológicamente, sucede a la vanguardia, supone una atemperación del fervor irracionalista y objetual de aquélla, y se encamina hacia una interiorización trascendente; penetra en los abismos de lo esencial, pero para ello necesitaba —y aprovechó— las conquistas anteriores, especialmente en aquellos aspectos que hicieran del lenguaje no una máscara, sino una transparencia capaz de dejar al descubierto la pureza de la realidad sentimental y espiritual del escritor, y de la realidad, nunca estática ni ajena, de las cosas y del mundo. José Gorostiza o Carlos Pellicer y, sobre todo, Xavier Villaurrutia son notabilísimos ejemplos de esta nueva tendencia que limitó igualmente el riesgo formalista e hizo volver a los escritores a un cierto orden constructivo, a una cierta estructura lógica en la temática, librándolos de precipitarse en la vacía retórica del irracionalismo.

El mundo y las cosas. Y el hombre en ellos. La entraña de la existencia y sus razones originales exaltan de nuevo la pureza de la identidad americana. Ya Borges había publicado, en 1923, *Fervor de Buenos Aires,* y Pablo Neruda, con su *Residencia en la tierra* (1933), iniciará una influencia incontenible que impregnará toda la poesía posterior. Nicolás Guillén, por su parte, publica entre 1931 y 1938 sus dos libros más populares: *Songoro Cosongo* y *El son entero.* El vanguardismo no se extingue. No se trata de un regreso, se trata más bien de un nuevo nacimiento; sobre todo cuando notamos, como escribe José Olivio Jiménez, que

> la valoración justa de esos años se obtendrá sólo si los contemplamos en su dinámica antinomia: había allí lucidez del intelecto, mas también pasión del sentimiento; es decir, hubo poesía pura, pero del mismo modo, romanticismo y superrealismo. Y aún más completo quedaría el cuadro si le añadimos otras dos inclinaciones o actitudes del espíritu no menos importantes: la pregunta metafísica y la protesta social, que dan cuerpo a sendas corrientes poéticas, donde se

sitúan respectivamente, nombres de tanto relieve
como Borges y Gorostiza, en la primera, y Neruda y
Nicolás Guillén, en la segunda [10].

Un nuevo nacimiento —decía— que quedará en suspenso hasta que se supere el paréntesis obligado de la
guerra. Las expectativas quedaban abiertas para un
nuevo principio, siempre insólito, siempre renovado, de
la poesía hispanoamericana. Y entre 1940 y 1960 va a adquirir, por pleno derecho, una voz propia. Todos los ingredientes que, desde el lejano barroco del siglo XVII [11],
la han ido configurando adquieren una nueva dimensión,
con el decisivo impulso de indiscutible libertad y universalidad que le infunde el Surrealismo, de tanta y tan continua influencia. Esta nueva poesía hispanoamericana se
desliga, poco a poco, de la obsesiva servidumbre a lo con-
tingente e inmediato, y de la grandilocuencia de una
épica naciente, desmesurada y totalizadora. Habría que ir
al esencialismo de «Contemporáneos» para descubrir el
antecedente más inmediato de esta poesía, pues en aquél
se inició esa síntesis entre vivencia existencial y experiencia vital y poética (sentidas ambas como una y la
misma cosa). A esta nueva etapa, identificación sorprendente entre el desbordado formalismo imaginista y la
apretada síntesis conceptual, se le suele llamar trascen-
dentalismo; pero el término me parece excesivo por
cuanto al fervor metafísico de «Contemporáneos» los

---

[10]   *Antología de la poesía hispanoamericana contemporánea,* Alianza
Editorial, Madrid, 1973. Esta antología abarca, justamente, hasta el período inmediatamente anterior al que se ofrece en la que ahora tiene
en sus manos el lector.

[11]   En el I Congreso Internacional de Escritores de Lengua Española, celebrado en Las Palmas (islas Canarias), el escritor colombiano
Rafael-Humberto Moreno Durán presentó una ponencia en la cual de-
sarrollaba precisamente este tema de las influencias del barroco y su
asimilación por parte de la literatura hispanoamericana. El título de la
ponencia era *Góngora y América: tres siglos de herencia yacente.* Sobre
este tema volveré más adelante y con más detalle.

poetas de los años cuarenta-sesenta proponen un explícito o tácito distanciamiento: la palabra no es un *medio de expresión,* sino un *origen;* y la poesía, algo más que un ejercicio formalista riguroso: una actividad vital. El poema, consecuentemente, será un acto creador. La escritura poética, ya desde un deslumbrante hermetismo ya desde la vibración existencial, se consuma como un acto erótico: exaltada posesión del mundo que ilumina una otra realidad, y esa instantánea visión se origina por la palabra; pero también *es* origen y, al mismo tiempo, consumación de esa palabra.

En 1944, José Lezama Lima publica *La fijeza,* y el mundo de lo irrisorio se convierte, por la magia deslumbrante de su imaginería, en la gran gesta verbal, en la epopeya alucinada de la palabra instantánea. En 1949, Octavio Paz, con *Libertad bajo palabra,* establece el diálogo crítico entre experiencia y verbo; entre el peso de la historia y el instantáneo alumbramiento del poema que funda el tiempo. Confirmado todo ello en sus dos libros siguientes: *¿Águila o sol?* (1950) y *Piedra de Sol* (1957). Por su parte, Nicanor Parra, y por las mismas fechas, publica *Poemas y antipoemas* (1954), que no son otra cosa que —con palabras del propio autor— «el poema tradicional enriquecido con la savia surrealista». Y añade que «debe aún ser resuelto desde el punto de vista sicológico y social del país y del Continente a que pertenecemos, para que pueda ser considerado un verdadero ideal poético». Su singularidad reside en que, siendo una poesía directa, de absoluta sencillez, ayudada a veces del ritmo popular y folklórico; siendo una poesía existencial y hasta «moral», se llena de intención (y de segundas intenciones) y es —al propio tiempo— un ejercicio de extremado rigor y sorprendente originalidad.

Algunos de los poetas que se reúnen en la presente antología, que ya se pueden considerar como parte integrante de una nueva etapa de la poesía hispanoamericana (etapa inaugural también), publican sus primeros libros entre los años cuarenta y cincuenta (Álvaro Mutis, Jorge E. Adoum, Gonzalo Rojas, Ernesto Cardenal, Javier Sologuren...). Quizá por ello el tramo final de este período de 1940 a 1950 muestre un carácter muy diverso. A la síntesis abarcadora de Lezama Lima, Octavio Paz o Nicanor Parra sucederá una clara divergencia, y mientras unos poetas (es el caso, por ejemplo, del nicaragüense Pablo A. Cuadra) continúan sintiendo a la poesía como proceso vital antes que como medio de comunicación; otros (y el ejemplo típico sería el también nicaragüense Ernesto Cardenal) buscarán la anécdota como médula del poema, otorgarán importancia, quizá excesiva, a la temática y a la localización del hecho poético; y otros, en fin, abordarán su trabajo desde una perspectiva irónica, superadora de simplistas dicotomías, y se establecen en la tesitura de la burla corrosiva, no por ello menos dramática.

Ahora bien, bajo estas expectativas, cuyo desarrollo intentaremos explicar a continuación, fluye una corriente común que las sostiene y alimenta: la decepción constante que aguarda al final de cada alumbramiento; el signo de dramática enajenación y exilio que los marca de forma indeleble; la confirmación, apenas efímera, de una identidad buscada con denuedo. El acontecimiento capital de los últimos veinte años de la historia de Hispanoamérica (la revolución cubana y su ulterior desarrollo) ha venido a dejar, una vez más, las espadas en alto, y la poesía escrita desde entonces a hoy participa de esa misma tensión y de esas mismas esperanzas. Nos muestra, en una palabra y una vez más, su alentadora y renovada vitalidad.

En efecto, a partir de 1960, la historia de Hispanoamérica ya no puede ser la misma. A la revolución cubana siguió el hecho incuestionable de la internacionalización del protagonismo de un continente hasta entonces sumido en lo que podrían considerarse sus problemas domésticos. Enrique Ruiz García, ya en 1961, escribe:

> ... la revolución cubana (...) ha producido una honda
> mutación sicológica del carácter continental, viniendo
> a ser, en cierta medida, algo más grave que una revolu
> ción: una desmixtificación (...) la revolución cubana
> ha dinamizado la coyuntura histórica de Iberoamérica
> y ha puesto sobre la mesa, con un gesto no exento de
> patetismo, ese hecho global [12].

Es evidente que no intento, ni tan siquiera someramente, una valoración crítica de ese acontecimiento capital en la historia contemporánea, que tantas pasiones ha
desatado y que tanta polémica (también literaria) ha generado: no estoy en condiciones de hacerlo, ni creo que
sea éste el lugar más adecuado; pero sí me interesan las
palabras transcritas, pues apuntan certeramente a tres
rasgos muy precisos y característicos que la revolución
cubana ha dejado como huella en la vida de Hispanoamérica (por muchos inconvenientes que hayan surgido en
ese proceso, por muchas readaptaciones que se haya
visto obligada a protagonizar), marcando el sentido de su
continuidad cultural y de su nueva existencia: de una
parte, la urgencia por encontrar la identidad real, superando siglos de máscaras y mixtificaciones; en segundo
término, ha sido un fenómeno abierto a la continuidad
dinámica de toda una conciencia colectiva (y de ahí su
protagonismo internacional, política y culturalmente hablando); y, por último, la condición indispensable de su
carácter: decir todo eso con un gesto «no exento de patetismo». La gestualidad, lo emocional o vitalmente arraigado presidiendo siempre estos aconteceres, que se
deben identificar —insisto— como repetidos alumbramientos, como sucesivos principios llenos de ardor y de

---

[12] Revista *Índice,* núm. 148, Madrid, abril 1961. El artículo se titula
«Iberoamérica».

potencial libertad expresiva. Una gestualidad que si, por un lado, hemos de reconocer como notable riqueza expresiva, es también —por otro— la forma externa en que se resuelve eso que Octavio Paz ha señalado como confusión de la política con la historia, cuando los escritores y artistas intentan insertarse en la historia viva de sus pueblos.

Wiston Orrillo ha escrito [13], refiriéndose a la poesía peruana de los últimos años, que si la generación del cincuenta vivió la dictadura y cantó la situación social que ella produjo: cárcel, destierro, oprobio e injusticia, pero tuvieron sus instantes iniciales de deslumbramiento verbal, de lujuria expresiva, la generación de 1960 ha gozado de mayor sosiego, pero otras han sido las coyunturas históricas (revolución cubana, Vietnam, movimientos de liberación nacional), y Cuba, Vietnam o las guerrillas son temas que, de un modo u otro, ocupan la atención de los jóvenes poetas. Y estas coyunturas son precisamente eso: alumbramientos, instantes que se inician con el goce y el empuje, pero también con el patetismo que les es inherente. Una nueva etapa y, consecuentemente, una nueva forma de afrontar el lenguaje, pues acontecimientos tan significativos e influyentes reclaman un protagonismo literario inmediato: es necesario «decir lo que pasa, esto es, expresar la *existencia*» [14]. Pero tal urgencia, traducida en ocasiones —como hemos visto— en gestos instantáneos, no renuncia ni al arte ni a la historia; es más, no renuncia a hacer verdadero arte de esa historia: el impulso poético, es decir, creador, original, alentará sustantivamente en las obras más significativas de este período que, como también ha explicado Octavio Paz, determina al mismo tiempo una exploración

[13] «Poesía peruana actual: dos generaciones», en *Cuadernos Hispanoamericanos*, Madrid, diciembre 1968.
[14] Véase César Fernández Romero, *Para América Latina, una poesía existencial*, en Revista *Casa de las Américas*, núm. 134, La Habana, septiembre/octubre 1982.

de la realidad y una exploración del lenguaje. Por eso, la prosa narrativa de Hispanoamérica, en los años sesenta, adquiere la sorprendente difusión de todos conocida, y la extraordinaria capacidad revulsiva de su lenguaje, que es —me parece— incuestionable. Y por eso también, la poesía de los mismos años adquiere, de una parte, una formulación narrativa que procede por igual de lo que podría considerarse —como hace César Fernández Romero— el origen oral de la poesía y de la utilización intencionada de la lengua conversacional. Pero esa misma poesía, por otro lado, asumirá su responsabilidad como lenguaje específico, como forma creadora diferente, puesto que ya la prosa se ha comprometido en la *explicación* de ese momento crucial y conflictivo de la historia de esos pueblos. En uno y otro caso, por tanto, no admite duda el hecho de que los poetas actuarán sobre sus textos para que aquel narrativismo inicial se contradiga desde dentro de sí mismo, para que el lenguaje desarrolle su propia crítica.

Hispanoamérica, que no había tenido una épica propia (si exceptuamos obras como *La Araucana,* que pertenece a la tradición literaria del español europeo, o los brotes de literatura indigenista, de escasa repercusión: tendríamos que remontarnos a un texto como el *Popol-Vuh* —de tan incierta trascripción— para encontrar sentido realmente épico en el mundo hispanoamericano), exigía ahora una literatura que fundara narrativamente, *históricamente,* su identidad; subrayo el término porque me refiero a la condición mitológica de la *historia,* del argumento, en la literatura épica, que es la condición explícita de la novela capital de esta etapa: *Cien años de soledad,* de Gabriel García Márquez. No existía, pues, una épica, pero nace y crece una narrativa que hunde sus raíces en antecedentes de tal significación como Rómulo Gallegos o Miguel Ángel Asturias; no existía una épica tradicional, pero la voz colectiva asumida por esa poesía tenía mucho que ver con el deseo fundador de una identidad que por entonces queda muy patente. No existía una épica, pero florece y se extiende, con fuerza sin igual, una canción popular (el gesto patético que venimos señalando desde el comienzo de este apartado) que disparará las conciencias de un mundo tradicionalmente pasivo, y paciente, hasta las situaciones límite de la lucha por su identidad. Una canción que se quiere identificar con la poesía (y hasta hacerse pasar por ella, en algunos casos), pero que tiene un carácter completamente distinto. Verdad es que, en ocasiones, la poesía no se muestra ajena al carácter incisivo y provocador, melancólico o trágico, de esa canción popular; pero no es menos cierto que la verdadera experiencia poética última en Hispanoamérica tiene mayor amplitud temática y mayor profundidad en los contenidos y en el lenguaje. Es cosa bien distinta.

Es preciso insistir, por ejemplo, en el proceso de desmixtificación y dinamización ya aludido [15]. Todo lo hasta aquí sumariamente anotado es sólo el gesto, el arranque vitalista, la identificación con una literatura de la tierra, del lugar (rural o urbano) en donde se pueda ser, sin intromisiones ajenas, sin máscara de perjuro. Una poesía de la tierra, como la entendieron César Vallejo o Pablo Neruda; no una poesía del aire, como se aventurara a construir Vicente Huidobro. Pero una poesía de la tierra que ya no puede renunciar ni al impulso cosmopolita ni al goce verbal de la creación que el surrealismo y las vanguardias dejarán ya para siempre en la literatura hispanoamericana. Una literatura de la tierra, sí, pero que tomará la suficiente distancia frente al gesto patético, frente a los impulsos folkloristas, y se preocupará por

---

[15] Tarea ésta que lleva a feliz término, precisamente, la nueva novela hispanoamericana a través de la potenciación de los valores poéticos de la narración, en la temática y en el lenguaje. No se debe olvidar al respecto la influencia, siempre confesada por estos narradores, de la novela de caballerías, género que —como su genial superación: el *Quijote*— integró la poesía y la imaginación en el mundo realista y racional de la prosa y de la épica medievales.

ejercer una desmixtificación y una dinámica poética eficaces. Porque un mundo caótico, irracional y sorprendente, sólo puede ser expresado por una escritura donde
lo irracional y lo caótico sean constantes indiscutibles.
Con estos ingredientes, desposeídos sobre todo del utilitarismo coyuntural (pero nunca del gesto patético), se
conformará la poesía hispanoamericana a partir de los
años sesenta. El lenguaje será protagonista fundamental,
pero un lenguaje —como escribiera acertadamente Félix
Grande— «en contienda con su escritor al que a la vez
fundamenta y devora. Si (el) escritor que necesita coope-
rar en la elaboración de un realismo ambicioso, sabe
muy bien que para ello está comprometido con la descrip-
ción de un combate —el de la realidad consigo misma—
no podrá ignorar que ese combate se inicia entre su necesidad y su lenguaje» [16].

Protagonismo del lenguaje que impone un constante
riesgo creador, un sentido vulnerador (por la propia
ironía o la fragmentación) del discurso habitual, que así
se multiplica y diversifica sugestivamente. El compromiso con el lenguaje —lo hemos visto— no es una negación del compromiso histórico que todos estos escritores
asumen; pero la historia ha sido, reiteradamente, una
máscara, una falacia disimulada por la grandeza y la so-
lemnidad de su lenguaje. Por eso niegan el discurso
lógico y coherente, desconfían de él, hacen del lenguaje
su vida, una fuerza capaz de alcanzar la liberación colectiva del fantasma de una historia que los enajena o que
los expulsa del ámbito con el cual están identificados. La
poesía se constituye así en una aventura creadora, en
una búsqueda que es conquista (nunca aprendizaje) de esa
identidad, y para ello configura un espacio y un tiempo
específicos en los cuales se haga posible esa conquista.

---

[16] Suplemento Literario de *Informaciones,* Madrid, 26 julio 1973,
en un artículo dedicado, precisamente, a la poesía de José Emilio
Pacheco.

Puesto que volviéndose a la realidad, sin más, la conciencia de pérdida, de colonización solapada y de exilio (interior o exterior) se hace cada vez más acuciante [17].

3

Pues bien, el riesgo que me dispongo a correr en este trabajo es el de ofrecer *una* muestra (como muchas otras posibles: no quiere ser ni exclusiva ni excluyente, y con toda certeza es fácilmente perfectible) de la poesía hispanoamericana de este último período. Sólo poetas de habla española, y no en realidad todos los que deberían estar, pues he preferido ordenar esta antología tomando como base la obra de aquellos escritores cuya lectura he podido hacer de manera suficiente para aplicar así un criterio selectivo que se aproxime bastante a la justicia, aunque sé que tal pretensión es imposible para cualquier antólogo, por muy preparado que esté y por muy paciente y objetivo que sea —y este, evidentemente, no es mi caso, aunque haya hecho esfuerzos por lograrlo—. Cuando hablo de correr un riesgo, por lo tanto, no lo digo como simple fórmula retórica.

Un riesgo que lo es, además, por varios motivos. En primer lugar, tengo que luchar contra la posibilidad —nada aleatoria— de que mi labor pueda entenderse como un caso de intrusismo: porque me pronuncio desde una distancia que puede suponer olvidos imperdonables o desenfoques en los juicios; porque pudiera parecer que invado un terreno que no me corresponde. En mi descargo quisiera decir que actúo movido por un cre-

---

[17] «No es un arte de certidumbres, sino de exploración, no es una poesía que muestra el camino, sino que lo busca. Es una poesía que dibuja el signo que, desde el comienzo del comienzo, han visto los hombres en el cielo: la interrogación. Las manos que lo trazan pueden ser latinoamericanas pero el significado es universal.» Octavio Paz, *El cuerpo del delito*, en *El País*, Madrid, 5 agosto 1982.

ciente interés hacia la literatura hispanoamericana de
esta hora, tema que ha despertado en mí no sólo curiosidad sino también un atractivo pasional, toda vez que
estos y otros escritores han sabido mover con su obra
una serie de resortes que me han llevado a preguntarme,
repetidamente, sobre las posibilidades y los riesgos,
sobre las virtudes y las limitaciones del lenguaje literario
en general y de la poesía hispanoamericana en particular;
y no sólo en este momento crucial de su historia sino
pensando en su inmediato e incierto futuro. Hace unos
meses, el escritor alemán Günter Grass, después de un
viaje a Nicaragua, declaraba: «Regresamos tras una estancia de ocho días. Cada uno de nosotros sensiblemente
transformado. Este viaje me ha puesto en duda a mí
mismo» [18]. En cierta manera, el conocimiento y estudio
de esta poesía me han puesto también en duda a mí
mismo; al menos, me han obligado a cuestionar muchos
valores, muchas actitudes que, hasta hace unos años, suponía inalterables, tal vez a causa de mi perspectiva exclusivamente europea. Y éste es el otro motivo de mi
riesgo: la antología no quiere ser el testimonio neutro de
una realidad literaria, sino que desea incluirse en el contexto de un diálogo necesario que, desde entonces, estoy
empeñado en facilitar y normalizar entre la poesía española de ambos lados del Atlántico. Hasta ahora lo he
venido haciendo con una lectura atenta y constante y con
un trabajo crítico sobre esa lectura, desarrollado de
modo paralelo, y que desde hace varios años ha sido aco-
gido en las páginas de *Diario de Las Palmas* (Canarias) y
en la revista barcelonesa *Hora de poesía,* entre otras pu-
blicaciones españolas e hispanoamericanas. La antología
que ahora tiene en sus manos el lector no es sino una entrega más, conjunta y ordenada en este caso, del material
acopiado con la esperanza de que ese diálogo no sea sólo

---

[18]   Véase *En el patio trasero,* en *El País* semanal, Madrid, 12 diciembre 1982.

una situación coyuntural, sino una continuada normalidad [19]. Entrega que hago con humildad (pues reconozco,
aun con todo, sus limitaciones) y con satisfacción (pues
me anima la ilusión de una segura participación posterior
de los lectores que es, por otra parte, imprescindible para
que el trabajo alcance su verdadero sentido): habida
cuenta del escaso o difuso conocimiento de estos autores
en España quisiera dar con ella el primer paso, antológico
y —en cierta forma también— crítico, que ojalá pueda
ser continuado con posteriores tentativas sobre las generaciones más recientes, que ya son realidad en la poesía
de Hispanoamérica. Me refiero a escritores cronológicamente posteriores a los aquí reunidos, pero también a
otros que, aunque coetáneos de los antologados en este
libro, manifiestan actitudes diferentes, y hasta diver-
gentes, con respecto a ellos [20].

Pero no concluyen aquí los peligros del antólogo. Me
aventuro también, y con no poco descaro, por terrenos
transitados ya por autores que tal vez —y sin duda—
tienen mayor competencia que la mía; seguro: por ,au-
tores con una vivencia más directa y con un contacto
más continuado con el tema que el que yo pueda aducir.
No quiero dejar de citar, porque ellos son antecedentes
indiscutibles de este trabajo, a Guillermo Sucre o Saúl

---

[19] Creo de justicia recordar también la existencia de algunos otros intentos antologizadores, desde la perspectiva española: Marcelino Me-
néndez Pelayo, *Antología de poetas hispanoamericanos* (4 tomos),
R.A.E., Madrid, 1893-1895; Leopoldo Panero, *Antología de la poesía
hispanoamericana* (2 tomos), Madrid, 1945-1950; Matilde Muñoz, *Antología de poetisas hispanoamericanas modernas,* Madrid, 1946; Ginés de
Albareda y Francisco Garfias, *Antología de la poesía hispanoamericana,*
Madrid, 1957; Francisco Garfias, *Antología de la poesía hispanoamericana,* Madrid, 1963.

[20] Antologías más o menos extensas, estudios críticos o panoramas
históricos que hacen referencia a estos nuevos poetas se han publicado
últimamente, tanto en América como en España, acogidos —en la
mayoría de las ocasiones— a la hospitalidad de las revistas más atentas
a estos fenómenos: *Eco* (Bogotá), *Zona Franca* (Caracas), *Hora de
poesía* (Barcelona)...

Yurkievich, cuyos estudios críticos [21] tanto camino me
han alumbrado y allanado; no sería justo silenciar los trabajos antologizadores previos a éste mío, desde los más
lejanos de Octavio Paz *(Poesía en movimiento,* Siglo XXI,
México, 1966), Aldo Pellegrini *(Antología de la poesía
viva latinoamericana,* Seix Barral, Barcelona, 1966) y
Homero Aridjis *(Seis poetas latinoamericanos de hoy,* Har-
court Brace Jovanovich, Nueva York, 1972) a los más recientes de José Olivio Jiménez *(Antología de la poesía hispanoamericana contemporánea,* Alianza Ed., Madrid,
1973) o Stefan Baciu *(Antología de la poesía surrealista latinoamericana,* Joaquín Mortiz, México, 1974). Y más:
aquellos otros que ya han trabajado en este período que
yo ahora trato de compendiar, con antologías de distinto
carácter y entidad: de una parte, la muestra recogida por
el magnífico crítico, atento y profundo conocedor de la
poesía de este período, Pedro Lastra [22]; de otra, la amplia
antología que el animoso y emprendedor Rigas Kappatos
recopiló y tradujo al griego, con infinita paciencia y no
menor entusiasmo, y que ha permitido la difusión de la
obra de dieciséis nuevos poetas hispanoamericanos en
Grecia [23].

[21]   *La máscara, la transparencia,* Monte Ávila, Caracas, 1975; *Fundadores de la poesía latinoamericana,* Barral ed., Barcelona, 1971.
[22]   Véase revista *Hispamérica,* año IV, núms. 11-12, año 1975:
«Muestra de la poesía hispanoamericana actual». Recoge poemas de
Gonzalo Rojas, Eliseo Diego, Álvaro Mutis, Ernesto Cardenal, Carlos
G. Belli, Enrique Lihn, Juan Gelman, Roberto Fernández Retamar,
Oscar Hahn y José E. Pacheco.
[23]   *16 latinoamericanoi poietes,* Ed. A. Karabia, Atenas, 1980. Con
poemas de Gonzalo Rojas, Javier Sologuren, Carlos G. Belli, Enrique
Lihn, Álvaro Mutis, Ernesto Cardenal, Juan Gelman, Roberto Fernández Retamar, Roberto Juarroz, Jorge E. Adoum, Roque Dalton, José
E. Pacheco, Oscar Hahn, José Kozer, Antonio Cisneros y Juan G. Cobo
Borda. Redactado ya este trabajo, se publica en España *(El Bardo,* Barcelona, 1983) una antología titulada *Poesía contemporána de Centroamérica,* con introducción, selección y notas de Roberto Armijo y Rigo-
berto Paredes. Los poetas en ellas reunidos (como se advierte explícitamente) han nacido alrededor de 1900-1950.

La lectura que ha dado origen a este libro mío ha sido hecha (y la selección de poetas y textos, consecuentemente) desde mi perspectiva (desde mis preferencias, incluso), por lo que cualquier crítica que pueda hacérsele sólo será imputable a este deseo de hacer la antología de aquellos poetas (y de aquellos poemas) que me gustan. Sí me ha preocupado —sin embargo— que quedase lo suficientemente claro el nexo que hilvana la obra de los diversos poetas aquí representados y que dibuja los perfiles de un conjunto poético que, si bien se ofrece como una muestra unitaria y coherente, manifiesta, al mismo tiempo, su pluralidad y su diversidad. Quisiera así expresar lo viva y cambiante que, según entiendo, es la poesía hispanoamericana de esta hora, sin dejar por ello de ser un todo bastante compacto en sus caracteres sustantivos. Decía también que mi obra no ha pretendido ser, en ningún momento, una antología completa, ni exhaustiva; y no obstante ello, me ha asaltado el temor de que no estuviera representada aquí la voz de los muchos y buenos poetas que escriben en todos los países del continente. Unas veces por imponderables que escapaban por entero a mi control (la mayor dificultad con que he tropezado ha sido tomar contacto con todos y cada uno de los poetas; en algunos casos, y ahora lo lamento muchísimo, fue de todo punto imposible), otras porque al comprender que no podía hacer de la antología un mero catálogo de nombres y una escasa muestra poética, acabé imponiéndome unos límites cronológicos que tuviesen la suficiente flexibilidad para que, partiendo del final de la ya citada antología de José Olivio Jiménez, se pudiera establecer la convergencia de tres nuevas generaciones formadas por los poetas nacidos (ya digo que tomo las fechas con criterio muy amplio) entre 1920 y 1945; y de entre los incluidos en este período —como también he referido ya en el curso de estas notas— aquellos que particularmente me agradaban, y a los cuales me ha sido dado convocar personal o epistolarmente a esta antología.

Octavio Paz [24] y Pedro Lastra [25] hablan de la confluencia de tres generaciones como característica definitoria de este período penúltimo de la poesía hispanoamericana. Confluencia, coincidencia e intercambio, me atrevería a añadir; pues no se trata de una simple circunstancia histórica que los haya hecho coincidir, sino de la existencia de un nexo aglutinador que sirve de ensambladura a la obra de los poetas últimos de la generación de los *fundadores* con la de los nacidos entre 1920 y 1934 (el núcleo de esta antología y que ya, sin ningún género de dudas, nos ofrecen una obra cumplida) y con la siguiente, muchos de los cuales poseen una obra que hace tiempo dejó de ser alentador augurio para convertirse en rotunda realidad. Se podría hablar —incluso— de una generación más joven, de unos poetas cuya voz presenta ya rasgos originales, en medio del conjunto; pero creo que en ellos, y en muchos de los nacidos a partir de 1945, se manifiesta una explícita disidencia, una actitud muy distinta a la de sus antecesores inmediatos, y ello los sitúa en otro período histórico de la poesía en Hispanoamérica.

No quiero seguir en mi exposición un esquema histórico o generacional muy estricto; entre otras cosas, porque no me parece adecuada esa posición toda vez que obliga a establecer límites que no siempre se ajustan a la realidad de los hechos. Sin embargo, creo válida esa distribución (y por ello la asumo) como punto de partida o como marco referencial, pues, como también coinciden en señalar Octavio Paz y Pedro Lastra, en la confluencia de esas tres corrientes se hace evidente, una vez más, el proceso cíclico constante de la poesía hispanoamericana, desde el Modernismo hasta hoy: una alternativa que se materializa en períodos de novedad y experiencia, de búsqueda o ruptura y, en consecuencia, de desconfianza ante el lenguaje, que dan paso a períodos de acerca-

---

[24]   Véase *El cuerpo del delito,* en *El País,* Madrid, 5 agosto 1982.
[25]   Véase *Muestra...,* en *Hispamérica,* núms. 11-12, año 1975.

miento a, y exploración de, la realidad, y del lenguaje
que es la realidad, pero sin rechazar o negar las inquie-
tudes experimentales precedentes; antes bien, forzando
sus logros, apurándolos hasta sus últimas consecuencias.
Aunque es posible que, en el período que nos ocupa (y
es algo perceptible no sólo en la obra sino también en la
actitud e intenciones de muchos de los escritores aquí
reunidos), la presencia excesiva y la decisiva influencia
del grupo que Saúl Yurkievich llamó de los *fundadores*
haya obstaculizado el normal desarrollo, y sobre todo el
normal asentamiento de estas últimas generaciones en el
contexto histórico que les corresponde. Por ello escribe
Pedro Lastra que, a los poetas nacidos a partir de 1920,
«podría convenirles el (nombre) de *Usuarios de la tradición,* sugerido por Alberto Escobar al disponer su antología de la poesía peruana, en 1965. Es posible que el término resulte levemente incómodo para los escritores de-
signados con él —concluye Lastra—, pero el estricto alcance de su significado —que tampoco califica ni valora
sino que señala un gesto de reconocimiento— permite
reivindicar su empleo»[26]. Creo que esta reserva de
Pedro Lastra (poeta él también de esta generación)
apunta a lo que vengo señalando: aunque nos hallemos
ante poetas con una trayectoria cumplida y, en cierta
medida, reconocida incluso más allá de los límites es-
trictos de la literatura hispánica, su obra no ha circulado
con normalidad, puesto que la atención de editores y críticos se polarizaba reiteradamente en torno a nombres y
obras de tanta significación, y de personalidad tan rele-
vante, como eran Nicanor Parra o Lezama Lima; Pablo
Neruda u Octavio Paz...

Injusto sería decir que los poetas ahora reunidos hayan
sufrido el silencio o el olvido. No es cierto. Como tampoco lo es que su obra no haya sido estudiada y difundida
como se merece. Pero sí creo —y es el propósito de esta

---

[26] Pedro Lastra, loc. cit., pág. 79.

antología— que se hacía imprescindible ordenar y sistematizar un trabajo poético como éste de notables características y cuantitativamente excepcional; se hacía imprescindible llenar esta casilla vacía de un conjunto más amplio que constituye hoy por hoy, y como ha afirmado Octavio Paz, «el gran período creador de nuestras letras». Ordenar y sistematizar, con la distancia suficiente; y señalar así los rasgos nuevos —y hasta disidentes; que los hay— con que estas tres generaciones confluyentes quieren singularizarse y hasta oponerse a tan importantes antecedentes. Abrir una *puerta lateral*, con la esperanza de despejar así la sombra alargada y tutelar que sobre estos escritores penúltimos se venía proyectando desde la atalaya de los *fundadores*. Por eso he querido reunir, y enfrentar solidariamente, estas tres líneas generacionales: en Gonzalo Rojas y Juan Liscano aún tenemos una escritura conflictiva, una poesía que, en el primero es creación y destrucción simultáneas de la palabra y, en el segundo, como escribe Jorge Gaitán Durán, una lucha «para que el *yo* haga existir al *tú* y al *él,* para que el alma hable a través de las cosas, para que el espíritu llamee en nuestra tierra» [27]; combinación de violencia y esplendor de la palabra. A esta alterada situación (del lenguaje, en Rojas; del tiempo y la conciencia, en Liscano) sucederá una más explícita confianza en la palabra, que no impedirá, sin embargo, una profunda reflexión crítica sobre la misma y sobre su carácter deleznable y confundidor: usuarios de la tradición, pero pertrechados de una agudísima ironía. Y, en fin, tras ellos un grupo de escritores que se esfuerzan por operar rigurosamente sobre la escritura, que pretenden una mayor libertad expresiva y que se manifiestan con un marcado escepticismo que es también agudeza crítica sobre la experiencia personal y sobre la palabra poética. En estos últimos, como confirma Pedro Lastra, la pasión será una forma de lucidez.

---

[27]   «Escrutinio», en *El Nacional,* Caracas, 29 febrero 1960.

Por eso he querido también insistir (y la selección creo que es elocuente en este sentido) en que no se trata de una sucesión de tres momentos diferentes, sino de la construcción de una unidad matizada por la variedad en el uso del poema y en la crítica de la actividad poética y del lenguaje mismo; del heredado y del propio. Veremos inmediatamente cómo.

¿Qué poesía escriben los autores aquí reunidos, sin duda característicos por lo que tienen de común, pero sobre todo por lo que los singulariza? En primer lugar, para todos la poesía es algo que padecen, nunca una actividad asumida inconscientemente. Se consideran inmersos en un proceso degradatorio irreversible, donde el hombre está en inferioridad manifiesta; su estado natural es la soledad en medio de un ámbito hostil (la exuberancia de la naturaleza ya no será brillante y sensual, sino corrosiva y dominadora; el mundo de la ciudad no representa el progreso, sino el vacío y la pérdida). Los personajes que Álvaro Mutis utiliza en sus poemas (por ejemplo, el húsar; por ejemplo, el rey Baltazar) son símbolos que se consumen inexorablemente en su misma grandeza que, paradójicamente, es su soledad. Son héroes épicos, sí, pero que no abren expectativas de futuro, sino que confirman la imposibilidad de superar el presente en medio de una colectividad que, como tal, no existe (sólo hay encuentros, o entregas, fugaces o dolorosos). Poesía, pues, existencial, pero transfigurada en una mitología (intelectual o imaginativa) específica, cuyo tratamiento es signo evidente de una situación muy cercana y directamente padecida:

> Los humildes, los oscuros servidores,
> contemplan la tierra vagamente,
> como si buscaran en su pasado
> la hora del sosiego o la parda raíz de su duelo.

(ÁLVARO MUTIS.)

El ámbito que, ya hemos insinuado, acentúa esta soledad y ese sentimiento de pérdida, vive y se genera constantemente, pero el hombre perece, en su miserable condición, de forma fatal. Su acción, a veces lúdica, a veces desesperada, es inútil. Su vivir incierto se traducirá, dramáticamente, en la incertidumbre que es el texto. Escribir es, pues, un destino inexorable, que se ha de cumplir aunque se reconozca de antemano su inutilidad:

Estamos condenados a escribir,
y a dolernos del ocio que conlleva este paseo de hormigas
esta cosa de nada y para nada tan fatigosa como el álgebra
o el amor frío pero lleno de violencia que se practica en los
    puertos.

(ENRIQUE LIHN.)

Esta escritura poética vivencial, no es sin embargo heroica (ni tan siquiera en los poetas decididamente épicos, como pueda serlo Ernesto Cardenal), sino que está presidida por la degradación o la muerte, por la pérdida o la soledad también («País mío vení / papaíto país a solas con tu sol / todo el frío del mundo me ha tocado a mí / y tú sudando amor amor amor», escribe Roque Dalton). Las únicas armas de que dispone el escritor son su capacidad para desvelar lo irrisorio de la situación dominante; su actitud constantemente agresiva, pero siempre desde la vertiente de una implacable ironía: la historia del Perú, para Antonio Cisneros, por ejemplo, es abordada como un mito deleznable:

El mar está muy cerca, Hermelinda;
pero nunca tendrás la certeza de sus aguas revueltas,
    su presencia
habrás de conocerla en el óxido de todas las ventanas,
en los mástiles rotos,
en las ruedas inmóviles,
en el aire color rojo ladrillo.

Y la ciudad del poema de J. G. Cobo Borda nos introduce en un tiempo que consume precisamente la mentira, la faz aparentemente progresiva, pero de falaz identidad, de una Bogotá que es mito en el poema:

> Quienes llegaron hasta ella, perdida en las alturas,
> advirtieron su fingida aristocracia
> contradicha por la mugre y los mendigos.
> Refieren también que la enmarcaban dos cerros
> y que hoy la selva ya la cubre.

O, en otro orden de cosas, la incorporación de mitos intelectuales que sean símbolo de una situación similar: es la recreación del mundo proustiano, de Kafka, de las imágenes de Onetti-Larsen, de Lowell o Conrad, en algunos de los poemas de José Kozer o del propio Cobo Borda. Aparece así la imagen *otra,* en otro espacio y en otro tiempo; sobre todo cuando se trata de esos dobles literarios, mitos sobre mitos, que descubrirán una temporalidad poemática muy específica: un tiempo del poema que alumbra, y consume instantáneamente, esa supuesta conquista de un mundo que ha sido tercamente negado en la *historia real* (recuérdese el título de Antonio Cisneros: *Comentarios reales).* Conquista del mundo y de la solidaridad; de la comunidad cosmopolita, como ha sido preocupación fundamental en los iniciadores de la poesía hispanoamericana contemporánea. Solidaridad capaz de eliminar la soledad paciente, pero solidaridad, también, que lave el sentido de culpa que pesa inopinadamente sobre todo un pueblo. Emoción solidaria heredada de César Vallejo, y que otro poeta peruano confirma ahora, con idéntica tensión sentimental:

> Oh, corazón, rey entre sombras,
> pastor de signos y de dudas,
> no se comulga en soledad,
> tu canto vuelva por los hombres.

(JAVIER SOLOGUREN.)

El hombre víctima y culpable de no sabe nunca bien qué acusaciones (¿la de ser hombre? ¿la de una vida sin sentido en esa tierra que ocupa?). Por eso, casi todos los textos de estos escritores rastrean señales, indicios, rostros del pasado, y reconocen su vacío con hondísimo desaliento, pero tienen también en su mano la posibilidad de originar el único tiempo posible: el tiempo mítico, al que he hecho referencia más arriba. Roberto Fernández Retamar confirmará en unas declaraciones la categórica certidumbre de estar «construyendo un mundo en el que nosotros no vamos a vivir, y esto constituye nuestro riesgo y nuestra grandeza, nuestra alegría y nuestra tarea» [28]. Y Ernesto Cardenal (tanto en su trayectoria poética, como en su abierta lucha política) intentará hacer perdurable su poesía apoyándola en tres elementos básicos para la vida del hombre: el amor, la acción, la muerte. Así, despojada de todo ornamento, la palabra poética no sólo será útil a las circunstancias concretas que la producen, sino que será universalmente válida, y en todo tiempo:

> Pero un día
> se olvidará el nombre del dictador
> contra el que fueron escritos,
> y seguirán siendo leídos.

Notará el lector capaz de soportar éstas quizá excesivamente prolijas divagaciones que, aun con las notables diferencias que se puedan apreciar entre los poetas aquí seleccionados, existe entre ellos ese eje común que los hermana y aglutina en torno a la misma preocupación: la identidad de todo un continente. Pero también es notorio que las diferencias en ellos detectadas se originan en una necesidad singularizada en cada caso (contra todos los

---

[28] Declaraciones concedidas al diario *Informaciones* de Madrid, Suplemento Literario del 18 mayo 1978.

vientos y mareas habidos y por haber) de utilizar, sentir
y padecer el lenguaje; de hacer una poesía que individua-
lice (y libere) sus voces, sin perder ese fluido integrador
que es la identidad americana, revelada justamente en
esa manera peculiar de entender y afrontar la misma
lengua por todos utilizada. La solidaridad está latente en
la poesía crítica, en la poesía civil o política, pero también
queda de manifiesto en aquella otra individual, donde la
palabra se vive más gozosamente, donde ironía y escepticismo burlón (lo que no la exime de su tenso drama-
tismo) son ingredientes principales. El mundo elevado
que se anhela desde un fondo ciego de sombras, bipolari-
dad en que se debaten muchos de los poemas de Carlos
Germán Belli, sirve de ejemplo notable:

> Fe habéis dado, Canción, de yedra y olmo,
> de cómo en cielo juntos,
> más viudo de vos quedo yo en el suelo.

A pesar de no observarse en Belli, habitualmente, sino
esa especulación con el lenguaje anacrónico del mundo
conceptual o culterano del barroco español (y hasta del
ritmo hiperbatónico pero flexible de Garcilaso, como
tendremos ocasión de explicar más adelante), o conside-
rársele un poeta heredero de las arriesgadas experiencias
surrealistas (aunque de todo ello hay en su obra, y manejado con notoria intencionalidad), su poesía surge de ese
impulso o tensión bipolar señalados, reducción a lenguaje
poético de su concretísima condición de funcionario
cumplidor de un trabajo que lo margina y anula, a través
del cual se siente integrado en el destino —igualmente
marginal y esterilizador— de toda la comunidad coloni-
zada, cuyo sentido de la vida parece perderse de modo
irreversible.

Esta constante búsqueda de la solidaridad se traduce,
por consecuencia, en un poema dialógico, donde la palabra siempre tiende al *tú* y al *nosotros* (ya me refería a
los mitos culturales que vivieron una doble vida, la suya

y la de la ficción, con idéntica intensidad) y se impregna
de un ternurismo entre entrañable y triste (con ecos va-
llejianos), de raíz indiscutiblemente telúrica, como
sucede en el caso de Roberto Fernández Retamar, que
inunda de ese *cariño besado en los dos rostros* a los seres y
las cosas que aparecen en sus poemas. Solidaridad y tendencia al tú que se justifica, en fin, por pertenecer esta
poesía a una comunidad histórica sucesivamente sometida, a través de las más diversas y solapadas formas de
colonización. La conciencia de estar condicionados por la
humillación, como escribiera José Kozer refiriéndose a
Roque Dalton, o la evidencia, tras ardua búsqueda, de
que ese entramado al que se pertenece es «una red llena
de agujeros» (José Emilio Pacheco), eleva a los escritores por encima de la situación que viven: a su padecimiento personal o familiar, a su mitología intelectual, a
la ironía más descarnada (y todos son rasgos que aparecen juntos en la poesía de José Kozer), se sumará un sentido agresivo, una superioridad manifiesta para denunciar
y desvelar tal situación. Se aplican a una búsqueda constante, a una insistente y perpleja interrogación como
hombres perdidos entre gentes, lugares y lenguas que les
son ajenos. El exilio es así una constante habitual: exilio
interior, acosado por agresiones exteriores que devoran
su propia identidad y la degradan; exilio exterior, que
trasplanta su indagación a un medio sin raíces, donde no
hay respuestas válidas para tantas preguntas (el mundo
fragmentario del poema «Taberna», de Roque Dalton,
pone vivamente de manifiesto este drama).

Varias veces he hablado del sentido dialógico del
poema en estos escritores; de la insistencia en hablar a
un *tú,* que no necesariamente (o no únicamente) es el
lector. Y debo señalar ahora que, de forma coherente, el
lenguaje más utilizado es el lenguaje coloquial, sometido
—eso sí— a una atenta y curiosa elaboración poética,
que lo mismo aprovecha el fragmentarismo y dispersión
característicos del habla conversacional que las imágenes

o visiones, de carácter irracional, integradas en el mismo sin violencia alguna:

> Espíritu del caballo que sangra, ese uno soy yo
> el adivino; ese yo es nadie;
> la pregunta es otra contra los vidrios de la noche
> en este cráter desde donde hablo
> solo como loco...
>
> (GONZALO ROJAS.)

Y el poema, por ello, no va a perder el orden lógico de su discurso, a pesar de ese fragmentarismo constante, y consciente, que se aprecia en algunos de estos poetas. Un orden lógico dentro de la fluencia poemática, no dentro de la lógica racional del pensamiento adquirido, teórico, que —como ya hemos visto— todos vulneran por cuanto lo consideran enmascarador. Se trata de un conocimiento total de la realidad, conocimiento total y trascendente (la noche abre con sus sugestiones un mundo incitante para poetas como Roberto Juarroz y Javier Sologuren) «cuyas inflexiones —son palabras de éste último— se me han dejado escuchar, inicialmente, por el oído de la sangre y de la emoción», hasta «trasparentar algo que reclama su propio rostro y vida independiente. Sólo después de fijado en la escritura pude reconocerlo» [29]. Conocimiento trascendente porque el poema se configura como lugar de encuentro, de encuentro consigo mismo (reflexión) o con los otros (confesión); y por eso, el lugar poemático, a pesar de su carácter fragmentario e incompleto (el individuo es incompleto, su voz puro balbuceo), es lugar fundado, original:

> Me voy a inventar una ciudad. Es preciso
> fundar un nombre apenas víspera
> de una capital como una perdición.
>
> (JORGE E. ADOUM.)

---

[29] *Vida continua,* en *Cuadernos del Hipocampo,* Lima, 1979.

Mas este encuentro tras afanosa interrogación no es punto de llegada; sólo son claves que abren nuevas posibilidades, nunca se trata de sistemas cerrados. De ahí el tan repetido fragmentarismo o el concepto del poema como recuperador o traductor de signos colectivos que tanto preocupa a Roberto Juarroz y, en gran medida, a José E. Pacheco; o como explícitamente dice Enrique Lihn:

> todas son partes de una noche incolora
> de una mutilación.

Pero sucede también lo contrario: que el poema se extiende y se sucede con un inquietante dinamismo que desborda el ritmo textual o las conformaciones léxicas (véanse, si no, las derivaciones intencionadas de los vocablos en los poemas de Jorge E. Adoum, por ejemplo), hasta que la palabra sea sentida como curación o cauterio ante la certeza inexorable de que, por mucho que el escritor pueda revelar y por muy sugerentes que sean sus propuestas, al final tropezará siempre con una implacable negación: lo que escribe ya ha sido escrito durante siglos, la voz poética es voz de la que todos participan [30]; el texto sólo podrá recuperar esos signos y su negativa certidumbre:

> He aquí la lluvia idéntica y su airada maleza.
> La sal, el mar deshecho...
> Se borra lo anterior, se escribe luego:
> Este convexo mar, sus migratorias
> y arraigadas costumbres
> ya sirvió alguna vez para hacer mil poemas.

(JOSÉ E. PACHECO.)

---

[30] «... mientras el arte del pasado inmediato se había desplegado bajo el signo de la ruptura, el de nuestro momento es un arte de convergencias: cruce de tiempos, espacios y formas (...) descubrimos ahora lo que los antiguos sabían: la historia es una presencia en blanco, un rostro desierto. El poeta y el novelista deben devolver a ese rostro sus rasgos humanos». (Véase *El cuerpo del delito*, en *El País*, Madrid, 5 agosto 1982.)

Precisamente relacionada con esta recuperación de los signos de escritura, y con ese sentido comunitario de la voz que tiene la poesía, nos tropezaremos con la vinculación expresa de la mayoría de estos poetas a los clásicos españoles, en especial por lo que atañe a determinados escritores del barroco —aunque no exclusivamente con ellos—. Valdrá la pena dilucidar algunos de los aspectos que caracterizan esta estrecha relación, sobre todo aquellos que nos puedan aclarar el cómo y el porqué de tales contactos. Habrá que señalar, antes que nada, que el pretendido rechazo de las raíces españolas se produce —en los primeros períodos de la literatura contemporánea de Hispanoamérica— más bien como un gesto, como un testimonio formal: no existe desarraigo fundamental, sino una postura circunstancial exigida por la necesidad de reafirmación de la individualidad americana, en el período inmediatamente posterior a la independencia. Pero es claro que, subterráneamente, seguía operando ese flujo, ese constante reencuentro que —sin embargo, y por fortuna— ya no puede traducirse en aceptación incondicional del modelo peninsular, sino como diálogo crítico entre dos concepciones del lenguaje y entre dos formas de concebir la experiencia literaria.

La idea de una literatura hispanoamericana caracterizada por su barroquismo, entendido éste como desmesura, como exceso de adorno, como exuberancia y hasta como fárrago verbal, es uno de los tópicos más tenazmente arraigados en la crítica española sobre el tema. Cierto que es en el Barroco cuando se producen los primeros síntomas de una identidad literaria americana en todo ajena a la impuesta por la colonización española: sor Juana Inés de la Cruz —como se ha aplicado a demostrar Octavio Paz— es la primera escritora americana porque se vuelve sobre sí misma y sobre su mundo para interrogarse sobre ambos, puesto que se le ofrecen como enigmas que deben ser dilucidados, puesto que se configuran ante la escritora como una realidad engañosa a los sentidos; pero también se vuelve sor Juana, y con la misma anhelante perplejidad, hacia su lenguaje y hacia su escritura poética, esperando realizar con ellos —siquiera fugazmente— ese pretendido alumbramiento. Ahora bien, lo que tal circunstancia pone de relieve (y no creo que ello exija demasiada atención) es que el barroco americano, antes que exceso formalista, antes que fiesta de los sentidos, se resuelve como meditación conceptual, como reflexión y análisis, bien que habitados ambos por un aliento pasional indiscutible, bien que expresados ambos a través de un intencionado despojamiento existencial.

Cuando la poesía hispanoamericana opte por la sensualidad como rasgo capital, lo hará porque la misma se entiende como libre elección del deseo, porque se manejará como alternativa subvertidora de una realidad mezquina o empobrecida, como afirmación de la identidad creadora del poeta (modernismo o vanguardia), pero también —y siempre— como manifestación de descreimiento, de sus sospechas con respecto a la verdadera realidad. Pero a medida que el escritor hispanoamericano percibe su mundo como una realidad cada vez más cuestionable, cuando percibe su historia como sucesión de máscaras; a medida que descubre que las llamativas apariencias con que se ofrece ésa última y con que se reviste el lenguaje utilizado por los responsables de la misma sólo son arteras manipulaciones, su respuesta no puede ser otra que el frontal desacuerdo traducido en una sustantiva perplejidad: una respuesta intelectual, como ya lo fuera en el origen la de la monja mexicana.

Los poetas reunidos en la presente antología parten todos ellos de ese desacuerdo explícito, resuelto como perplejidad, como interrogante que es, a un tiempo, desconcierto y sospecha, reconocimiento de la inferioridad del escritor y voluntad de nuevas tentativas de crítica o contestación. Por eso se libran de sucumbir ante esa doblez de la realidad que sus sentidos perciben, y conti-

núan su exploración haciendo que su experiencia poética
derive en el análisis intelectual de esas apariencias que se
contradicen, una y otra vez, en la práctica de los acontecimientos. Su barroquismo consistirá, por lo tanto, en el
enfrentamiento irónico de los dos rostros de esa apariencia conflictiva en que se resuelve su historia, su mundo y
su lenguaje: no son servidores de un fácil «cultera-
nismo», pues el culto a la belleza extremada y despropor-
cionada de sus imágenes y visiones no llega a enaje-
narlos; no son tampoco epígonos de ningún «concep-
tismo», pues no se enredan en arduas cuestiones morales
o metafísicas, ni se entregan a la graveza triste de cuestiones tenidas por solemnes. No son ni lo uno ni lo otro
en exclusiva: su singular actitud ante la realidad y ante el
lenguaje (y su padecimiento de ambos) les ofrece la oportunidad de enfrentar colisivamente ambos extremos en
sus obras. Y eso es lo que hacen. Esta es la razón de su
acercamiento a los poetas místicos o a los escritores del
barroco español; esta es la razón de su vuelta crítica, dia-
lógica, a los escritores clásicos: asumen de los primeros
la desfachatez ante el lenguaje y su apasionada construcción imaginativa, y con ella afrontan la lectura de los segundos; pero estando muy alertas para descubrir cómo
ambas conquistas sólo tendrán sentido como consecuencia de sucesivos y acuciantes interrogantes existenciales.

Por todo ello, los poetas hispanoamericanos se afanan
en *partir de* las posiciones más osadas que —en este
orden de cosas— se habían dado en la poesía española,
en *partir de* aquellos escritores que ya en España habían
aceptado el lenguaje como una incertidumbre, y se
habían atrevido a violentar las posiciones establecidas.
Partir de ellos y *desarrollar,* apoyados en la distancia geo-
gráfica e histórica, apoyados también en la ventajosa posición en que se encontraban con respecto a la tradición literaria (según hemos visto), aquellas propuestas poéticas
hasta más allá de sus propios límites. Los escritores místicos y los poetas del barroco; las posibilidades de mani-

pulación irónica de estrofas condicionadas por su rigor rítmico y métrico (el soneto, por ejemplo); la agresión directa a ciertas y determinadas estructuras sintácticas o léxicas, serán los puntos de referencia más comunes en este proceso aquí sumariamente anotado. Y debo destacar especialmente el caso de Quevedo, poeta al que todos vuelven con la intención de continuar desarrollando sus atrevidas propuestas; de una parte, por la fuerte tonalidad existencial y conceptual de su poesía; y, de otra, por la libertad que manifiesta su lenguaje y por la resistencia al formulismo y a las convenciones lingüísticas y poéticas que el escritor español pone en práctica en toda su obra. Enrique Lihn destaca, además, la convivencia entre la poesía y la contrapoesía que se da en el clásico conceptista. «A esa poesía —dice Lihn— nada le era ajeno: una disponibilidad sin la cual la poesía corre el riesgo, en ciertas circunstancias, de hacer el papel de las vírgenes necias» [31]. Los poetas hispanoamericanos ven en Quevedo una actitud paralela a la suya: la asunción del lenguaje heredado, y de las formas de composición poética, pero con la clara intención de violarlo, de manejarlo como una incertidumbre, de contradecirlo desde dentro de sí mismo —como ellos han tenido que *decir otra cosa* manejando un español ya construido, y ya viciado artísticamente hablando.

Ejemplos de tal elección se manifiestan en la mayoría de los poetas aquí reunidos. En unos casos, de forma muy directa, haciendo explícita esa operación de cauterio y perturbación; en otros, desarrollando ese análisis en un estadio previo del que su lenguaje sale beneficiado, por más que los textos no lo acusen de modo inmediato. «A mí España me perturba y me trabaja por dentro, de modo muy profundo», ha declarado Álvaro Mutis; quien concluye: «atravesar Castilla, de Madrid a Salamanca, es

---

[31]   Pedro Lastra, *Conversaciones con Enrique Lihn*, Universidad Veracruzana, México, 1980, págs. 65 y sigs.

como hacer un viaje dentro de mi alma»[32]. Nótese que
en estas declaraciones —sólo en apariencia extemporá-
neas— Mutis habla de una perturbación interior y de un
recorrido íntimo que lo conduce a esas profundidades
que son ajenas a todo sistema, a toda creación artificial e
imperturbable. Lo que Mutis reconoce es la existencia
de esa necesidad de diálogo, de enfrentamiento con el
tiempo y con las cosas, que pueda arrojar alguna luz en
medio de tanta y tan confusa pedantería como los histo-
riadores, los políticos o los profesores de literatura han
desencadenado en torno a las relaciones entre España e
Hispanoamérica [30]. La poesía de Álvaro Mutis, nadie lo
dudará, es sustantivamente tropical, pero también es in-
quietantemente corrosiva; y no estaría yo muy seguro de
que a ello no contribuyera, a partes iguales, la sabiduría
popular de Antonio Machado y el desasosiego provocador e insolente de un Quevedo. Pero concretémonos a
los casos más relevantes.

Por ejemplo, a Carlos Germán Belli. No otra cosa sino
esa conexión profunda y crítica con respecto a lo español
es lo que subyace en el intencionado arcaísmo manejado
como contraste irónico en su escritura: tanto de la experiencia originadora del poema como del lenguaje mismo,
que se resiste de esa manera a toda retórica, a todo formulismo, puesto que se adelanta a ambos usándolos
desde una posición violentamente deformada:

> allá por esas altas espesuras,
> qué duro es no ser, como suele, el olmo
> por la florida yedra entrelazado;

[32]   Véase J. G. Cobo Borda, «Entrevista con Álvaro Mutis», en
Eco, núm. 237, Bogotá, julio 1981.
[33]   En este mismo mes de abril de 1983 políticos e intelectuales españoles, portugueses e iberoamericanos se han reunido en el Instituto de
Cooperación Iberoamericana de Madrid, con el fin de estudiar las más
convenientes acciones de diálogo y cooperación entre los países de la
comunidad, en un marco diferente al que tradicionalmente ha presidido
tales relaciones.

y ni de ti la culpa ni del hado
ha sido, Primavera, pero sí
del que pensó la rara atrocidad
de dividirte de arriba abajo en trozos,
como cordera por el león rota,
ese mujeril cuerpo humano ajeno.

Adviértase cómo Belli se complace en alterar el ritmo equilibrado y sereno de la sintaxis garcilasiana, y la retórica artificial de toda la poesía renacentista, manejando con evidente intención irónica el retorcimiento de la frase producido por el uso constante —e intencionado— del hipérbaton. O cómo se deja arrastrar por la complacida retórica sentimental creando con ella, habida cuenta la oportuna intervención de determinados vocablos, una doble y simultánea perspectiva:

Que pulpa de bruta aeria más sabrosa que tetica,
tras los oteros rojizos del bajo valle del reino,
te deja allí de repente robándote su compannia,
et ya non te quiere más porque de ti se avergoña.

Aunque Belli manifiesta, en otras ocasiones, una inclinación por la poesía mística; en especial cuando pretende establecer ese paralelo dramático ya aludido entre la vulgaridad de la existencia y el anhelo de una libertad que se sabe imposible:

¡Oh inmortal alma mía delicada!,
que desligarte quieres prontamente
y retornar arriba como un rayo
entre las nubes que ya tú conoces,
y al cabo esta morada abandonando
como si cárcel tenebrosa fuera.

Lenguaje de la mística que Juan Gelman asume desde su lúdica voluntad parafraseadora, tentando la aventura

de un uso común y caprichoso del mismo; como si tratara
de culminar, con el propio San Juan de la Cruz, con
Santa Teresa (y también con Quevedo), un perfecto *cadáver exquisito:*

> esta secreta unión que pasa
> en un punto interior del alma/
> que debe ser donde estás vos/ y donde
> tales son el deleite y la gloria y demás
> criaturas que pasan/ conunidas como
> aguas de cielo que van a río entrando a mar/ o manos

Gelman escribe con una ingenuidad cargada de intención, con una sencillez de doble fondo que arraiga en el
verbo espontáneo y libre de Santa Teresa o se cruza dolo-
rosamente con las sentenciosas alusiones de Quevedo:

> a la derrota o ley severa mi
> alma sabió perder respeto/ te amo/
> cruza mi alma la agua fría donde
> flotan los rostros de los compañeros
> como envolvidos de tu piel suave
> o lámpara subida delicada
> para que duerman delicadamente
> subidamente en vos/ llama que nombra

Pero en uno y otro caso, desbaratando con una real gana
infantil (y por ello agresiva; y por ello verdadera) léxico
y sintaxis, estrofas y ritmos, en un juego que va mucho
más allá del simple capricho, y que por eso mismo resulta
tan inquietante.

En esa misma tesitura se podría situar el poema titu-
lado «Almohada de Quevedo» donde, aunque sin para-
frasear al poeta español, Gonzalo Rojas desajusta el
ritmo y genera una serie de imágenes y situaciones que
tejen, ayudadas de cierto tenebrismo y de una acertada
visión apocalíptica, una verdadera *danza de la muerte:*

> Cerca que véote de mi muerte, cerca que te oigo
> por entre las tablas urgentes, que te palpo
> y olfatéote con los gallos, cuadernas
> y sogas para la embarcación, cerca
> nerviosa mía me aleteas y me andas
> desnuda por el seso y
> yo ácido
> en el ejercicio del reino
> que no reinó, feo
> como es todo el espectáculo
> éste del alambre
> al sentido,
> la composición pendular.

«La aparición de Góngora» y «El monólogo de Quevedo» son dos títulos de sendos poemas de Heberto Padilla, y en ambos el poeta cubano asume la identidad de los dos escritores barrocos, porque tanto la extraordinaria capacidad transfiguradora de la realidad que adivina en Góngora («Quizá no lo describa a él sino a su vieja sombra/ ducha en licantropías») como la imagen trágica de una existencia confundida y patética, cual se manifiesta en la palabra interior de Quevedo, suponen para Padilla otras tantas formas de agresión a la realidad y, sobre todo, testimonios de una conciencia lúcida de la propia existencia; precisamente cuando el controvertido escritor cubano desea testimoniar la difícil recuperación de su identidad como tal escritor y como hombre.

No podemos desestimar el testimonio de la poesía de Oscar Hahn, quien maneja la composición rigurosa y exacta del soneto, aplicándole intencionadamente sucesivas contradicciones, de forma tal que aquello que, en principio, debía proporcionar sensación de fijeza, de equilibrio y seguridad, no sólo nos desconcierta sino que nos introduce en el vértigo de la misma perplejidad sentida por el poeta. Por eso es muy oportuna, en su caso, la utilización crítica de la sintaxis y de la imaginería gongorinas:

> Movidas son las olas por el viento
> y el pie de los gladiolos van besando,
> al son de un suave y blando movimiento.
> Y en cada dulce flor de sangre inerte
> la muerte va con pie de sal entrando,
> y entrando van las flores en la muerte.

Ni se debe olvidar tampoco, en este apartado del uso del soneto, la especulación teórica de Enrique Lihn acerca de este problema. En ella explica el porqué de su acercamiento a esa estrofa clásica y de la manipulación intencionada de la misma, en una serie acogida al significativo título de *Por fuerza mayor:* «empleé el soneto —dice— (...) porque me convenía mostrar la palabra expuesta a esa violencia formal y, en lo esencial, me fundé en un recuerdo generalizado, sin ninguna precisión histórico-literaria. Lo natural era que el soneto torturador se erizara de palabrotas locales, de idiotismos o de chilenismos» [34]:

> Voz que de España vino, vuelve a España
> vieja pero no muerta ni extenuada,
> por obra nuestra lengua deslenguada
> rápida como un corte de guadaña.
>
> Si bien *del uno* es cuando cizaña
> siembra o cuando se escribe a mano alzada
> en la pared de un urinario brava-
> mente nos sirve, madrastra huraña
>
> para toda dulzura y pensamiento
> como cuando, barbarie y fantasía
> —gentes de toda especie de calaña—
>
> vino al parto que somos de su aliento
> —una novela de caballería—
> Vámonos vieja, vámonos a España.

---

[34]   Pedro Lastra, *Conversaciones...*

Recapitulando podremos concluir que esta poesía desvela toda ella un constante juego entre máscara y realidad, al mostrar precisamente el lado irrisorio y efímero de lo que la historia ha definido reiteradamente como solemne o grandioso. Esa revelación poética (y todos lo saben) es efímera, pues al mismo tiempo que se dice, perece y se consume:

> Si tus miradas
> salen a vagar por las noches
> las mariposas negras huyen despavoridas:
> tales son los terrores
> que tu belleza disemina en sus alas.

(OSCAR HAHN.)

Y así, José Kozer alargará el discurso, o lo quebrará a capricho, o volverá a extenderlo y detenerlo inesperadamente en anacolutos violentos o en alusiones dispersas; o barrerá toda su imaginería mítica, en un inesperado gesto de burla, con el plumazo de su implacable escepticismo irónico que —sin embargo— deja traslucir una honda ternura cuando descubrimos que los personajes de sus poemas no son héroes míticos sino seres humanos, con sus flaquezas e incertidumbres —sean o no contemporáneos, sean históricos o legendarios, o sean tan sólo imágenes desconocidas de un grabado anónimo—. Ironía y cierta intencionalidad agresiva que también encontramos en el ya anotado anacronismo de Carlos Germán Belli, o en la inclusión de elementos pretendidamente antipoéticos, como harán el propio Belli o José Emilio Pacheco. Es la actitud superior y agresiva —también anunciada más arriba— que adopta el escritor ante ese mundo engañoso, a veces con un poso de hondo desengaño:

> Sobramos.
> Aquí o no importa dónde:
> en alguna parte sobramos.
> Somos el excedente
> de alguna piedra trasversal del destino.
>
> (ROBERTO JUARROZ.)

O aplicando una mordacidad, incluso violenta, ante esa misma miseria (véanse algunos de los poemas de Roberto Fernández Retamar como ejemplo); o alzando, también, una cierta moralidad ejemplar, de inequívoca contundencia:

> monumentos
> que el tiempo erije a una eternidad vulnerable.
> Nosotros
> no volveremos nunca a contemplarlos.
>
> (JOSÉ E. PACHECO.)

Quizá en este aspecto debamos recurrir de nuevo al ejemplo de la poesía de Juan Gelman, pues se muestra en ello especialmente incisiva. Este poeta lleva a término en sus textos un delicado ejercicio de despojamiento verbal: su palabra es sencilla, desnuda; tal vez exista una tendencia al vacío poético, pero ello es sólo aparente: ese pretendido vacío —descubrimos poco a poco— es una inquietante amenaza. Lo que no dice es mucho más contundente y agresivo que lo explicitado en el poema:

> un verso puede nacer del encuentro entre una piedra
>   y un fulgor de otoño o
> del encuentro entre la lluvia y un bardo y de
> otros encuentros que nadie sabría predecir/ o sea
> los nacimientos casamientos los
> disparos de la belleza incesante.

Gelman elimina nexos y subvierte la distribución textual, olvidando por completo la estructura versal. La palabra está ahí, siendo ella misma, atraída hacia el centro de un juego de peligrosísimas concatenaciones: palabra viva y en libertad; de ahí su agresiva contundencia.

También en esta línea se mueve la poesía de Luis Alberto Crespo: la escritura se encamina hacia el ámbito de la memoria, en busca de unas imágenes fijas y obsesivas de un espacio y de un tiempo (pero sobre todo de un espacio, de unas situaciones); pero en lugar de caer en la trampa magnificadora del recuerdo, se dispersa en fragmentos, se aisla en silencios, se anula ante la perplejidad, a veces cruel, de lo entonces iluminado. Y en ese mismo instante se produce el final del texto, la imagen se desvanece inesperadamente: ese cambio debe ser entendido como un regreso al instante inaugural, pero un regreso que es —al mismo tiempo— una salvación ante aquel acoso del pasado y una dramática evidencia, una lacónica advertencia del engaño o de las confusiones de la memoria:

> (La pared apagada de cal,
> de zócalo
>
> Sé de su altura,
> el tizne
>
> Pasa tu cuerpo
> como ella
>
> Sé de su distancia, la seña.)

Una poesía —en fin— epigramática, cuya sencillez y cuyo lenguaje directo encierran siempre esa dura y fustigadora «moraleja» final, unas veces explícita, otras asumida por el conjunto. Así sucede en los epigramas de estirpe latina de Ernesto Cardenal, en la temporalidad singularísima de José E. Pacheco, en las siempre sugestivas «anécdotas» de José Kozer o en las desoladas instantáneas que Antonio Cisneros se limita a referir, con una desnudez sobrecogedora, en sus últimos poemas. Poesía que define o nombra, como si fuera por primera vez, algo que ancestralmente se ha padecido de forma vergonzante, y así queda en evidencia la amenaza que tal padecimiento de la historia y del lenguaje ha supuesto para una colectividad que, venturosamente, se halla siempre a punto de comenzar, a punto de nacer, por muy adversas que sean sus circunstancias, por muy desalentadoras que sean las expectativas. Y lo que es más importante para nosotros en este caso: a punto de originar siempre un nuevo lenguaje cada vez más libre.

4

Aproximadamente, este puede ser el estado de la cuestión, en estos momentos, en la poesía hispanoamericana. Huelga decir que los poetas incluidos en la presente antología no son (en ninguna antología suelen serlo) todos los que en ella debían figurar; pero sí puedo afirmar que se trata de una muestra más que suficiente y —por descontado— muy representativa. Debo advertir, sin embargo, que he excluido voluntariamente a algunos representantes de las generaciones más jóvenes ya aludidas, porque entiendo que manifiestan una actitud abiertamente distinta. Su protagonismo en las letras actuales de Hispanoamérica me parece indiscutible; incluso, ofrecen un talante combativo, rompedor, que es algo más que el anuncio de una nueva etapa. No puede extrañarnos que así sea: tras un largo período dominado por la presencia de ciertas personalidades cuya influencia ha sido decisiva (y no sólo para la poesía del continente), las nuevas voces quieren acotar perfectamente su singularidad, y hacerlo sin concesiones. De ahí, por ejemplo, su radical oposición a lo que denominan la *ruptura establecida,* re-

presentada por escritores que —aun perteneciendo a un
pasado inmediato; incluso siendo coetáneos en ocasiones— han cumplido ya su proceso evolutivo y, a pesar
de que muchos dan prueba de una lúcida conciencia renovadora, su dilatado prestigio suele ser observado con
recelo por esos más jóvenes escritores. Pero estos —al
propio tiempo— no pueden disimular el hecho de que su
despierta clarividencia ante los problemas de la escritura
procede, más o menos directamente, de las inaugura-
ciones de aquellos otros, a los cuales —sin gran es-
fuerzo— podemos vincularlos. Es más, muchos de los caracteres apuntados en la poesía rica y diversa de los escritores reunidos en este libro son compartidos sustancial-
mente (unas veces de forma espontánea, otras como
opción premeditada) por esos últimos poetas.

Mi tarea en este estudio preliminar, que fue en principio la de introductor de una situación dada, a medias
entre el recuento histórico y el juicio crítico, quisiera per-
filarse ahora, llegados a este punto, que no deseo final,
como la de un testigo de esta situación pugnaz por la que
atraviesa, en sus últimos rumbos, la poesía de Hispanoamérica. Testigo porque mi situación, también peculiar,
facilita tal cometido: aunque español de nacionalidad, mi
condición de escritor nacido en las islas Canarias e identi-
ficado con los problemas de la literatura allí realizada,
me permite comprender lo que significa una literatura
acosada por los avatares de un carácter abierto y fronte-
rizo; me permite aceptar sin traumas esa constante fricción a la que se halla sometida la literatura española de
América, como el rasgo más definitorio de su personalidad. Una literatura que no puede *establecerse* porque ello
supondría aceptar un modelo, sentirse de nuevo coloni-
zada; por eso se manifiesta constantemente atraída por lo
original y fundacional, se instala siempre en un comienzo, niega —en mayor o menor medida— sus antecedentes como medio de purificación; por eso, también, se
esfuerza en definir una peculiarísima individualidad. Es-

cribir es, en Hispanoamérica, tal vez de forma más radical que en cualquier otro sitio, iniciar una búsqueda, una interrogación constante, en torno a su conflictiva identidad dramáticamente instalada en el centro de una tensión bipolar determinada, por una parte, por la conciencia superadora de estrechos nacionalismos, y, por otra, por la necesidad de enraizar en un lugar que alimente por igual el impulso desmixtificador, el dinamismo creador y la patética gestualidad, aspectos sin los cuales su personalidad quedaría evidentemente mutilada. Lo dramático es que esa interrogación iniciada no encuentra fácilmente contestación. En consecuencia, el punto de partida será siempre la perplejidad, la duda, pues el mundo que habitan estos escritores es —cuando menos— problemático, y se impone una cierta desconfianza que permita tener la conciencia clara de una identidad no sometida. Nos hallamos —y téngalo en cuenta el lector español de esta antología— ante una poesía que se reconoce libre, y que quiere hacer valer esa libertad en la palabra que utiliza para nombrarla; que su lenguaje eluda la pesantez de esa complicada construcción petrificada que ha dejado como huella la cristalización secular de formas ideológicas consagradas.

Y es entonces cuando surgen los problemas: la lengua se resiste (porque es una lengua que se vive, que se usa creadoramente, como afirma Julián Marías [35]), y por arriesgarse en la búsqueda de una identidad incierta, se convierte en trágica elección: o se opta por la palabra contundente y testimonial, con lo que la poesía entonces *sirve* a una determinada moral o a una determinada ideología (y la lengua por consiguiente no se libera); o se elige el camino de la creación pura, con todas sus consecuencias, con lo cual la poesía se distancia de esa forma dramática de existencia que debe ser reconocida... Es

---

[35] *La desfiguración de Hispanoamérica*, en *A B C*, Madrid, 9 enero 1983.

una peligrosa alternativa que tiene como correlato la reiterada provisionalidad histórica y el consecuente estado de frustración sucesiva ante cualquier alumbramiento revolucionario (político o cultural) que ha engendrado en sí mismo —lo diremos parafraseando a Álvaro Mutis— los elementos de su propio desastre, y ante procesos de esperanzadora liberación individual (nacional) o colectiva (continental) insistentemente abortados por una suerte de fatalidad ayudada, en la mayoría de las ocasiones, por aquellos mismos que anunciaban —quizá con demasiada retórica— querer desterrarla para siempre de la historia hispanoamericana.

Este proceso alternativo de impulsos progresivos y regresivos encierra, pues, la grandeza y la miseria de un mundo y de unas gentes que afrontan su historia y la expresión de esa historia, como constante incertidumbre. Una experiencia histórica difícil contestada, una y otra vez, con una palabra agresiva y sin concesiones al mismo tiempo que con una desbordante imaginación, con una voluntad lúdica sin límites, que se convierte en anhelante expectativa nunca exenta del ya referido escepticismo; en incisiva actitud crítica que mantiene a distancia esa realidad observada y padecida. Pero adviértase que, en ambos casos, el lenguaje no se deja atrapar por las circunstancias, que va siempre por delante de ellas. Por eso el lector sabe que se trata de un lenguaje en constante estado de alerta, en abierta predisposición para seguir cualquier camino sugerente y renovador; un lenguaje que se debate siempre en la frontera con su propio futuro. En ello estriba esa urgente necesidad de diálogo, de confrontación permanente, que —decía al comienzo— debe establecerse, con todas sus consecuencias, entre la literatura española de uno y otro lado del Atlántico. No sólo un acercamiento, o un conocimiento más o menos completo, sino también —y sobre todo— un intercambio, una vivencia común y recíproca del lenguaje como sugestión creadora.

Ojalá esta antología sirva para incomodar a quienes siguen parcelando la literatura con el empobrecido criterio de los nacionalismos cerrados; ojalá sirva para fomentar esa opción por el riesgo que debe ser toda creación literaria que se precie, orientándola mucho más allá de la simple satisfacción de los catecúmenos ya convencidos.

JORGE RODRÍGUEZ PADRÓN.

Cullera (Valencia), 1983.

ANTOLOGÍA
DE POESÍA HISPANOAMERICANA
(1915-1980)

JUAN LISCANO
(Caracas, 1915)

Juan Liscano

Nació en Caracas (Venezuela), en 1915. Estudia en Francia, Bélgica y Suiza. Inicia la carrera de Derecho en la Universidad Central de Venezuela, pero pronto abandona para dedicarse al periodismo y a la creación literaria. Funda y dirige la revista *Suma*. Director de «Papel Literario», sección semanal de *El Nacional*. Además de su labor como investigador del folklore venezolano, ha dirigido el Servicio de Investigaciones Folklóricas Nacionales y la *Revista Venezolana de Folklore*. Entre 1953 y 1958 permanece exiliado en Europa. Vuelve en 1962 y participa en el Encuentro de Escritores Alemanes y Latinoamericanos, en Berlín. Viaja también a Yugoslavia. Funda y dirige la revista *Zona Franca*. En la actualidad es director general de Monte Ávila Editores.

Obra poética: *Contienda* (Caracas, 1941), premio Municipal de Poesía 1942; *Humano destino* (Buenos Aires, 1949), premio Nacional de Poesía 1950; *Tierra muerta de sed* (París, 1954); *Nuevo Mundo Orinoco* (Caracas, 1959); *Rito de sombra* (Caracas, 1961); *Cármenes* (Buenos Aires, 1966); *Nombrar contra el tiempo* (Caracas, 1968); *Rayo que al alcanzarme* (Buenos Aires, 1978); *El Viaje* (Mérida, Venezuela, 1978); *Fundaciones* (Caracas, 1981); *Myesis* (Caracas, 1982).

Ensayos: *Poesía popular venezolana* (Caracas, 1945); *Folklore y Cultura* (Caracas, 1950); *Rómulo Gallegos. Vida y obra* (México, 1969); *Rómulo Gallegos y su tiempo* (Caracas, 1969).

Los poemas seleccionados pertenecen a las siguientes ediciones: «Cáncer», «Metamorfosis» y «El Viaje» *(Nombrar contra el tiempo,* Monte Ávila, Caracas, 1968); «A puertas cerradas» *(Rayo que al alcanzarme,* Monte Ávila, Buenos Aires, 1978); «La realidad es ahí donde...» y «Cresta» (del libro de próxima aparición *Vencimientos).*

CÁNCER

¿Qué será mío entre tanta abundancia? ¿el puerto con sus
    olores y su caliente respiración?

¿la nave, las nubes, las impresiones del viaje? ¿acaso el ancla,
    sí, el ancla una vez que fue inventado?

¿los objetos de uso cotidiano que gastamos y que nos gastan?

¿las sombras y sus enigmas? ¿el crepúsculo y sus lugares co-
    munes? ¿el alba y su momentánea pureza?

¿los espejismos del porvenir o de la memoria reflejados en el
    sueño o en la vigilia?

¿la soledad como red puesta a secar?

¿el cordón umbilical enterrado al pie de la venerable ceiba?

¿las bebidas y los alimentos terrenales que modifican su apa-
    riencia en nosotros?

¿las fábulas contadas por el aya? ¿los bestiarios de la infancia?

¿mi ciudad natal destruida y levantada tantas veces que no reco-
    nozco en ella ni mi recuerdo?

¿mi nombre sin duda alguna, mi nombre que cambia con los
    hijos y con la boca que lo pronuncia?

¿las acostumbradas ausencias? ¿el horóscopo? ¿los emblemas?

¿ese sitio de la amistad junto al cual nos sentamos confiada-
    mente entre dos fugas, dos guerras o dos inviernos crudelí-
    simos?

¿las armas que nos permiten vencer o que nos destruyen?

¿las cosas heredadas tan llenas del uso de sus posesores di-
    funtos?

¿el imperioso oleaje del deseo rompiendo sobre las playas o los
    acantilados?

¿su espuma, su deshacimiento triunfante, su reflujo hacia las
    profundidades del resurgimiento?

¿las huellas o las cicatrices?

¿el jardín de los primeros días en la súbita evidencia de su esplendor?
¿los ritos de la sombra? ¿la imagen del espejo? ¿el doble que
nos asumirá algún día?
nada en suma me pertenece así como lo que nunca tuve y no
pude por lo tanto destruir.
Concluido este ceremonial melancólico con el que confirmo mi
extrañamiento
el exilio hacia el cual nos conduce nuestra propia condición
suelo asomarme desde alguna orilla segura, desde algún mirador
protegido
hacia este enorme mundo plural, diverso, enmadejado, simultáneo
que el tiempo arrastra en su creciente hacia la muerte
y canto silenciosamente
me hablo a mí mismo, enumero las cosas vertiginosas que pasan
pronuncio oraciones y fórmulas mágicas
creo en mis semejantes porque creo en Dios
recuerdo preferentemente el futuro cuando regrese a este Puerto
y hayan cambiado la forma de los barcos y el sitio de los muelles
—a lo mejor ya no habrán barcos ni muelles sino antenas o
yermos o sótanos o esferas
a lo mejor estaré petrificado o gotearé hasta construir estalactitas
que llenarán de maravilla a los visitantes de la gruta
a lo mejor seré pescado o animal de pelambre o energía
o corteza sobre la cual una pareja grabará sus iniciales
a lo mejor me llamarán capitán del puerto
a lo mejor seré el náufrago, el amante o el fugitivo que hunde
su rostro entre los cabellos sueltos de una mujer
abierta y trémula sobre una playa de nunca o de siempre
y en quien tantas veces me he visto como en una constela-
ción—.

EL VIAJE

Volví a ver mi rostro curtido y barbado en el agua de un tonel
aquella tarde lluviosa sobre el puerto
el maderamen de los galeones brillaba como los charcos en el
atardecer
y me aprestaba a subir a bordo como tantas otras veces

sin saber que ya estaba echada mi suerte y que la clepsidra deja-
        ría pronto de verter su arena
así como yo también dejaría de navegar por estos mares.

No pude reconocerme en aquel rostro del claroscuro
sobre cuyo reflejo vacilante me inclinaba lleno de preguntas:
¿Quién eres desconocido del crepúsculo? ¿Pareceraste al que
        anunciaron los naipes ahogado en la tormenta
un Viernes Santo a poco de zarpar con el flujo de la marea?
¿Tuvo acaso esta mirada de ausencia y este dejo y estas arrugas
        labradas por el viento?
¿Llamábase Quintín Martínez natural de Extremadura en cuyo
        horóscopo regía la Luna benevolente
mientras ciertas configuraciones de Saturno presagiaban peligros
        y enemigos ocultos
y otras conjunciones contrarias parecían levantar ventiscas y tor-
        mentas sobre el océano?
¿Cara de náufrago? ¿Por qué cuando mis dedos tocan sus
        rasgos sólo hallan el frío que los niega?

Está claro: los viajes y el atardecer propician estas ceremonias
        solitarias
se cruzan ciertos linderos interiores y se pasa el sentimiento de
        un lado para el otro
se cambia de traje por dentro para dejar que nuestra forma
        diurna descanse hasta mañana
baja la presión de la sangre y el ánimo decae como vela desgon-
        zada.

Puesto en el secreto de la noche
sé que los puertos tienen palomas mensajeras invisibles
viudas entregadas por entero a sus vuelos
y personajes anónimos que las esperan o las despiden
pendientes del más allá del horizonte fijo de la secreta voluntad
        de tramontarlo
con quienes me he topado en más de una vida circunstancial re-
        lativa
o quienes he sido en más de una melancolía en más
de una conspiración en más de una aventura
hasta el punto de ignorar mi identidad de portador de palomas
        mensajeras e invisibles.

No hay orden permanente como no hay ola que no se deshaga
    para ser otra ola
del mismo modo vamos de vida en vida de pueblo en pueblo de
    hombre en hombre
y con el mismo gesto del pastor hélade o del guerrero aqueo
con el mismo gesto del cruzado a quien la sed y la nostalgia
hostigan frente a los muros sitiados de San Juan de Acre
con el mismo gesto que Quintín Martínez dispuesto a pasar a las
    Indias en procura de fortuna
con el mismo gesto de Musa Zangara baluba hijo del Gran An-
    cestro licantrópico
a veces herrero y a veces pantera cuando no árbol que camina
con el mismo gesto de Tamerlán cuando ordena decapitar a sus
    cautivos
con el mismo gesto de astronauta cuando regresa alza su yelmo
    y se recobra
con el mismo gesto suelo pasarme ahora la mano por la cara
como limpiándome del otro rostro.

Aguas muertas del recuerdo lumbres empañadas nieblas salitres
    sobre el vidrio
y de pronto el aliento el soplo de uno mismo calienta el aire
    disipa las opacidades
y sale del corazón algún gesto inmemorial que nos devuelve
    hacia otras edades
aparece un paisaje fugaz
                    una estación anticipada que se fija en la
    memoria
y uno advierte que no tiene fondo que está hueco que no rete-
    nemos el presente
que estamos abolidos resueltos en esas imágenes procedentes
    del pasado o del porvenir
climas atmósferas que envuelven nuestra ausencia y nuestra in-
    movilidad
hasta que repentinamente se abren las alas los portones las rejas
en el mar de un resplandor navega una isla de sombra y de ver-
    dura
hay en ella un árbol mágico parecido a los demás árboles pero
    mágico
a su sombra como en una cueva está Otro el Habla el Eremita el
    que tiene visiones y es tentado y resiste

le rodea un lindero de luz cigarras y frutas caídas
espera
           pesa con la vista los ruidos: respiración de la tierra y
roces del viento
espinillas verdes y rojas del ayuno
insistencias magnéticas de los polos
susurro de grandes manantiales ocultos y desgaste de la erosión
circulación de las savias
estallidos de semillas y brotes que se rasgan
pisadas en las antípodas
jadeos en las urbes y crepitar del insomnio
llamadas interiores de quienes vigilan mirando las estrellas o ca-
           vando en sí mismos
crecimiento de la mente en una onda que se agranda choca con
           la luna rebota silenciosamente entre los planetas
vuelos espaciales tránsitos del alma pasajes y ramificaciones de
           la energía
resurrección de los muertos.

Mira y se desmira no ya a la sombra del árbol sino dentro de su
           tronco
le salen de los dedos mariposas y un colibrí veloz chupa sus ojos
           y su boca de cayenas
pasan los años hasta que se mueve de costado y regresa al ins-
           tante
en que se apresta a subir a bordo como tantas otras veces
mas se detiene porque ve su cara curtida y barbada reflejada en
           el agua de un tonel
mientras llueve sobre el puerto
y es de tarde y está echada la suerte
y la tempestad distante afila su hoz de relámpago para la pró-
           xima siega
la siega en el mar.

METAMORFOSIS

Tu bloque de hielo flotante
tu iceberg tu castillo de escarcha
tus labios de cascada helada
tu soledad polar
en la noche gélida del mes de enero.

Tus labios como dos cuchillos fríos
tu lengua y tu saliva
como lento glaciar que resbala
tu pubis como un bosquecillo de pinos
sobre la estepa nevada.

Para vencer la noche y la helada
para ahuyentar la soledad como un hambriento lobo
establecimos ritos de sangre
de fuego
    de marcha lunar.

Tú cantas. Yo canto.
Las lenguas de nuestro canto nadan en el viento
como dos peces de fósforo.
Tú cantas desde el fondo de ti.
Yo canto desde el fondo de mí.
A nuestros rostros asoman desconocidos rostros.

Tú cantas desde el fondo de ese nuevo rostro aparecido
y tu carne se irisa florece en cristalería de nieve.
Una luna marina la enciende una luna interior
y es como resplandeciente gruta de hielo.

Yo canto desde el fondo de mí y nazco otro.
Brota una voz desconocida
un verbo una lengua de mí que no sabía
brota un hombre de deseos como una llamarada:
delfín que salta
oso que se yergue
     flecha que da en el blanco.

Yo canto. Tú cantas.
Dejamos de ser los mismos.
Los hielos retroceden. Se funden los glaciares.
La noche se llena de murmullos de aguas.
Nuestras voces nadan en el viento
como dos peces de fósforo
vuelan por el aire azul de luna
como dos aves de estrellas.

Tú cantas desde el fondo de los seres que te pueblan.
Te llena el coro de sus voces.
Eres la tierra el agua y el fuego
eres un pájaro hembra y un tibio nido.
Yo canto desde el fondo de mis verbos:
soy la lluvia el cauce la ceniza el humo
soy el viento y mis lenguas lamen tus plumas.
Eres el eco del viento
cuando suena su rumor de fondo del mar entre los pinos y yo
       soy el pinar.

Yo canto. Tú cantas.
Tu voz suena mía. Suena tuya mi voz.
Eres ahora la lluvia la nieve el granizo de mil pisadas
y entonces soy la tierra el agua: lo que eras tú.
Te miras en mí como un paisaje
eres el lecho de mi río
                            fluyo
                                 te mojo toda
soy el agua de erizadas crestas de gallo
el agua que canta como un gallo y sacude sus plumas
soy el gallo de lumbre que te seca y te enciende
y te convierte en ceniza en humo y en distancias.

Tú cantas. Yo canto.
Soy el eco de tu voz. Eres la sombra de mi voz.
Nuestros pueblos se juntan en paz.
Retrocede el invierno. Reverdece el otoño.
Amanece la noche
el hielo corre río de la aurora
el polo resplandece como trópico
fulgura el eterno verano el equinoccio justo
                                          la Edad de Oro
y tú y yo somos clarividencia
doble pájaro del sol.

A PUERTAS CERRADAS

Deseó un segundo
Se hizo tan grande como un hombre
y una mujer abrazándose.

(Brihadranayaka: *UPANISHAD*, 1.4, 1-5.)

El instante de eternidad
a puertas cerradas
el olvido del pensamiento de la muerte
a puertas cerradas
el cese momentáneo de la memoria
y de sus ecos y de su tela de araña
a puertas cerradas
y el silencio
posible como un renacer del mundo
a puertas cerradas

> *Cierra más los brazos*
> *hombro contra hombro*
> *ahonda la materia del abrazo*
> *ahonda la alcoba cerrada*
> *donde corre un manantial*
> *y es de noche*
> *y se levanta el día*
> *donde ya no se escucha*
> *gotear los relojes*
> *y la inocencia se despeja*
> *repartiendo el gozo*
> *de los descubrimientos*
> *tras días de sed y de incertidumbre*

Estar en la isla
de dos a puertas cerradas
en el encuentro lleno de salidas
de dos a puertas cerradas
creo en la gemelidad
fundada por la clausura
del abrazo ciego y clarividente

cuyo follaje siempre verde
se extiende por la alcoba
a puertas cerradas

Hay fiesta
                    brotar
de adentro hacia adentro
figuras de juventud
en los muros se muestran
los rostros de la sorpresa
testigos de una novedad sonriente
en los rincones se alzan arcos
bosquecillos de fuegos artificiales
el lago del techo
refleja el barco que nos acoge
y reímos cambiando nuestras personas
un poco ebrias de resplandor

Cuento a puertas cerradas
cuentos de lo que pasó y no pasó
todo es posible
a puertas cerradas
somos otros imaginarios
convite de fantasmas
a puertas cerradas
soplo sobre los cuentos
y alguien corre
por la alcoba cerrada
apenas nacido de las palabras
ya es dado a la fuga
se enlaza con la penumbra y desenlaza
es hijo del sueño
a puertas cerradas

Un rito festivo
momento de afluencias
hoy es florido
                    difiere
nos inviste de atributos mágicos
de poderes que nos multiplican

oficiamos con el cuerpo
portamos antorchas y espejos
ceremonia de entusiasmo
de arrebato
caras de sol y de luna
habla la piel
impera un instinto de geminación
convite de todas nuestras partes
los que dejamos de ser
los que seremos
   en este vértice
convocados para la encantación

No creo ya sino en este triunfo
de una iniciación
a puertas cerradas
de un poder cerrar las puertas
escapado del tiempo
de sus fieras hambrientas
de los monstruos que el espacio crea
escapado de la cárcel de afuera
y ahora libre
   a puertas cerradas
libre en el encierro interior
recostado en la soledad compartida
de espaldas o de costado
contando el pulso del corazón
a puertas cerradas
adentro
donde nieve y verano se mezclan
y se pasa por todos los lugares
saliendo de uno mismo
y regresando

Toca esta estrella de pájaro
este caracol de estrella
mira las ganaderías del crepúsculo
el eje de una rueda sin rayos
el punto de pasaje de la luz
cuidado con las escaleras

que se hunden al pisarlas
soy tu damo y tú mi varona
rey y reina de un mismo cuerpo
con los dos sexos resplandecidos

Viajes en uno mismo
vueltas al mundo
exploraciones siderales
se está en el círculo del horizonte
en el sitio elegido
del círculo
                circundado
por el cuerpo de los paisajes
del tiempo sin calendario
reflejado en el cuerpo zodiacal
mirado tantas veces
en momentos memorables
a puertas cerradas
más acá más allá
extendido desde el nacimiento
hasta la muerte
cuerpo estrellado
sin desgaste
que nos rige y define
desde su libertad
reflejada apenas
en el ámbito del pensamiento
a solas
            a puertas cerradas

Tejedora tejes y destejes
un interminable tejido de malla para el invierno
unos guantes inmemoriales
me tejes para abrigarme de la helada
y te abrigas después conmigo
pides protección y me proteges
me espejas y soy tu espejismo
me pierdo al hallarte
y te pierdes entre mis contrarios

> *¿qué juego ganamos o perdemos?*
> *¿en qué lugar jugamos a estar solos*
> *y cuándo*
> > *si ya no medimos el tiempo?*

En el frente interior de la alcoba
a puertas cerradas
clavo la bandera de la llegada al polo
enciendo luces
me oigo crecer entre los trópicos
repudio las promesas de la oración
le doy la espalda a la historia
a sus calcomanías
> > a sus tempestades
a sus estatuas nuevas o truncas
a sus interminables museos
> > > y galerías de ejecuciones
sumarias
aquí ahora adentro a salvo
donde no alcanzan órdenes
ni ecos de los días encadenados
ni voces compadecidas por sí mismas
ni clamores
anunciando tiempos nuevos
> > > ya vividos

a puertas cerradas
en libertad provisional
se abren los ojos
la dicha parece posible
descanso una uña de tiempo
cruzo lugares santos
> > > ruinas elocuentes
selvas nubladas
los mares
> > los cielos
> > > las cavernas
a puertas cerradas
adentro
> > porque todo es adentro
intransferible plenitud de trotamundos

Por los cañaverales pasa
— ¿recuerdas? —
una delgada niña asesinada
hay caminantes solitarios
cumbres que pueden repetirse
instantes llameantes
para aullar de odio o de amor
el sitio petrificado del encuentro
la radiación de sus calles
y una visión inolvidable
presentida
                    desgarradora
de beso de última mirada

El pensamiento de la muerte
a puertas cerradas
es una pirámide de diamante
y su sombra precisa
va señalando los caminos
mientras la alcoba se abre
se disuelve
            polvo estelar

Ciérrame entonces a la caducidad
ciérrame a la muerte mentida
a la muerte arrebatada
ciérrame a la ferocidad
que me acecha dentro y fuera de mí
cierra más la puerta
cierra la alcoba
tira las cortinas
que no entren los perros de afuera
las bestias que velan
sobre los descuartizamientos
ciérrame con tus manos
a las invasiones hambrientas
con tus ojos
                    a la pérdida de visión
con tu boca
                    al decaimiento del canto

> *y trasmite la respiración*
> *secreta y profunda*
> > > *al obstruido*
> *al privado de aire que hay en mí*

Ahora adentro
> > a salvo
en libertad bajo fianza
a puertas cerradas
abrir el cascarón
apartar las sábanas
levantarse
en el aire fosforescente
hacerse a la luz
amanecer
> > ya acude un río manso
modulado por la memoria del futuro
o del origen
del nacimiento o de la muerte
y nos es dado el gusto de las cosas
y su fraternidad
a puertas cerradas

> *Pareja del principio o del fin*
> *del asombro o de la nostalgia*
> *enluzada*
> > *sin rostro*
> > > *consumida*
> *y floreciendo*
> *cargada con la energía de la tiniebla*
> *que al rozarla*
> > > *se revela a sí misma*
> *como fuente de luz*
> > > > *y la alumbra y deslumbra*
> *pareja virgen y colmada de heredad*
> *desdoblada en un eco*
> *que devuelven las multitudes aparejadas*
> *en ella*
> > *semejantes*
> > > *renovadas*
> *abrazadas en la unión intemporal*
> *que se crea a sí misma*

Hace años hace las tres cuartas
partes de mi vida
hace la infancia asombrada
la adolescencia asfixiada
la madurez enardecida o
capaz de mirarse a sí misma
hace más de lo poco que falta
intuía este paisaje hacia adentro
este adentrarse
en los grandes espacios de sí
a puertas cerradas
este abrirse hacia el interior
donde reverso y anverso se espejan
quería cruzar el umbral
                              entrar o sea
salir de afuera ¡por fin! y estar
como en el vacío del círculo
circundado por todo
y en el vacío
apto para el silencio
geminante y despojado por dentro
devorado por el desgaste
pero germinante
pulsado por la muerte
pero naciendo

LA REALIDAD ES AHÍ DONDE EL SILENCIO...

La realidad es ahí donde el silencio
propicia el nacimiento del lenguaje.
Porque antes que el oído están los ruidos
y antes que la vista lo creado
y antes que las palabras están las cosas.
Callar para poder mirar oír y hablar
en una lenta floración olvidada.

CRESTA

Cuando mueren
                              por un instante
las palabras
que tanta muerte dan siempre a la vida
cuando descubrimos el actor que somos
y lo exponemos
despojado de sus trajes crepusculares
cuando nos despierta el sueño de soñar
o arrancados del sueño
despertamos atónitos
como extraño celeste caído
cuando se quiebran los espejos
al soplo de una necesidad desconocida
cuando vaciadas quedan las odres
y se aquieta la fiera de la sed
cuando se acepta el desierto por jardín
brota del resplandeciente vacío
una repentina cresta
y el Levante impera en ella
filo puro neto
neutro
que se abate
y nos degüella.

GONZALO ROJAS
(Lebu, Chile, 1917)

Gonzalo Rojas

Nació en Lebu, capital del viejo Arauco (Chile), en 1917. Vinculado desde muy pronto al grupo surrealista chileno «Mandrágora», por más que él insista en la fugacidad de esos contactos. Su verdadero conocimiento del surrealismo —confiesa— lo recibe a través del «oxígeno libérrimo del planeta loco que ha sido siempre nuestro Chile (...), durante mis andanzas juveniles por la Cordillera y todo el interior de mi país».

Viaja habitualmente a U.S.A. y Europa, en cuyas universidades suele pronunciar conferencias o lecturas de sus poemas, así como impartir cursos de poesía hispanoamericana. Es miembro del Instituto de Literatura Latinoamericana de Pittsburgh. Becario de la fundación Guggenheim, en 1979.

Ha ocupado cargos diplomáticos en Oriente y en América Latina.

Obra poética: *La miseria del hombre* (Valparaíso, 1948); *Contra la muerte* (Santiago de Chile, 1964); *Oscuro* (Caracas, 1977); *Transtierro* (Madrid, 1979); *Del relámpago* (México, 1981); *Cincuenta poemas* (Santiago de Chile, 1982).

Los poemas seleccionados pertenecen a las ediciones siguientes: «Numinoso», «Figura mortal», «¿Qué se ama cuando se ama?», «Por Vallejo», «Uno escribe en el viento», «Reversible» y «Los días van tan rápidos» *(Oscuro,* Monte Ávila, Caracas, 1977); «Playa con andróginos», «Cama con espejos», «Al silencio», «Almohada de Quevedo» y «Fosa con Paul Celan» *(50 poemas,* Ganymedes, Santiago de Chile, 1982); «Arenga en el espejo» (revista *Plural,* núm. 44, México, mayo 1975); «Los niños» y «Torreón del Renegado» *(Del relámpago,* F.C.E., México, 1981); «La palabra placer» y «Concierto» nos los facilita el autor como inéditos, al menos hasta el momento de preparar esta antología.

NUMINOSO

1

Al mundo lo nombramos en un ejercicio de diamante,
uva a uva de su racimo, lo besamos
soplando el número del origen,
                                    no hay azar
sino navegación y número, carácter
y número, red en el abismo de las cosas
y número.

2

      Vamos sonámbulos
en el oficio ciego, cautelosos y silenciosos, no brilla
el orgullo en estas cuerdas, no cantamos, no
somos augures de nada, no abrimos
las vísceras de las aves para decir la suerte de nadie, necio
sería que lloráramos.

3

Míseros los errantes, eso son nuestras sílabas: tiempo, no
encanto, no repetición
por la repetición, que gira y gira
sobre
sus espejos, no
la elegancia de la niebla, no el suicidio:
                                    tiempo,
paciencia de estrella, tiempo y más tiempo.
                                    No
somos de aquí, pero lo somos;
                        Aire y Tiempo
dicen santo, santo, santo.

FIGURA MORTAL

El furor, el escándalo:
el carro de la harina que se cruza
con la carroza, frente al cementerio

¿QUÉ SE AMA CUANDO SE AMA?

¿Qué se ama cuando se ama, mi Dios: la luz terrible de la vida
o la luz de la muerte? ¿Qué se busca, qué se halla, qué
es eso: amor? ¿Quién es? ¿La mujer con su hondura, sus rosas,
    sus volcanes,
o este sol colorado que es mi sangre furiosa
cuando entre en ella hasta las últimas raíces?

¿O todo es un gran juego, Dios mío, y no hay mujer
ni hay hombre sino un solo cuerpo: el tuyo,
repartido en estrellas de hermosura, en partículas fugaces
de eternidad visible?

Me muero en esto, oh Dios, en esta guerra
de ir y venir entre ellas por las calles, de no poder amar
trescientas a la vez, porque estoy condenado siempre a una,
a esa una, a esa única que me diste en el viejo paraíso.

POR VALLEJO

Ya todo estaba escrito cuando Vallejo dijo: —Todavía.
Y le arrancó esta pluma al viejo cóndor
del énfasis. El tiempo es todavía,
la rosa es todavía y aunque pase el verano, y las estrellas
de todos los veranos, el hombre es todavía.

Nada pasó. Pero alguien que se llamaba César en peruano
y en piedra más que piedra, dio en la cumbre
del oxígeno hermoso. Las raíces

lo siguieron sangrientas cada día más lúcido. Lo fueron
secando, y ni París pudo salvarle el hueso ni el martirio.

Ninguno fue tan hondo por las médulas vivas del origen
ni nos habló en la música que decimos América
porque éste únicamente sacó el ser de la piedra más oscura
cuando nos vio la suerte debajo de las olas
en el vacío de la mano.

Cada cual su Vallejo doloroso y gozoso.
                                    No en París
donde lloré por su alma, no en la nube violenta
que me dio a diez mil metros la certeza terrestre de su rostro
sobre la nieve libre, sino en esto
de respirar la espina mortal, estoy seguro
del que baja y me dice: —Todavía.

UNO ESCRIBE EN EL VIENTO

Que por qué, que hasta cuándo, que si voy a dormir noventa
      meses,
que moriré sin obra, que el mar se habrá perdido.
Pero yo soy el mar, y no me llamo arruga
ni volumen de nada.

Crezco y crezco en el árbol que va a volar. No hay libro
para escribir el sol. ¿Y la sangre? Trabajo
será que me encuadernen el animal. Poeta
de un tiro: justiciero.

Me acuerdo, tú te acuerdas, todos nos acordamos
de la galaxia ciega desde donde vinimos
con esta luz tan pobre a ver el mundo.
Vinimos, y eso es todo.

Tanto para eso, madre, pero entramos llorando,
pero entramos llorando al laberinto
como si nos cortaran el origen. Después
el carácter, la guerra.

El ojo no podría ver el sol
si él mismo no lo fuera. Cosmonautas, avisen
si es verdad esa estrella, o es también escritura
de la farsa.

Uno escribe en el viento: ¿para qué las palabras?
Árbol, árbol oscuro. El mar arroja lejos
a los pescados muertos. Que lean a los otros.
A mí con mis raíces.

Con mi pueblo de pobres. Me imagino a mi padre
colgado de mis pies y a mi abuelo colgado
de los pies de mi padre. Porque el minero es uno,
y además venceremos.

Venceremos. El mundo se hace con sangre. Iremos
con las tablas al hombro, y el fusil. Una casa
para América hermosa. Una casa, una casa.
Todos somos obreros.

América es la casa: ¿dónde la nebulosa?
Me doy vueltas y vueltas en mi viejo individuo
para nacer. Ni estrella ni madre que me alumbre
lúgubremente solo.

Mortal, mortuorio río. Pasa y pasa el color,
sangra y sangra mi pueblo, corre y corre el sentido.
Pero el dinero pudre con su peste las aguas.
Cambiar, cambiar el mundo.

O dormir en el átomo que hará saltar el aire en cien mil víboras
cráter de las ciudades bellamente viciosas.
Cementerio volante: ¿dónde la realidad?
Hubo una vez un niño.

REVERSIBLE

1. De cuantas décadas velocísimas ninguna como la ópera
   aullante de las estrellas
   de este sur
   masacrado y sitiado hasta

el amanecer, lúgubres las pausas
en la artillería del miedo, un arco
sanguinario por horizonte del que llueve
plomo y pesadumbre

2. a lo largo del litoral de cinco mil kilómetros; un tiro
    en la nuca de la bellísima
    república de las nieves cuya danza original empieza en
        Arauco, la esbeltez
    legendaria, la doncellez y la altivez
    descalza; un mísero
    tiro traidor por la espalda: mueran los hambrientos
    de la patria, vivan los caballeros,

3. como en el cataclismo de la otra aurora cuando los ríos
    bajaban tintos en sangre de cóndores y Dios
    era aborigen en el viento volcánico
    y oceánico que nos hizo hombres
    torrenciales, sin otra música
    que la del peligro, con Lautaro

4. adelante de sus caballos azules en el fragor
    de la primavera indomable de un Bío-Bío
    largo y ancho en la eternidad, abierto a los océanos,
        contra el hado aciago
    y el invasor, en un estrépito de voces: somos aún:
    ¡vivimos!; vencer,
    martes once, o morir; así
    se escribe la primera página
    en la que andamos todavía;

5. mientras sigue el baile del Gran Milenio, la euforia
    del Führer fantasmal, lucientes
    las botas arrogantes; un zumbido
    de gaseados
    de Buchenwald entre las nubes
    de Dawson:
                    — ¿Hasta el sol
    era entonces
    reversible?

LOS DÍAS VAN TAN RÁPIDOS

Venimos de la noche y hacia la noche vamos.

(V. G.)

Los días van tan rápidos en la corriente oscura que toda salva-
    ción
se me reduce apenas a respirar profundo para que el aire dure
    en mis pulmones
una semana más, los días van tan rápidos
al invisible océano que ya no tengo sangre donde nadar seguro
y me voy convirtiendo en un pescado más, con mis espinas.

Vuelvo a mi origen, voy hacia mi origen, no me espera
nadie allá, voy corriendo a la materna hondura
donde termina el hueso, me voy a mi semilla,
porque está escrito que esto se cumpla en las estrellas
y en el pobre gusano que soy, con mis semanas
y los meses gozosos que espero todavía.

Uno está aquí y no sabe que ya no está, dan ganas de reírse
de haber entrado en este juego delirante,
pero el espejo cruel te lo descifra un día
y palideces y haces como que no lo crees,
como que no lo escuchas, mi hermano, y es tu propio sollozo
    allá en el fondo.

Si eres mujer te pones la máscara más bella
para engañarte, si eres varón pones más duro
el esqueleto, pero por dentro es otra cosa,
y no hay nada, no hay nadie, sino tú mismo en esto:
así es que lo mejor es ver claro el peligro.

Estemos preparados. Quedémonos desnudos
con lo que somos, pero quememos, no pudramos
lo que somos. Ardamos. Respiremos
sin miedo. Despertemos a la gran realidad
de estar naciendo ahora, y en la última hora.

A Vicente Gerbasi
en Venezuela, en Chile,
antes, después.

PLAYA CON ANDRÓGINOS

A él se le salía la muchacha y a la muchacha él
por la piel espontánea, y era poderoso
ver cuatro en la figura de estos dos
que se besaban sobre la arena; vicioso
era lo viscoso o al revés; la escena
iba de la playa a las nubes.
                                ¿Qué después
pasó; quién
entró en quién?; ¿hubo sábana
con la mancha de ella y él
fue la presa?
                ¿O atados a la deidad
del goce ríen ahí
no más su relincho de vivir, la adolescencia
de su fragancia?

CAMA CON ESPEJOS

Ese mandarín hizo de todo en esta cama con espejos, con dos es-
        pejos:
hizo el amor, tuvo la arrogancia
de creerse inmortal, y tendido aquí miró su rostro por los pies,
y el espejo de abajo le devolvió el rostro de lo visible;
así desarrolló una tesis entre dos luces: el de arriba
contra el de abajo, y acostado casi en el aire
llegó a la construcción de su gran vuelo de madera.

La estridencia de los días y el polvo seco del funcionario
no pudieron nada contra el encanto portentoso:
ideogramas carnales, mariposas de alambre distinto, fueron
        muchas y muchas
las hijas del cielo consumidas entre las llamas
de aquestos dos espejos lascivos y sonámbulos
dispuestos en lo íntimo de dos metros, cerrados el uno contra el
        otro:
el uno para que el otro le diga al otro que el Uno es el Principio.

Ni el yin ni el yang, ni la alternancia del esperma y de la respira-
    ción
lo sacaron de esta liturgia, las escenas eran veloces
en la inmovilidad del paroxismo: negro el navío navegaba
lúcidamente en sus aceites y el velamen de sus barnices,
y una corriente de aire de ángeles iba de lo Alto a lo Hondo.
sin reparar en que lo Hondo era lo Alto para el seso
del mandarín. Ni el yin ni el yang, y esto se pierde en el Origen.

AL SILENCIO

Oh voz, única voz: todo el hueco del mar,
todo el hueco del mar no bastaría
todo el hueco del cielo,
toda la cavidad de la hermosura
no bastaría para contenerte,
y aunque el hombre callara y este mundo se hundiera
oh majestad, tú nunca,
tú nunca cesarías de estar en todas partes,
porque te sobra el tiempo y el ser, única voz,
porque estás y no estás, y casi eres mi Dios,
y casi eres mi padre cuando estoy más oscuro.

FOSA CON PAUL CELAN

A todo esto veo a nadie, pulso el peso
de nadie, oigo pardamente
a nadie la respiración y es nadie
el que me habita, el que
cabeza cortada piensa por mí, cabeza aullada,
                                    meo
por Rimbaud contra el cielo sin heliotropos
ni consentimiento,
                de estrellas
que envejecen está hecho el cielo, noche
a noche el cielo, de hilo hilarante

cuya costura pudiera ser a medio volar
la serpiente,
                    nadie el traje,
el hueso de la adivinación nadie,
                                        me aparto
a mi tabla de irme, salvación
para qué con todo el frío
parado en la galaxia que hace aquí, ciego
relámpago por rey; debiera uno,
si es que debiera uno, llorar.

ALMOHADA DE QUEVEDO

Cerca que véote la mi muerte, cerca que te oigo
por entre las tablas urgentes, que te palpo
y olfatéote con los gallos, cuadernas
y sogas para la embarcación, cerca
nerviosa mía que me aleteas y me andas
desnuda por el seso y
yo ácido
en el ejercicio del reino
que no reiné, feo
como es todo el espectáculo
éste del alambre
al sentido,
                la composición
pendular.

Feo que el cuerpo tenga que envejecer
para volar de amanecida con esos trémolos
pavorosos, vaca
la hueca bóveda de zafiro, ¿qué haremos mi
perdedora tan alto
por allá?, ¿otra casa
de palo precioso para morar alerce, mármol
morar, aluminio; o no habrá
ocasión comparable a esta máquina
de dormir y velar limpias las
sábanas, lúcido el
portento?

Tórtola occipital, costumbre de ti, no me duele
que respires de mí, ni me hurtes
el aire: amo tu arrullo;
ni exíjote número ni hora exíjote, tan cerca
como vas y vienes viniendo a mí desde
que nos nacimos obstinados los dos en nuestras dos
niñeces cuya trama es una sola filmación, un
mismo cauterio: tú el vidrio,
la persona yo del espejo.
       Parca,
mudanza de marfil.

           Para Gonzalo Sobejano.

ARENGA EN EL ESPEJO

No me importan ni yambos ni placeres.
Yo no soy Epicteto, ni fui esclavo,
ni cojo,
   ni pobre
como Iro,
    grato
a los Inmortales.
      Soy la vejez
que hace al hombre
feo,
y malo.

LOS NIÑOS

—Entre una y otra sábana o, aún más rápido que eso, en un
  mordisco,
nos hicieron desnudos y saltamos al aire ya feamente viejos,
sin alas, con la arruga de la tierra.

TORREÓN DEL RENEGADO

A esto vine, al Torreón
del Renegado, al cuchillo
ronco de agua que no escribe
en lo libérrimo agua ni
pétalos pero cumbre
escribe y descumbre, nieve aullante, límpidas
allá abajo las piedras.

A esto y nada, que se abre
por obra del vértigo
mortal, a ésta la casa loca del
ser y más ser, a este abismo
donde Hilda pidió al Muerto:
—«Piedad, Muerto, por nosotros que
íbamos errantes, danos éste y no otro
ahí para morar, ésta por
música majestad, y no otra,
para oír al Padre».

Viniera y parárase el Torreón
del Renegado, creciera vivo
en su madera fragante, lo
angulara aéreo todo el muro pétreo
a lo diamantino de la proa
del ventanal, tramara la escalera
nerviosa en el acero de los amantes, besara
el aire la hermosura de dormir ésta
y no otra sección áurea, subiera sola la imaginación,
el agua.

Véolo desde ahora hasta más nunca así al Torreón
—Chillán de Chile arriba— del Renegado con
estrellas, medido en tiempo que arde
y arderá, leña
fresca, relincho
de caballos, y a Hilda

honda que soñó este sueño, hiló
hilandera en el torrente, ató
eso uno que nos une a todos en el agua
de los nacidos y por desnacer, curó
las heridas de lo tumultuoso.

—Paz

es lo que les pido a los alerces que me oyen: paz
por ella en el ahí fantasma.

De lo alto del Nevado de Chillán baja turbulento
el Renegado, que lo amarra a la leyenda.

CONCIERTO

Entre todos escribieron el Libro, Rimbaud
pintó el zumbido de las vocales, ininguno
supo lo que el Cristo
dibujó esa vez en la arena!, Lautréamont
aulló largo, Kafka
ardió como una pira con sus papeles: — *Lo
que es del fuego al fuego;* Vallejo
no murió, el barranco
estaba lleno de él como el Tao
lleno de luciérnagas; otros
fueron invisibles; Shakespeare
montó el espectáculo con diez mil
mariposas; el que pasó ahora por el jardín hablando
solo, ése era Pound discutiendo un ideograma
con los ángeles, Chaplin
filmando a Nietzsche; de España
vino con noche oscura San Juan
por el éter, Goya,
Picasso
vestido de payaso, Kavafis
de Alejandría; otros durmieron
como Heráclito echados al sol roncando
desde las raíces, Sade, Bataille,
Breton mismo; Swedenborg, Artaud,
Hölderlin saludaron con

tristeza al público antes
del concierto:
                    ¿qué
hizo ahí Celan sangrando
a esa hora
contra los vidrios?

LA PALABRA PLACER

La palabra placer, cómo corría larga y libre por tu cuerpo la pa-
        labra placer
cayendo del destello de tu nuca, fluyendo
blanquísima por lo vertiginoso oloroso de
tu espalda hasta lo nupcial de unas caderas
de cuyo arco pende el Mundo, cómo lo
músico vino a ser marmóreo en la
esplendidez de tus piernas si antes hubo
dos piernas amorosas así considerando
claro el encantamiento de los tobillos que son
goznes que son aire que son
partícipes del misterio de los pies de Isadora
Duncan la que bailó en la playa
abierta para Sergei
Esenin, cómo
eras eso y más para mí, la
danza, la contradanza, el gozo

de olerte ahí tendida recostada en tu ámbar contra
el espejo súbito de la Especie cuando te vi
de golpe, con lo lascivo
de mis dedos te vi la
arruga errónea por decirlo, trizada en
lo simultáneo de la serpiente, palpándote
áspera del otro lado, otra
pero tú misma en la inmediatez
de la sábana, anfibia
ahora, vieja
vejez de los párpados bajos, pescado
sin océano ni
nada que nadar, contradicción

siamesa de la figura
de las hermosas desde el
paraíso, sin
nariz entonces rectilínea ni pétalo
por rostro, pordioseros los pezones, más
y más pedregosas las rodillas, las costillas:

¿y el

parto, amor, el tisú
epitelial del
parto?

De él somos, del
mísero dos partido
en dos somos, del
báratro, corrupción
y lozanía y
clítoris y éxtasis, ángeles
y muslos convulsos: todavía
anda suelto todo,

¿qué

nos iban a enfriar por eso los tigres
desbocados de anoche? Placer
y más placer. Olfato, lo
primero el olfato de la hermosura, alta
y esbelta rosa de sangre a cuya vertiente vine, no
importa el aceite de la locura:

— *Vuélvete, paloma,*

que el ciervo vulnerado
por el otero asoma.

JAVIER SOLOGUREN
(Lima, 1921)

Javier Sologuren

Foto José Casals

Nació el Lima (Perú), en 1921. Doctor en Letras por la Universidad Nacional Mayor de San Marcos y graduado en Comunicación Social por la de Lovaina (Bélgica). Ha sido becario de «El Colegio de México», siendo presidente de la institución Alfonso Reyes; de la Fundación Guggenheim; y de la Fundación Japón, Tokio.

Profesor del Departamento de Ciencias Humanas de la Universidad Nacional Agraria de Lima, lo ha sido también en el Departamento de Humanidades de la Mayor de San Marcos, de la Pontificia Universidad Católica y de la Universidad Pedagógica Nacional (La Cantuta).

Ha desarrollado una notable labor como editor de la poesía peruana, y ha sido co-director de la revista *Creación Crítica* (Lima), miembro del consejo de redacción de *Escandalar* (Nueva York) y director de la revista *Cielo abierto* (Lima).

Obra poética: *El morador* (1944); *Dédalo dormido* (1949); *Estancias* (1960); *Recinto* (1968); *Corola parva* (1977); *Folios de El enamorado y la muerte* (1981). Con el título de *Vida continua (1945-1980)* edita una significativa antología de su obra hasta ese año (México, 1981).

Es autor, asimismo, de una *Antología general de la literatura peruana* (México, 1982).

Los poemas seleccionados pertenecen a la ya citada edición mexicana de «Vida continua» *(Premiá,* México, 1981).

FRAGILIDAD DE LAS HOJAS

Fragilidad de las hojas, reflejos, vivaz aumento donde lo más cercano presurosamente se renueva. Alto follaje que las olas salpican vehementes. Un sol librado en el espacio puro y extremo como un sonido. Mujer que mira el cielo: agudas nubes. Entre la sed y su cuerpo transcurre un ave blanca, un marítimo vacío, silencio que es un límite perdido.

ELEGÍA

Amor que apenas hace un rato eras fruto
de resplandeciente interior en los ojos
de irreprochable dulzura, que sólo eras
una gota de agua resbalando entre los senos
apaciblemente diminutos de una joven;
ahora, al otro lado de las falsas paredes
pintadas con húmedos y empañados carmines,
entre la tarde nostálgica y la noche,
oh amor, has de ser guía certero del asesino
que ardientemente trabaja con un hilo de nieve
en torno de lo que ama.

DÉDALO DORMIDO

Most musical of mourners, weep anew!
Not all to that bright station dared to climb.

(Shelley.)

Tejido con las llamas de un desastre irresistible,
ferozmente vuelto hacia la destrucción y la música,
gritando bajo el límite de los golpes oceánicos,
el hueco veloz de los cielos llenándose de sombra.

Ramos de nieve en la espalda, pie de luz en la cabeza,
crecimiento súbito de las cosas que apenas se adivinan,
saciado pecho con la bulla que cabalga en lo invisible.
Perecer con el permiso de una bondad que no se extingue.
Ya no ser sino el minuto vibrante, el traspaso del cielo,
canto de vida rápida, intensa mano de lo nuestro, desnuda.
Hallarse vivo, despierto en el espacio sensible de una oreja,
recibiendo los pesados materiales que la música arroja
desde una altura donde todo gime de una extraña pureza.
Miembros de luz sorda, choques de completísimas estatuas,
lámparas que estallan, escombros primitivos como la muerte.
Vaso de vino pronto a gemir en una tormenta humana,
con una sofocante alegría que olvida el arreglo de las cosas,
ebrio a distancias diferentes del sonido sin clemencia,
errando reflexivo entre el baile de las puertas abatidas,
aislando una racha salobre en la inminencia de la muerte,
pisando las hierbas del mar, las novedades del corazón,
pulsando una escala infinita, un centro sonoro inacabable.

Modificado por una azarosa, por una incontrolable compañía.

Pisadas en nuestro corazón, puertas en nuestros oídos,
temblor de los cielos de espaldas, árboles crecidos de improvîso,
paisajes bañados por una murmurante dulzura, por una sustancia
que se extiende como un vuelo irisado e instantáneo.
Prados gloriosos, estío, perfil trazado por un dedo de fuego,
blanco papel quemado para siempre detrás de los ojos,
valles que asientan su línea bajo el zureo de las palomas,
fuentes de oro que agitan azules unos brazos helados.
Quietud del mar, neutros estallidos de un imperio cruento,
mudas destrucciones, espuma, golpes del espacio abierto.

Sueños que toman cuerpo, coherentes, en una silenciosa tenta-
      tiva;
mecanismos ordenados en medio de una numerosa vehemen-
      cia,
lujo intranquilo del cielo que sella una hora inmune.
Cuerpo que asciende como la estatua de un ardoroso enjambre
buscando muy arriba la inhumana certeza en que se estalla
para quedar inmensamente vacío y delirante como el viento.
Una idea, Dédalo, una idea que iba a acarrear nuestro futuro,

(un sueño como un agua amarga que mana desde la boca del
    sol)
los planos hechos a perfección, la elocuencia del número,
el ingenioso resorte para suplantar los ojos de la vida,
todo era una inocente flecha en tránsito de lucidez y muerte.

Ciudades perdidas por un golpe de viento, ganadas por un
    sueño.
Palabras incendiadas por la fricción de un remoto destino,
murallas de un fuego levantado al que no nos resistimos,
canto arrancado a la tumultuosa soledad de un pecho humano.

EL DARDO

El río sensible como cuello de mujer al peso de las joyas noc-
    turnas.
El lujo terrenal de las tinieblas sobre los muros vegetales.
La inclinada mitad de la tierra que se ilumina al paso de una pan-
    tera.
La luna de encrespadas cañas en las heladas orillas fluviales.
La melancólica continuidad de las olas
desplegadas con silencioso impacto en la distancia.
Los lechos murmurantes de la luz en el follaje último del cielo.
El país amurallado por el lápiz tenaz de los planetas.
La habitación, los alimentos henchidos de una mortal palidez.
La mano que gira las invisibles poleas del sueño.
La pluma donde no corre sino la sombra del mundo.
El ojo humano, el frío humano, la captación del olvido.

TEMA GARCILEÑO

Si a este espacio de clavel y vino
no han bajado otra vez los ruiseñores,
será porque han ganado sus temores
y ebrios de soledad tuercen su sino.

Si en esta clara fuente no hay pastores
que abran su corazón al quieto pino;
ni en las cuerdas del rabel divino
pulsen la eternidad de sus amores.

Si no hay collado, monte, sierra, valle
con su fábula tierna y quien la inventa,
y de dulces memorias todo calle.

Si seco el cauce está del arroyuelo
que mana del amante y lo alimenta:
Será que Amor perdió ya su señuelo.

MEMORIA DE GARCILASO EL INCA

En todo amor se escucha siempre
la soledosa vena de agua
donde se copia ausente
un rostro vivo que fue nuestro.

El agua surge, el agua nombra,
con suaves labios transparentes,
la vieja cuna sola
y unas palabras en rescoldo.

El amor es así. Nos siembra
sol en el alma, y con el agua
cánticos de la tierra
nos traen anhelos memoriosos.

Paloma triste de mi madre
abre en mi pecho la nostalgia;
Córdoba es adusta, y cae
en mí un ocaso susurrante.

Mi padre cabalgando, en marcha,
en hierro gris, en enemiga;
el Cuzco, noble patria,
piedra viril ante el destino.

Oh corazón, sé pozo quieto
pero vivo de amor por ellos;
guarda sus sombras, guarda
sus muy humanos resplandores.

Por sobre ti pongo el oído
y siento el rumor del sol, la luz
del agua, el surco tibio,
la mano buena del labriego.

El amor es así. La sangre,
el país que me habla por dentro,
me hacen saber, y sabe
ser corriente agua el recuerdo.

COROLA PARVA

La tinta en el papel.
El pensamiento
deja su noche.

*

¡Oh agua quieta,
qué silencioso el mundo
en ti despierta!

*

El alba enciende
yacente realidad
irrealmente.

*

Agua del plenilunio:
sin pensamientos
poseo el mundo.

*

Altos soles pequeños
en el pecho arden:
tu edad, muchacha.

*

frases olas blancas
lineales murmullos horizonte
luz traspuesta secreta
oh las blancas frases

*

Nada dejé en la página
                    salvo
                    la sombra
de mi inclinada cabeza

FOLIOS DE EL ENAMORADO Y LA MUERTE

(Fragmentos)

menos que copos
                    de nieve
                                        menos que espumas
                    desvaneciéndose
los vilanos
            erráticos
                                descienden
en un espacio
                    tan irreal
                    como ellos

reino-de-la-palabra
                                frágiles
                                filamentos
                                de sonido
            llevando
                        por las
                        fuentes
                        del tiempo
su semilla

su secreto
            perdurable y feliz
                                (vilanos)

DOS O TRES EXPERIENCIAS DE VACÍO

1

sabemos (creemos saber) que
hay   un tablero
            piezas
            casillas claras y oscuras
sabemos (entrevemos) que
otros
juegan con nosotros
pero
qué pieza se ha movido
quién la ha movido
por qué se ha movido
cómo se ha movido

y a fin de cuentas
qué sabemos
de las
reglas del juego
dentro de este cuarto
donde
el día es una
mecha humeante

2

me das (te doy) la mano
toda la mano
solo
la mano

3

todo el sedoso aire
removido
por el relampagueante
colibrí
cornucopia vaciándose

sobre la cálida
huerta del aire
uvas tiernamente oscuras
violetas oprimidas
en la secreta
mano
del verano
y la distraída mariposa
y la rosa en alto

y yo solo   y tú sola
   y yo solo   y tú sola
      y yo solo   y tú sola
en este
transparente
recodo del día
y
la certeza
de haber escrito en el agua

4

las blancas paredes   de la casa
los blancos huesos   bajo tierra
la blanca   soledad
del mar   del cielo
la blanca mariposa
                    del sueño
sumidas
en el trazo
            negro   de la tinta
extendidas
hasta alcanzar su negra orilla

5

la tarde pestañea
blandamente
en las persianas
        vaga su luz
            su vaho tibio

              por entre las cosas
                        sumarias   y
                        bien puestas
              da vueltas
                        en torno
              al sagitario
                        vaso de retamas
              que en cierto modo
                        concluye
              el latido natural
              de la pieza
                        donde escribo
              una resaca silenciosa
                        se va
                                arrastrando mis palabras
              y sé
              que es noche

A LA SOMBRA DE LAS PRIMICIAS DEL VERANO

1

he llegado   sé que estoy aquí   ignoro por qué vía
pero ni tiempo ni espacio rompieron sus puentes
aunque sólo ahora empiezo a caminar   un pie
se hunde en la arena y el otro teme hundirse más
el oído oye un lenguaje versátil   el viento
introduciendo grandes volúmenes confusos   en medio
de cerebro
arrancando del mar el racimo espumoso
sellando una vez más su delirio

copula en un oscuro baile la medusa   intermitentes
brillan violetas perversos turbadoras fucsias
en tanto el mar cubre infatigable a su frígida hembra

2

con su extensa
                telaraña de fuego
uno a uno
            pegados a la carne
                        sus cárdenos hilos
el gran globo arcano
el rey omniluciente
                    se estrena
                            este día
                                    nuevamente
en las suaves
            comarcas
                    de la piel
pone
        el sello de su gloria
llega
        al polvo y la ceniza
el gran rey
el gran rey

3

porque quise   pesar
                        los blancos
milenios del mar
                    el sol
        puso
        su ardiente platillo ilimitado

para la completa balanza
hubo
        ojos que miran o sueñan
pero
        la almendra
                    triturada
                            de lo real
es el transcurso
                el simple

irse tras
       de un grano de arena
otro
    grano de arena
y una tras otra ola
(no hay huellas)
medir es un necio pasatiempo
llevar
     un hecho
a una
     escala desconocida
dentro de un
        ilusorio sistema
por eso
      trituro la almendra
entre mis lentos dientes
e ingiero
      finalmente
          el transcurso
así como este
        aire
fresco y cálido
de enero

EL AMOR Y LOS CUERPOS

(Fragmento)

me acerco
      a la oscura
abundancia de las rosas
    siento
el lento claro de tu pecho
acariciado
por algo que no son
solo mis manos
ni el mirarte
tampoco suficiente

bulle
    en el centro
de mi cuerpo
       el secreto
de tu réplica
traspasándome
     su aliento
sus años jóvenes
su díscola sazón

entonces
      entonces
balbuceo
saliva y lágrimas
me recorren

muda mudanza
instante en que
soy
todo   yo
en   que   ya
no soy
yo

sino
el arranque y el golpe
y tú
la cómplice
      dulcísima

golpeada
infinitamente
golpeada
   (el amor y los cuerpos)

CINTIO VITIER
(Cayo Hueso, Florida, 1921)

Cintio Vitier

Nació en Cayo Hueso (Florida), en 1921. Pasó su infancia y adolescencia en la provincia de Matanzas. Se traslada luego a La Habana donde se gradúa como doctor en Leyes. Poco después formará parte del grupo de *Orígenes* (1944-1956). Ha sido profesor en la Escuela Normal de Magisterio de La Habana y en la Universidad Central de Las Villas. Como profesor invitado dictó cursos en la Universidad de Florencia. De 1962 a 1977 fue investigador literario en la Biblioteca Nacional José Martí, y en la actualidad dirige la edición crítica de las obras completas de Martí en el Centro de Estudios Martianos de La Habana. Se da la circunstancia de que su primera entrega poética, de 1938, apareció precedida de una semblanza-prólogo de Juan Ramón Jiménez.

Obra poética: *Vísperas* (La Habana, 1953); *Testimonios* (La Habana, 1968); *La fecha al pie* (La Habana, 1981); *Antología poética* (La Habana, 1981).

Ha publicado también: *Lo cubano en la poesía* (La Habana, 1958 y 1970); *Poética* (La Habana, 1961-Madrid, 1973); *Poetas cubanos del siglo XIX* (La Habana, 1969); *Temas martianos,* en colaboración con su mujer Fina García Marruz (La Habana, 1969); *Crítica sucesiva* (La Habana, 1971); *La crítica literaria y estética en el siglo XIX cubano* (La Habana, 1968-1974); *Ese sol del mundo moral: para una historia de la eticidad cubana* (México, 1975); *Temas martianos,* 2.ª serie (La Habana, 1982); *Juan Ramón Jiménez en Cuba* (La Habana, 1982). Ha preparado las ediciones críticas de la obra poética de Emilio Ballagas (La Habana, 1955); de *Espejo de paciencia,* de Silvestre Balboa (La Habana, 1962), y diversas antologías de poesía cubana. En 1976 aparece en México su novela *De Peña Pobre,* reeditada en La Habana, en 1980.

Los poemas seleccionados pertenecen a las ediciones siguientes: «Lo nupcial», «El portal», «Los juegos», «En Xochimilco», «Palabras a la aridez», «Adoración» y «Cántico nuevo» *(Antología poética,* Ed. Letras Cubanas, La Habana, 1981); «Piedra de rayos» *(Cuadernos hispanoamericanos,* núm. 349, Madrid, julio 1979); «Cello al mediodía», «Apuntes cañeros», «Los fríos barrios», «Confesión» y «El bosque de Birnam» *(La fecha al pie,* U.N.E.A.C., La Habana, 1981).

LO NUPCIAL

Salta el aguacero prodigioso
como una llama en medio de la noche
para que yo recuerde aquella dicha
de la estirpe oscura bajo el sonido viejo
y aquel mágico don después del baño:
los laureles goteantes, la luz diáfana
otorgando proyectos cristalinos.

Toco reinos que me son interrogantes.
¿No es infausto surtidor de mi memoria
cada rostro y tentativa del azar?
¿No ejercita mi esperanza un palimpsesto?
Y este callado frenesí que me rodea
¿no es el ojo inflexible de la cruel metamorfosis
calándome la muerte de ignotas posesiones?

¡Oh tarde escampada, inmortal y sucesiva!
Laureles, miradas o preguntas
despiertan como heraldos inmóviles y lúcidos
en la costa sedienta de mi nombre
y su voraz palabra con amargas reliquias
se hunde en la tela más allá que los recuerdos
—¡más allá que el dolor y el fanatismo de mi forma!

EL PORTAL

¿Y quién con su inefable muerte nombra
el llano pardo y fuego? (Sólo el buey
permanece en el oro que lo asombra
como extraño fragmento de una ley
perdida.) ¿Es la tarde rota y pura

de los pobres, no más, esto que avanza
por mi desierta vida en tabla oscura
de luz y lejanía? Su alabanza
centelleante de hojas ¿sólo envuelve
la fiesta general de la costumbre,
los júbilos de ayer? ¡Dorada espiga
de la noche carnal que me devuelve
al corazón la patria!: ¿y esta lumbre
de qué terrible púrpura es mendiga?

LOS JUEGOS

El corro se aprieta friolento,
rodeado por las bujías y las madres
que están gritando ya, como si la noche
gritara. No, todavía un rato más,
vamos a hablar de tiburones.
«Primera estación, el garaje. Cuidado
no te quemen los ojos; si pisas la raya de petróleo
el mundo va a cambiar, tus padres huyen
por los traspatios y los horizontes.
Los sacos de cemento fortalecen tu confianza.»
Como si la noche y las bujías
gritaran. No, todavía un rato más,
vamos a hablar de indios y de tiburones,
el negro sabe el cuento de la rapidez,
el mulato el del vientre rasgado en la rapidez,
nos hundimos como un solo tiburón
sedoso y voraz en el asombro.
«Si miras a la izquierda ya no puedes volver.
Si tocas la pared rugosa vuelves al sillón oscuro.
Si vuelves al sillón oscuro recuerdas al gato blanco.
La aceitosa lona fortalece tu confianza.»
El corro se aprieta friolento
y la lámpara de la sala brilla inaccesible:
aquélla es mi vida, no podré llegar nunca.
No, todavía un rato más,
vamos a jugar «al que pasa». Corre a ponerte
un abrigo viejo y un sombrero viejo.
No es él, no va por allí, es uno que pasa,

ese uno es él, es otro, la felicidad
abre sus ojos fríos en mis venas.
«Segunda estación, el limpiabotas. Llegas curado,
herido de todas las guerras, quizás ni te conozcan.
La lejanía es el sabor
que está subiendo en tus pasos, procura alcanzar
la altivez y la ternura.
Bah, no te han visto. Puedo ser o no ser yo,
nadie me ha visto. Sí, uno me miró como a un árbol.»
Uno me miró como al abuelo que vuelve del parque.
Mañana será igual y el corro se aprieta estremecido
y yo vuelvo silenciosamente a su imposible.
Mamá está gritando como la noche.

EN XOCHIMILCO

En Xochimilco, ay,
yo vi las flores de la Estigia,
su arco nupcial, sus puchas
más festivas.

Estábamos en el umbral
de la Casa Sombría,
comiendo dulzonas mazorcas,
oyendo tristes marimbas.

Una aciaga canoa
por el agua verde venía,
remando en silencio, remando
la pobre india.

Me miró y sentí que rayaba
su piedra fría,
que no estaba allí, que no entraba
por mi vida.

Y nuestra góndola floral,
la «Lupita»,
con el grito y el cornetín,
bogaba al país de los muertos,
de la ira.

PALABRAS A LA ARIDEZ

No hay deseos ni dones
que puedan aplacarte.
Acaso tú no pidas (como la sed
o el amor) ser aplacada. La compañía
no es tu reverso arrebatador, donde tus rayos,
que se alargan asimétricos y ávidos
por la playa sola, girasen melodiosamente
como las imantadas puntas de la soledad
cuando su centro es tocado. Tú no giras
ni quieres cantar, aunque tu boca
de pronto es forzada a decir algo,
a dar una opinión sobre los árboles, a entonar en la brisa
que levemente estremece su grandioso silencio,
una canción perdida, imposible, como si fueras
la soledad, o el amor, o la sed. Pero la piedra
tirada en el fondo del pozo seco, no gira
ni canta; solamente a veces, cuando la luna baña los siglos,
echa un pequeño destello como unos ojos que se abrieran
cargados de lágrimas.
                    Tampoco eres
una palabra, ni tu vacío quiere ser llenado
con palabras, por más que a ratos ellas
amen tus guiños lívidos, se enciendan como espinas
en un desértico fuego,
quieran ser el árbol fulminado,
la desolación del horno, el fortín hosco y puro.

No, yo conozco
tus huraños deseos, tus disfraces. No he de confundirte
con los jardines de piedra ni los festivales
sin fin de la palabra. No la injurio por eso. Pero tú no eres ella,
sino algo que la palabra no conoce,
y aunque de ti se sirva, como ahora, en mí, para aliviar
el peso de los días, tú le vuelves la espalda,
le das el pecho amargo, la miras como a extraña, la atraviesas
sin saber su consistencia ni su gloria. La vacías.

No se puede decir lo que tú haces
porque tu esencia no es decir ni hacer. Antigua,
estás, al fondo, y yo te miro.

Todo lo que existe pide algo.
La mano suplicante es la sustancia de los soles
y las bestias; y de la criatura que en el medio
es el mayor escándalo. Sólo tú,
aridez,
no avanzas ni retrocedes,
no subes ni bajas,
no pides ni das, piedra calcinada,
hoguera en la luz del mediodía,
espina partida,
montón de cal que vi de niño
reverberando en el vacío de la finca,
velándome la vida, fondo de mi alma, ardiendo siempre,
diurna, pálida, implacable,
al final de todo.

            Y no hay reposo para ti,
única almohada
donde puede mi cabeza reposar. Y yo me vuelvo
de las alucinantes esperanzas
que son una sola,
de los actos infinitos del amor
que son uno solo,
de las velocísimas palabras devorándome
que son una sola,
despegado eternamente de mí mismo,
a tu seno indecible, ignorándolo todo,
a tu rostro sin rasgos, a tu salvaje flor,
amada mía.

ADORACIÓN

¡Índice fúnebre y solar!
El girasol adora a la piña.
¡Raíz aterradora de la vida!
El clavel adora a la rosa.

¡Física, Metafísica, Química!
El macho cabrío radiante, el gallo reguero de chispas.
¡Resurrección al penetrar, oh Muerte!
¡Oh Vida! El día adora a la noche.
La noche adora al girasol.
El mar adora a la tierra, el sol a la luna.
El fuego al aire al agua a la tierra.
El girasol al fuego.
¡Oh Adoración! ¡Oh Hambre!
La Vía Láctea reposa en el pecho unido del Hombre y la Mujer.

CÁNTICO NUEVO

Este libro no es tanto de poesía
como de conciencia.

Sus versos resultan duros y desabridos
pero dicen la verdad de mi corazón
cambiante y una
como profunda luz de agosto.

Ya no vale la pena escribir
una línea
que no sea completa, aunque después resulte poca,
la verdad.

La poesía no está por encima de nada.

Echo mi vida a un fuego: ser honrado.
Cómo no voy a querer serlo si en ello me va la vida.
No la que otros pueden darme o quitarme sino la que yo me
        doy
en mi conciencia que Dios me dio
para hacer este cántico nuevo,
áspero, duro y desabrido.

He pasado de la conciencia de la poesía
a la poesía de la conciencia, porque estoy, a no dudarlo,
entre la espada y la pared.

Este libro no contiene las notas de una lira
salvo que una lira sea
el tiempo y el espacio que van de la espada a la pared.
La profunda luz de agosto me lo dice:
Nada está por encima de nada.
Todo va a salvarse o a perderse junto en un solo cuerpo y en
      una sola alma.

29 de agosto de 1967.

PIEDRA DE RAYOS

> ¿Existe una *praxis* última de la poesía donde el
> hecho es imagen y el progreso científico-
> económico suficiente hermosura?

(Imagen de Rimbaud, 1951.)

Eso pensé, sacándole el último jugo
a la piedra de rayos de Rimbaud.
Ahora vuelvo a pensarlo,
mas no desde la noche de la imagen,
sino, precisamente, desde el sol de los hechos.
Ese sol da en la mar que parece
una tierra alucinada.
La tarde, en sol azafrán, es un hecho.
Este mundo, ¿será, ya, el otro?

SUITE DE UN TRABAJO PRODUCTIVO

IV.   CELLO A MEDIODÍA

En la poca siesta del albergue
bronco,
sombra asediada de fulgores,
sopor listado de fragmentos
abruptos de palabras
ignotas o noticias
huecas,

duermevela casi mágico en la jaula,
en el circo, en el palacio
de los cujes,
de pronto
un *cello* gravemente interpretando
el tuétano del mediodía,
el aria
salida de la cueva fresca
donde se guardan
el gesto delicadísimo de acunar las hojas
el salaz parihuelero
con más firmeza que un Duque
rafaelesco, y la bendita cara
del lujurioso
un instante dormido como un niño
pálido, como un héroe
legendario en la piedra viva
de su tumba, imagen indecible
de la pureza, con las manos
cruzadas
sobre el pecho.

APUNTES CAÑEROS

La mano

Se contrae, se inflama,
el uso del machete la reeduca,
la avispa la besa,
se constela de ampollas y de callos,
apenas a sí misma se conoce. En suma:
la mano de escribir
coge otra forma.

Alguien habla de ayer

«La señora, el caballero.
El caballero, la señora.
El caballero Alfredo quiere ver a la señora.

La señora no está.
El doctor lo espera.»
El *chivo prieto* es el que habla
como quien recita una lección de idioma.
«Pensar que ayer un machetero
era la última carta, y hoy...; pensar
que ayer: "La señora, el caballero,
el caballero, la señora..."»
El *chivo prieto* se ríe como si sorbiera
todas las estrellas, ahogado, en el albergue
convertido en teatro de los cuentos
del alacrán y la hormiga. *El caballero Alfredo,*
su pareja de corte, pintiparado y róseo,
semidesnudo, en el alba eterna,
se amarra las botas.

LOS FRÍOS BARRIOS

En los fríos barrios de la muerte médica
pude ver un fragmento, muy de cerca,
de algunos de los clavos que atraviesan los tendones,
y ya no duelen, casi.

El dolor, aunque aísla desmesuradamente,
acompaña por sí. Prendido ladra en su lugar
a la luna de un ser que brilla enorme.
Persona fiel, en su feroz dulzura, es el dolor.

Aquellos barrios me enseñaron otra cosa.
Solo y desnudo se entra en ellos. La vida audaz,
repleta de colores y accidentes, ya no cuenta.
Se manipula un desamparo, y se le salva (a veces),

sacándolo a la postre de aquel pozo
como a piedra de ahogo que sólo oye, oye.
Los pedazos de luz, allá arriba, qué imposibles.
El clavo no pudo verse entero: sujetaba.

28 de noviembre de 1970.

CONFESIÓN

Aunque no sé historia, o muy poca, yo soy
el autor de estas páginas.

Todo me ha ocurrido a mí desde el principio.

Yo soy el protagonista,
la víctima, el culpable y el verdugo.

Soy el que mira y el que actúa.
Las edades en mí han descansado.
Los días han sido mi alimento.
Las ideas, mis alas,
mis puñales.

Por el hueco de mis manos ha pasado
el río de las armas.

Mis ojos son los hornos en que ha ardido
la creación entera.

Mi canto es el silencio.

Hombre, mujer, niño, anciano,
cada gesto mío tiembla en las estrellas
atravesando el tiempo irrepetible.

Yo soy. No busquen a otro,
no torturen a otro,
no amen a otro.

No tengo escapatoria.

15 de diciembre de 1970.

EL BOSQUE DE BIRNAM

Thou com'st to use thy tongue; thy story quickly.

(Macbeth al Mensajero, acto V, escena V.)

Tantas cosas que he visto y sin embargo
caben en un papel, pues la memoria,
idéntica a la línea del horizonte
que es el alimento único de mis ojos,
puede vaciarse entera en el olvido.
Todo en Matanzas era igual a París,
quiero decir equivalente a escala de crepúsculo.
Sentado allí en el parque, oyendo los danzones
giratorios bajo las estrellas, se asistía con respeto
a la novelización vehemente de un futuro
que yace desbaratado en el domingo
de la calle Moscú. El respeto pierde grados
como un alcohol que nadie quiere, vuela antiguo
con la hopalanda suelta de las nubes, y el futuro
de la memoria que ya lo era en el fulgor del cornetín
pasa arrastrando el ala por la cubierta del naufragio.
Palabras demasiado grandes. Habría que decir
cositas, alfileres que buscaba por las losas, gestecillos
de las gentes que esperan en los parques cuando están
a punto de convertirse en espectros del morado.
En todo caso el puntillismo es el amor del tiempo.
Un cuadro de Seurat puede absorber tanta materia
inflamable como la que se desprendía de aquel Eros
que frotaba las piedras en procura de un cocuyo.
Así aparece algo que no estaba preparado
por la nada, ni mucho menos por las leyes de la física,
sin ser tampoco metafísico, algo hechizante y sabio
colándose en el fresco memorioso de los naranjales.

Cierto, señor, que vine a usar mi lengua,
y lo que tengo que decirte es:
por ella viene a hablar el bosque andante,
armadura nupcial de tu enemigo.
Desde el origen fuimos destinados.

La humedad de la vida apetece un lenguaje
que el industrioso tiempo ha construido
con la materia misma de lo mudo.
Lo mudo ruge, silba, estalla en la floresta
con el trueno general de los gorjeos.
Lo mudo articulando su imposible
dialoga con las páginas en blanco...

En un recodo
de los jardines del Palazzo Pitti
pueden verse meriendas antológicas,
y si fuera necesario dar otros ejemplos de dulzura,
sin recurrir al melocotón pensante de Giorgione,
podría volver a amanecer en Nueva Orléans,
goteando los sicomoros sobre un lúcido portal
que se alquilaba indiscriminadamente a los voraces.
No se trata de analogías ni de resonancias,
allí empieza la miseria donde termina el músico
que alargaba su violín hasta la sílaba del fuego.
He aquí de qué se trata, el fuego quiere hablar
aunque sea utilizando un lápiz romo y un papel
que presume turbiamente de toda transparencia:
no por ser el fuego, pues también el tocoloro
atraviesa las hojas con velada fama, también nunca,
ojo, sangre, piedra, hijo, quieren decidirse
a atravesar el límite de sus instalaciones
que humean arrasadas por la infantería.
Naturaleza dice: verme, recorrerme, ay, ser vista,
no valdría la pena sino por el acto de parirme
proyectada en un móvil que me lleva a la otra parte.
La zambullida dura mundos y tú estás de posta
en el fuerte Belvedere o en la luna del agua del San Juan.
Escoge si quedarte en esa orilla que no habla
o castamente fecundar la sola esposa.
Entonces la merienda y sus palabras son un rostro,
los viajes son un viaje, el fuego alumbra a un hombre,
    comenzamos.

Lo mudo rompe a hablar, usando lengua
que venía de la bruma de las aguas,
como un sol que se parte en arcoiris.

Por necesidad y caridad la lengua
lo dice todo ayudada por la mano,
sostenida fieramente por el ojo
donde lo cóncavo se ajusta a lo convexo.
Todo lo dicho adquiere otra sustancia.
El bosque ha echado a andar hacia el castillo
de la mudez diabólica y la sangre maldita.
La vida no es el cuento narrado por un idiota
sino la marcha del bosque y el giro de los astros
en la voz del mensajero que no acaba.
Esa es mi historia, la historia de mi lengua.
La vida es eso, la lengua de la historia.
Sucumbe tú, poder endemoniado, usurpador y mudo,
ahogado por el bosque. Yo seguiré anunciando.

Lo que comienza ya había comenzado,
la garza se insinúa como flor de la justicia.
La historia es el milagro de la naturaleza
cuando el bosque de Birnam comienza a caminar
en el asedio del castillo alquilado por el demonio.
Pero el bosque siempre había estado avanzando hacia el castillo.
Un destino pequeñísimo, enviciado
por el disfrute de persianas clandestinas,
equivale de súbito a la batalla a San Romano
pintada por Uccello como si devolviera
la historia endemoniada a las ecuaciones de la tierra.
La tierra matemática, la tierra tocadora de flauta.
«Agua, amoniaco, ácido carbónico, flotan ya,
bañados por los rayos solares: desdeñar esa bruma
sería privar al astro juvenil de su más esencial ornato»,
dice Teilhard enamoradamente.
De esa nostálgica bruma sale Atila galopando hacia el azul
de Teresita de Lisieux. En esa bruma
estamos los viejos músicos y yo, niño, tocando
el *Stabat Mater* de Rossini, mientras el bote
con mi hermano avanza hacia la desembocadura
cubierta por la neblina rubia del amanecer.
No existieron el Turner, el Ruskin del San Juan,
pero tampoco el Milanés del Támesis. Las complementarias
inexistencias clavan la aurora con un clavo de oro.
No falta nada que no sea un impulso para el bote.

Avanzamos en la bruma que flota sobre todo,
madre de los adentros del peciolo y del ojo del tigre,
disfrazados con las ramas del bosque inmemorial que avanza
en el asedio del castillo, y no sabemos ya
si somos el ejército armado hasta los dientes
o la novia campesina en la mañana de sus bodas.

Enero de 1971.

ÁLVARO MUTIS
(Bogotá, 1923)

Álvaro Mutis

Nació en Bogotá (Colombia) en 1923. Pasa su infancia en Bélgica, donde realiza sus primeros estudios. De vuelta a Colombia («en una edad crítica para un muchacho»), comienza su carrera literaria colaborando en *El Espectador*. Desde 1956 reside en México donde, en la actualidad, trabaja para la Columbia Pictures TV. Experiencia decisiva en sus años mexicanos han sido los dieciocho meses que pasó en la prisión de Lecumberri.

Obra poética: *La balanza* (Bogotá, 1948), en colaboración con Carlos Patiños; *Los elementos del desastre* (Buenos Aires, 1953); *Los trabajos perdidos* (1961); *Textos olvidados* (Bogotá, 1980); *Caravansary* (México, 1981); *Summa de Maqroll el gaviero* (Barcelona, 1973) reúne toda la poesía escrita por Mutis entre 1948 y 1970.

Obra en prosa: *Diario de Lecumberri* (México, 1964); *La mansión de Araucaima* (Barcelona, 1978).

Los poemas seleccionados pertenecen a las siguientes ediciones: «Los elementos del desastre», «El húsar», «Del campo», «Los trabajos perdidos», «Cita» y «Soledad» *(Summa de Maqroll el gaviero,* Barral Editores, Barcelona, 1973); «Caravansary, 7», «Cinco imágenes», «La muerte de Alexandr Sergueievitch» y «El sueño del Príncipe-Elector» *(Caravansary,* Fondo Cultura Económica, México, 1981); «Lied» *(Plural,* 43, México, abril 1975); «Lied, 2» *(Plural,* 58, México, julio 1976).

LOS ELEMENTOS DEL DESASTRE

1

Una pieza de hotel ocupada por distracción o prisa, cuán pronto nos revela sus proféticos tesoros. El arrogante ganadero, «bersagliere» funambulesco, el rey muerto por los terroristas, cuyo cadáver despernancado en el coche, se mancha precipitadamente de sangre, el desnudo tentador de senos argivos y caderas 1900, la libreta de apuntes y los dibujos obscenos que olvidara un agente viajero. Una pieza de hotel en tierras de calor y vegetales de tierno tronco y hojas de plateada pelusa, esconde su cosecha siempre renovada tras el pálido orín de las ventanas.

2

No espera a que estemos completamente despiertos. Entre el ruido de dos camiones que cruzan veloces el pueblo, pasada la medianoche, fluye la música lejana de una humilde vitrola que lenta e insistente nos lleva hasta los años imprevistos de sudores y agrio aliento, al tiempo de los baños de todo el día en el río torrentoso y helado que corre entre el alto muro de los montes. De repente calla la música para dejar únicamente el bordoneo de un grueso y tibio insecto que se debate en su ronca agonía, hasta cuando el alba lo derriba de un golpe traicionero.

3

Nada ofrece de particular su cuerpo. Ni siquiera la esperanza de una vaga armonía que nos sorprenda cuando llegue la hora de desnudarse. En su cara, su semblante de anchos pómulos, grandes ojos oscuros y acuosos, la boca enorme brotada como la carne de un fruto en descomposición, su melancólico y torpe lenguaje, su frente estrecha limitada por la pelambre salvaje que se desparrama como maldición de soldado. Nada más que su rostro advertido de pronto desde el tren que viaja entre dos estaciones anónimas; cuando bajaba hacia el cafetal para hacer su limpieza matutina.

4

Los guerreros, hermano, los guerreros cruzan países y climas con el rostro ensangrentado y polvoso y el rígido ademán que los precipita a la muerte. Los guerreros esperados por años y cuya cabalgata furiosa nos arroja a la medianoche del lecho, para divisar a lo lejos el brillo de sus arreos que se pierde allá, más abajo de las estrellas.

Los guerreros, hermano, los guerreros del sueño que te dije.

5

El zumbido de una charla de hombres que descansaban sobre los bultos de café y mercancías, su poderosa risa al evocar mujeres poseídas hace años, el recuento minucioso y pausado de extraños accidentes y crímenes memorables, el torpe silencio que se extendía sobre las voces, como un tapete gris de hastío, como un manoseado territorio de aventura... todo ello fue causa de una vigilia inolvidable.

6

La hiel de los terneros que macula los blancos tendones palpitantes del alba.

7

Un hidroavión de juguete tallado en blanda y pálida madera sin peso, baja por el ancho río de corriente tranquila, barrosa. Ni se mece siquiera, conservando esa gracia blanca y sólida que adquieren los aviones al llegar a las grandes selvas tropicales. Qué vasto silencio impone su terso navegar sin estela. Va sin miedo a morir entre la marejada rencorosa de un océano de aguas frías y violentas.

8

Me refiero a los ataúdes, a su penetrante aroma de pino verde trabajado con prisa, a su carga de esencias en blanda y lechosa descomposición, a los estampidos de la madera fresca que sorprenden la noche de las bóvedas como disparos de cazador ebrio.

9

Cuando el trapiche se detiene y queda únicamente el espeso borboteo de la miel en los fondos, un grillo lanza su chillido desde los pozuelos de agrio guarapo espumoso. Así termina la pesadilla de una siesta sofocante, herida de extraños y urgentes deseos despertados por el calor que rebota sobre el dombo verde y brillante de los cafetales.

10

Afuera, al vasto mar lo mece el vuelo de un pájaro dormido en la hueca inmensidad del aire.
Un ave de alas recortadas y seguras, oscuras y augurales,
el pico cerrado y firme, cuenta los años que vienen como una gris marea pegajosa y violenta.

11

Por encima de la roja nube que se cierne sobre la ciudad nocturna, por encima del afanoso ruido de quienes buscan su lecho, pasa un pueblo de bestias libres en vuelo silencioso y fácil.
En sus rosadas gargantas reposa el grito definitivo y certero.
El silencio ciego de los que descansan sube hasta tan alto.

12

Hay que sorprender la reposada energía de los grandes ríos de aguas pardas que reparten su elemento en las cenagosas extensiones de la selva, en donde se crían los peces más voraces y las más blandas y mansas serpientes. Allí se desnuda un pueblo de altas hembras de espalda sedosa y dientes separados y firmes con los cuales muerden la dura roca del día.

EL HÚSAR

I

En las ciudades que conocen su nombre y el felpudo galope de su caballo
lo llaman el arcángel de los trenes,
sostenedor de escaños en los parques,
furia de los sauces.
Rompe la niebla de su poder —la espesa bruma de su fama de hombre rabioso y rico en deseos—
el filo de su sable comido de orín y soledad, de su sable sin brillo y humillado en los zaguanes.
Los dorados adornos de su dolmán rojo cadmio, alegran el polvo del camino por donde transitan carretas y mulos hechizados.
¡Oh la gracia fresca de sus espuelas de plata que rasgan la piel centenaria del caballo
como el pico luminoso de un buitre de sabios ademanes!
Fina la sonrisa del húsar que oculta la luna con su pardo morrión y se baña la cara en las acequias.
Brilla su sonrisa en el agua que golpea las piedras del río,
las enormes piedras en donde lloró su madre noches de abandono.
Basta la trama de celestes venas que se evidencia en sus manos y que cerca su profundo ombligo para llenar este canto,
para darle la gota de sabiduría que merece.
Memoria del húsar trenzada en calurosos mediodías cuando la plaza se abandona a una invasión de sol y moscas metálicas.
Gloria del húsar disuelta en alcoholes de interminable aroma.
Fe en su andar cadencioso y grave,
en el ritmo de sus poderosas piernas forradas en paño azul marino.
Sus luchas, sus amores, sus duelos antiguos, sus inefables ojos, el golpe certero de sus enormes guantes,

son el motivo de este poema.

Alabemos hasta el fin de su vida la doctrina que brota de sus labios ungidos por la ciencia de fecundas maldiciones.

II

Los rebaños con los ojos irritados por las continuas lluvias, se refugiaron en bosques de amargas hojas.

La ciudad supo de este viaje y adivinó temerosa las consecuencias que traería un insensato designio del guardián de sus calles y plazas.

En los prostíbulos, las caras de los santos iluminadas con humildes velas de sebo, bailaban entre un humo fétido que invadía los aposentos interiores.

No hay fábula en esto que se narra.

La fábula vino después con su pasión de batalla y el brillo vespertino del acero.

«En la muerte descansaré como en el trono de un monarca milenario».

Esto escribió con su sable en el polvo de la plaza. Los rebaños borraron las letras con sus pezuñas, pero ya el grito circulaba por toda la ciudad.

El mar llenó sus botas de algas y verdes fucos,

la arena salinosa oxidó sus espuelas,

el viento de la mañana empapó su rizada cabellera con la espuma recogida en la extensión del océano.

Solitario,

esperaba el paso de los años que derrumbarían su fe,

el tiempo bárbaro en que su gloria había de comentarse en los hoteles.

Entre la lluvia se destacaría su silueta y las brillantes hojas de los plátanos se iluminan con la hoguera que consume su historia.

El templado parche de los tambores arroja la perla que prolonga su ruido en las cañadas y en el alto y vasto cielo de los campos.

Todo esto —su espera en el mar, la profecía de su prestigio y el fin de su generoso destino— sucedió antes de la feria.

Una mujer desnuda, enloqueció a los mercaderes...

Este será el motivo de otro relato. Un relato de las Tierras Bajas.

III

Bajo la verde y nutrida cúpula de un cafeto y sobre el húmedo piso acolchado de insectos, supo de las delicias de un amor brindado por una mujer de las Tierras Bajas.

Una lavandera a quien amó después en amargo silencio, cuando ya había olvidado su nombre.

Sentado en las graderías del museo, con el morrión entre las piernas, bajó hasta sus entrañas la angustia de las horas perdidas y con súbito ademán rechazó aquel recuerdo que quería conservar intacto para las horas de la prueba.

Para las difíciles horas que agotan con la espera de un tiempo que restituya el hollín de la refriega.

Entretanto era menester custodiar la reputación de las reinas.

Un enorme cangrejo salió de la fuente para predicar una doctrina de piedad hacia las mujeres que orinaron sobre su caparazón charolado. Nadie le prestó atención y los muchachos del pueblo lo crucificaron por la tarde en la puerta de una taberna.

El castigo no se hizo esperar y en el remolino de miseria que barrió con todo, el húsar se confundió con el nombre de los pueblos, los árboles y las canciones que habían alabado el sacrificio.

Difícil se hace seguir sus huellas y únicamente en algunas estaciones suburbanas se conserva indeleble su recuerdo:

la fina piel de nutria que lo resguardaba de la escarcha en la víspera de las grandes batallas

y el humillado golpe de sus tacones en el enlosado de viejas catedrales.

¡Cantemos la Corona de Hierro que oprime sus sienes y el ungüento que corre por sus caderas para siempre inmóviles!

IV

Vino la plaga.

Sus arreos fueron hallados en la pieza de una posada.

Más adelante, a la orilla de una carretera, estaba el morrión comido por las hormigas.

Después se descubrieron más rastros de sus pasos:

Arlequines de tiza y siempreviva,

ojos rapaces y pálida garganta.

El mosto del centenario vino que se encharca en las bodegas.

El poderío de su brazo y su sombra de bronce.

El vitral que relata sus amores y rememora su última batalla, se oscurece día a día con el humo de las lámparas que alimenta un aceite maligno.

Como el grito de una sirena que anuncia a los barcos un cardumen de peces escarlata, así el lamento de la que más lo amara,

la que dejó su casa a cambio de dormir con su sable bajo la almohada y besar su tenso vientre de soldado.

Como se extienden o aflojan las velas de un navío, como el amanecer despega la niebla que cobija los aeródromos, como la travesía de un hombre descalzo por entre un bosque de silencio, así se difundió la noticia de su muerte,

el dolor de sus heridas abiertas al sol de la tarde, sin pestilencia, pero con la notoria máscara de un espontáneo desleimiento.

Y no cabe la verdad en esto que se relata. No queda en las palabras todo el ebrio tumbo de su vida, el paso sonoro de sus mejores días que motivaron el canto, su figura ejemplar, sus pecados como valiosas monedas, sus armas eficaces y hermosas.

V

LAS BATALLAS

Cese ya el elogio y el recuento de sus virtudes y el canto de sus hechos. Lejana la época de su dominio, perdidos los años que pasaron sumergidos en el torbellino de su ansiosa belleza, hagamos el último intento de reconstruir sus batallas, para jamás volver a ocuparnos de él, para disolver su recuerdo como la tinta del pulpo en el vasto océano tranquilo.

1

La decisión de vencer lo lleva sereno en medio de sus enemigos, que huyen como ratas al sol y antes de perderse para siempre vuelven la cabeza para admirar esa figura que se yergue en su oscuro caballo y de cuya boca salen las palabras más obscenas y antiguas.

2

Huyó a la molicie de las Tierras Bajas. Hacia las hondas cañadas de agua verde, lenta con el peso de las hojas de carboneros y cámbulos —negra sustancia fermentada. Allí, tendido, se dejó crecer la barba y padeció fuertes calambres de tanto comer frutas verdes y soñar incómodos deseos.

3

Un mostrador de zinc gastado y húmedo retrató su rostro ebrio y descompuesto. La revuelta cabeza de cabellos sucios de barro y sangre golpeó varias veces las desconchadas paredes de la estancia hasta descansar, por una corta noche, en el regazo de una paciente y olvidada mujerzuela.

4

El nombre de los navíos, la humedad de las minas, el viento de los páramos, la sequedad de la madera, la sombra gris en la piedra de afilar, la tortura de los insectos aprisionados en los vagones por reparar, el hastío de las horas anteriores al mediodía cuando aún no se sabe qué sabor intenso prepara la tarde, en fin, todas las materias que lo llevaron a olvidar a los hombres, a desconfiar de las bestias y a entregarse por entero a mujeres de ademanes amorosos y piernas de anamita; todos estos elementos lo vencieron definitivamente, lo sepultaron en la gruesa marea de poderes ajenos a su estirpe maravillosa y enérgica.

DEL CAMPO

Al paso de los ladrones nocturnos
oponen la invasión de grandes olas de temperatura.
Al golpe de las barcas en el muelle,
la parvura de un lejano sonido de corneta.
A la tibia luz del mediodía que levanta vaho en los patios,
el grito sonoro de las aves que se debaten en sus jaulas.
A la sombra acogedora de los cafetales,
el murmullo de los anzuelos en el fondo del río turbulento.

Nada cambia esa serena batalla de los elementos
mientras el tiempo devora la carne de los hombres
y los acerca miserablemente a la muerte como bestias ebrias.
Si el río crece y arranca los árboles
y los hace viajar majestuosamente por su lomo,
si en el trapiche el fogonero copula con su mujer
mientras la miel borbotea como un oro vegetal y magnífico,
si con un gran alarido pueden los mineros
parar la carrera del viento,
si estas y otras tantas cosas suceden por encima de las palabras,
por encima de la pobre piel que cubre el poema,
si toda una vida puede sostenerse con tan vagos elementos,
¿qué afán nos empuja a decirlo, a gritarlo vanamente?
¿en dónde está el secreto de esta lucha estéril
que nos agota y lleva mansamente a la tumba?

LOS TRABAJOS PERDIDOS

Por un oscuro túnel en donde se mezclan ciudades, olores, tapetes, iras y ríos, crece la planta del poema. Una seca y amarilla hoja prensada en las páginas de un libro olvidado, es el vano fruto que se ofrece.

La poesía substituye,
la palabra substituye,
el hombre substituye,
los vientos y las aguas substituyen...
la derrota se repite a través de los tiempos
¡ay, sin remedio!

Si matar los leones y alimentar las cebras, perseguir a los indios y acariciar mujeres en mugrientos solares, olvidar las comidas y dormir sobre las piedras... es la poesía, entonces ya está hecho el milagro y sobran las palabras.

...Pero si acaso el poema viene de otras regiones, si su música predica la evidencia de futuras miserias, entonces los dioses hacen el poema. No hay hombres para esta faena.

Cruzar el desierto cantando, con la arena triturada en los dientes y las uñas con sangre de monarcas, es el destino de los mejores, de los puros en el sueño y la vigilia.

Los días partidos por el pálido cuchillo de las horas, los días delgados como el manantial que brota de las minas, los días del poema... Cuánta vana y frágil materia preparan para las noches que cobija una lluvia insistente sobre el zinc de los trópicos. Hierbas del dolor.

Todo aquí muere lentamente, evidentemente, sin vergüenza: hasta los rieles del tren se entregan al óxido y marcan la tierra con infinita ira paralela y dorada.

La gracia de una danza que rigen escondidos instrumentos. La voz perdida en las pisadas, las pisadas perdidas en el polvo, el polvo perdido en la vasta noche de cálidas extensiones... o solamente la gracia de la fresca madrugada que todo lo olvida. El puente del alba con sus dientes y sombras de agria leche.

Poesía: moneda inútil que paga pecados ajenos con falsas intenciones de dar a los hombres la esperanza. Comercio milenario de los prostíbulos.

Esperar el tiempo del poema es matar el deseo, aniquilar las ansias, entregarse a la estéril angustia... y, además, las palabras nos cubren de tal modo que no podemos ver lo mejor de la batalla cuando la bandera florece en los sangrientos muñones del príncipe. ¡Eternizad este instante!

El metal blando y certero que equilibra los pechos de incógnitas mujeres
    es el poema
El amargo nudo que ahoga a los ladrones de ganado cuando se acerca el alba
    es el poema
El tibio y dulce hedor que inaugura los muertos
    es el poema
La duda entre las palabras vulgares, para decir pasiones innombrables y esconder la vergüenza
    es el poema

El cadáver hinchado y gris del sapo lapidado por los escolares
   es el poema
La caspa luminosa de los chacales
   es el poema

De nada vale que el poeta lo diga... el poema está hecho
desde siempre. Viento solitario. Garra disecada y quebradiza de
un ave poderosa y tranquila, vieja en edad y valerosa en su
trance.

CITA

In memoriam J.G.D.

Bien sea en la orilla del río que baja de la cordillera
golpeando sus aguas contra troncos y metales dormidos,
en el primer puente que lo cruza y que atraviesa el tren
en un estruendo que se confunde con el de las aguas;
allí, bajo la plancha de cemento,
con sus telarañas y sus grietas
donde moran grandes insectos y duermen los murciélagos;
allí, junto a la fresca espuma que salta contra las piedras;
allí bien pudiera ser.
O tal vez en un cuarto de hotel,
en una ciudad a donde acuden los tratantes de ganado,
los comerciantes en mieles, los tostadores de café.
A la hora de mayor bullicio en las calles,
cuando se encienden las primeras luces
y se abren los burdeles
y de las cantinas sube la algarabía de los tocadiscos,
el chocar de los vasos y el golpe de las bolas de billar;
a esa hora convendría la cita
y tampoco habría esta vez incómodos testigos,
ni gentes de nuestro trato,
ni nada distinto de lo que antes te dije:
una pieza de hotel, con su aroma a jabón barato
y su cama manchada por la cópula urbana
de los ahítos hacendados.
O quizá en el hangar abandonado en la selva,
a donde arrimaban los hidroaviones para dejar el correo.

Hay allí un cierto sosiego, un gótico recogimiento
bajo la estructura de vigas metálicas
invadidas por el óxido
y teñidas por un polen color naranja.
Afuera, el lento desorden de la selva,
su espeso aliento recorrido
de pronto por la gritería de los monos
y las bandadas de aves grasientas y rijosas.
Adentro, un aire suave poblado de líquenes
listado por el tañido de las láminas.
También allí la soledad necesaria,
el indispensable desamparo, el acre albedrío.
Otros lugares habría y muy diversas circunstancias;
pero al cabo es en nosotros
donde sucede el encuentro
y de nada sirve prepararlo ni esperarlo.
La muerte bienvenida nos exime de toda vana sorpresa.

SOLEDAD

En mitad de la selva, en la más oscura noche de los grandes
árboles, rodeado del húmedo silencio esparcido por las vastas
hojas del banano silvestre, conoció el Gaviero el miedo de sus
miserias más secretas, el pavor de un gran vacío que le acechaba
tras sus años llenos de historias y de paisajes. Toda la noche per-
maneció el Gaviero en dolorosa vigilia, esperando, temiendo el
derrumbe de su ser, su naufragio en las gigantes aguas de la de-
mencia. De estas amargas horas de insomnio le quedó al Gaviero una secreta herida de la que manaba en ocasiones la tenue
linfa de un miedo secreto e innombrable. La algarabía de las cacatúas que cruzaban en bandadas la rosada extensión del alba,
lo devolvió al mundo de sus semejantes y tornó a poner en sus
manos las usuales herramientas del hombre. Ni el amor, ni la
desdicha, ni la esperanza, ni la ira volvieron a ser los mismos
para él después de su aterradora vigilia en la mojada y nocturna
soledad de la selva.

CARAVANSARY

7

Cruzaba los precipicios de la cordillera gracias a un ingenioso juego de poleas y cuerdas que él mismo manejaba, avanzando lentamente sobre el abismo. Un día, las aves lo devoraron a medias y lo convirtieron en un pingajo sanguinolento que se balanceaba al impulso del viento helado de los páramos. Había robado una hembra de los constructores del ferrocarril. Gozó con ella una breve noche de inagotable deseo y huyó cuando ya le daban alcance los machos ofendidos. Se dice que la mujer lo había impregnado de una substancia nacida de sus vísceras más secretas y cuyo aroma enloqueció a las grandes aves de las tierras altas. El despojo terminó por secarse al sol y tremolaba como una bandera de escarnio sobre el silencio de los precipicios.

CINCO IMÁGENES

1

El otoño es la estación preferida de los conversos. Detrás del cobrizo manto de las hojas, bajo el oro que comienzan a taladrar invisibles gusanos, mensajeros del invierno y el olvido, es más fácil sobrevivir a las nuevas obligaciones que agobian a los recién llegados a una fresca teología. Hay que desconfiar de la serenidad con que estas hojas esperan su inevitable caída, su vocación de polvo y nada. Ellas pueden permanecer aún unos instantes para testimoniar la inconmovible condición del tiempo: la derrota final de los más altos destinos de verdura y sazón.

2

Hay objetos que no viajan nunca. Permanecen así, inmunes al olvido y a las más arduas labores que imponen el uso y el tiempo. Se detienen en una eternidad hecha de instantes paralelos que entretejen la nada y la costumbre. Esta condición singular los coloca al margen de la marea y la fiebre de la vida. No los visita la duda ni el espanto y la vegetación que los vigila es apenas una tenue huella de su vana duración.

3

El sueño de los insectos está hecho de metales desconocidos que penetran en delgados taladros hasta el reino más oscuro de la geología. Nadie levante la mano para alcanzar los breves astros que nacen, a la hora de la siesta, con el roce sostenido de los élitros. El sueño de los insectos está hecho de metales que sólo conoce la noche en sus grandes fiestas silenciosas. Cuidado. Un ave desciende y, tras ella, baja también la mañana para instalar sus tiendas, los altos lienzos del día.

4

Nadie invitó a este personaje para que nos recitara la parte que le corresponde en el tablado que, en otra parte, levantan como un patíbulo para inocentes. No le serán cargados a su favor ni el obsecuente inclinarse de mendigo sorprendido, ni la falsa modestia que anuncian sus facciones de soplón manifiesto. Los asesinos lo buscan para ahogarlo en un baño de menta y plomo derretido. Ya le llega la hora, a pesar de su paso sigiloso y de su aire de «yo aquí no cuento para nada».

5

En el fondo del mar se cumplen lentas ceremonias presididas por la quietud de las materias que la tierra relegó hace millones de años al opalino olvido de las profundidades. La coraza calcárea conoció un día el sol y los densos alcoholes del alba. Por eso reina en su quietud con la certeza de los nomeolvides. Florece en gestos desmayados el despertar de las medusas. Como si la vida inaugurara el nuevo rostro de la tierra.

LA MUERTE DE ALEXANDR SERGUEIEVITCH

Allí había quedado, entonces, recostado en el sofá de piel color vino, en su estudio, con la punzada feroz, persistente, en la ingle y la fiebre invadiéndolo como un rebaño de bestias impalpables, que empezaban a tomar cuenta de sus asuntos más personales y secretos, de sus sueños y de sus caídas más antiguos y arraigados en los hondos rincones de su alma de poeta.

Allí estaba, Alexandr Sergueievitch, cabeceando contra las tinieblas como un becerro herido, olvidando, entendiendo: a tumbos buscando con su corazón en desorden. Corrieron las cortinas del estudio donde lo dejaran los oficiales que lo trajeron desde el lugar del duelo. Alguien llora. Pasos apresurados por la escalera. Gritos, sollozos apagados, oraciones. Rostros desconocidos se inclinan a mirarlo. Un pope murmura plegarias y le acerca un crucifijo a los labios. No logra entender las palabras salidas de la boca desdentada, por entre la maraña gris de las barbas grasientas. Cascada de sonidos carentes de todo sentido.

El tiempo pasa en un vértigo incontrolable. La escena no cambia. Es como si la vida se hubiera detenido allí en espera de algo. Una puerta se abre sigilosamente.

La blanca presencia se acerca para contemplarlo. Una mujer muy bella. Grandes ojos oscuros. Una claridad en el rostro que parecía nacer detrás de la piel tersa y fresca. El cabello también oscuro, negro con reflejos azulados, peinado en «bandeaux» que le cubren parte de la frente y las mejillas. El descote ofrece dos pechos, evidentes en su redondez, que palpitan al rito de una respiración entrecortada por sollozos apenas contenidos.

¿Quién será esa aparición de una belleza tan intensa, que se mezcla, por obra de la fiebre, con las punzadas en la ingle? El dolor se lo lleva a sus dominios y súbitas tinieblas van apareciendo desde allá adentro, desde alguna parte de su cuerpo que empieza a serle ajeno, distante. Esa mujer viene desde otro tiempo. Cabalgatas en el bosque, una felicidad intacta, torrencial, una juventud y una certeza vigorosas. Todo ajeno, lejano, inasible. La mujer lo mira con el asombro de un niño que ha roto un juguete y espera el reproche con indefensa actitud de lastimada inocencia. Ella le habla. ¿Qué dice? El dolor taladra sus entrañas y no le permite concentrarse para entender palabras que tal vez traen la clave de todo lo que está ocurriendo, Pero, ¿pudo alguna vez existir hermosura semejante? En las leyendas. Sí, en las leyendas de su inmensa tierra de milagros y de hazañas y de bosques interminables e iglesias de cúpulas doradas. Al pie de la fuente. ¿En el Cáucaso? Dónde todo esto. No puede pensar más. El dolor sube, de repente, hasta el centro del pecho, lo deja tumbado, sin sentido, como un muñeco des-

patarrado en ese sofá en donde su sangre, a medida que va se-
cándose, se confunde con el color del cuerpo. Apenas un leve
resplandor continúa, allá, muy al fondo. Comienza a vacilar, se
convierte en un halo azulenco que tiembla, va a apagarse y, de
pronto, irrumpe el nombre que buscara en el desesperado afán
de su agonía: ¡Natalia Gontcharova! En ese breve instante,
antes de que la débil luz se extinguiera para siempre, entendió
todo con vertiginosa lucidez, ya por completo inútil.

EL SUEÑO DEL PRÍNCIPE-ELECTOR

A Miguel Ferdinandy.

A su regreso de la Dieta de Spira, el Príncipe-Elector se
detuvo a pasar la noche en una posada del camino que conducía
hacia sus tierras. Allí tuvo un sueño que lo inquietó para
siempre y que, con frecuencia, lo visitó hasta el último día de su
vida, con ligeras alteraciones en el ambiente y en las imágenes.
Tales cambios sirvieron sólo para agobiar aún más sus atónitas
vigilias.

Esto soñó el Príncipe-Elector:

Avanzaba por un estrecho valle rodeado de empinadas laderas
sembradas de un pasto de furioso verdor, cuyos tallos se alzaban
en la inmóvil serenidad de un verano implacable. De pronto,
percibió que un agua insistente bajaba desde lo más alto de las
colinas. Al principio era, apenas, una humedad que se insinuaba
por entre las raíces de la vegetación. Luego se convirtió en
arroyos que corrían con un vocerío de acequia en creciente. En
seguida fueron amplias cataratas que se precipitaban hacia el
fondo del valle, amenazando ya inundar el sendero con su
empuje vigoroso y sin freno. Un miedo vago, un sordo pánico
comenzó a invadir al viajero. El estrépito ensordecedor bajaba
desde la cima y el Príncipe-Elector se dio cuenta, de repente,
que las aguas se despeñaban desde lo alto como si una ola de
proporciones inauditas viniera invadiendo la tierra.

El estrecho sendero por el que avanzaba su caballo mostraba
apenas un arroyo por el que la bestia se abría paso sin dificultad.
Pero era cuestión de segundos el que quedara, también, sepultado en un devastador tumulto sin límites.

Cambió de posición en el lecho, ascendió un instante a la superficie del sueño y de nuevo bajó al dominio sin fondo de los durmientes. Estaba a orillas de un río cuyas aguas, de un rojizo color mineral, bajaban por entre grandes piedras de pulida superficie y formas de una suave redondez creada por el trabajo de la corriente. Un calor intenso, húmedo, un extendido aroma de vegetales quemados por el sol y desconocidos frutos en descomposición, daban al sitio una atmósfera por entero extraña para el durmiente. Por trechos las aguas se detenían en remansos donde se podía ver, por entre la ferruginosa transparencia, el fondo arcilloso del río.

El Príncipe-Elector se desvistió y penetró en uno de los remansos. Una sensación de dicha y de fresca delicia alivió sus miembros adormecidos por el largo cabalgar y por el ardiente clima que minaba sus fuerzas. Se movía entre las aguas, nadaba contra la corriente, entregado, de lleno, al placer de esa frescura reparadora. Una presencia extraña le hizo volver la vista hacia la orilla. Allí, con el agua a la altura de las rodillas, lo observaba una mujer desnuda, cuya piel de color cobrizo se oscurecía aún más en los pliegues de las axilas y del pubis. El sexo brotaba, al final de los muslos, sin vello alguno que lo escondiera. El rostro ancho y los ojos rasgados le recordaron, vagamente, esos jinetes tártaros que viera de joven en los dominios de sus primos en Valaquia. Por entre las rendijas de los párpados, las pupilas de intensa negrura lo miraban con una vaga somnolencia vegetal y altanera. El cabello, también negro, denso y reluciente, caía sobre los hombros. Los grandes pechos mostraban unos pezones gruesos y erectos, circuidos por una gran mancha parda, muy oscura. El conjunto de estos rasgos era por entero desconocido para el Príncipe-Elector. Jamás había visto un ser semejante. Nadó suavemente hacia la hembra, invitado por la sonrisa que se insinuaba en los gruesos labios de blanda movilidad selvática. Llegó hasta los muslos y los recorrió con las manos mientras un placer hasta entonces para él desconocido le invadía como una fiebre instantánea, como un delirio implacable. Comenzó a incorporarse, pegado al cuerpo de móvil y húmeda tersura, a la piel cobriza y obediente que lo iniciaba en la delicia de un deseo cuya novedad y devastadora eficacia lo transformaban en un hombre diferente, ajeno al tiempo y al sórdido negocio de la culpa.

Una risa ronca se oyó a distancia. Venía de un personaje recostado en una de las piedras, como un lagarto estirándose al ardiente sol de la cañada. Lo cubrían unos harapos anónimos y de su rostro, invadido por una hirsuta barba entrecana, sólo lograban percibirse los ojos en donde se descubrían la ebriedad de todos los caminos y la experiencia de interminables navegaciones. «No, Alteza Serenísima, no es para ti la dicha de esa carne que te pareció tener ya entre tus brazos. Vuelve, señor, a tu camino y trata, si puedes, de olvidar este instante que no te estaba destinado. Este recuerdo amenaza minar la materia de tus años y no acabarás siendo sino eso: la imposible memoria de un placer nacido en regiones que te han sido vedadas.» Al príncipe-elector le molestó la confianza del hombre al dirigirse a él. Le irritaron también la certeza del vaticinio y una cierta lúcida ironía manifiesta, más que en la voz, en la posición en que se mantenía mientras hablaba; allí echado sobre la tersa roca, desganado, distante y ajeno a la presencia de un Príncipe-Elector del Sacro Imperio. La hembra había desaparecido, el río ya no tenía esa frescura reparadora que le invitara a bañarse en sus aguas.

Un sordo malestar de tedio y ceniza lo fue empujando hacia el ingrato despertar. Percibió el llamado de su destino, teñido con el fastidio y la estrechez que pesaban sobre su vida y que nunca había percibido hasta esa noche en la posada de Hilldershut, en camino hacia sus dominios.

LIED

Giran, giran
los halcones
y en el vasto cielo
al aire de sus alas dan altura.
Alzas el rostro,
sigues su vuelo
y en tu cuello
nace un azul delta sin salida.
¡Ay, lejana!
Ausente siempre.
Gira, halcón, gira;
lo que dure tu vuelo
durará este sueño en otra vida.

LIED, 2

Desciendes por el río.
La barca se abre paso
entre los juncos.
El golpe en la orilla
anuncia el término del viaje.
Bien es que recuerdes
que allí esperé,
vanamente,
sin pausa ni sueño.
Allí esperé,
tiempo suspendido
gastando su abolida materia.
Inútil la espera,
inútiles el viaje
y el navío.
Sólo existieron
en el áspero vacío,
en la improbable vida
que se nutre
de la estéril materia
de otros años.

ERNESTO MEJÍA SÁNCHEZ
(Masaya, Nicaragua, 1923)

Ernesto Mejía Sánchez

Nació en Masaya (Nicaragua) en 1923. Estudios de Filosofía y Letras en la Universidad de México y en El Colegio de México. Maestro en Letras por la primera Institución; estudios de Doctorado en la Universidad Central (Madrid) y doctor *honoris causa* por la Universidad Nacional Autónoma de Nicaragua.

Es miembro, entre otras diversas sociedades, de la Academia Nicaragüense de la Lengua, de El Colegio de México, y correspondiente de la Real Academia Española de la Lengua y de la Hispanic Society de Nueva York.

Ha sido profesor en la Facultad de Letras de la U.N.A.M., en la Columbia University, en la Cornell University, en la Universidad de Puerto Rico-Mayagüez, y en otras universidades e instituciones españolas y americanas.

Obra poética: *Ensalmos y conjuros* (1947); *La carne contigua* (1948); *El retorno* (1950); *Antología* (1953); *Contemplaciones europeas* (1957); *Poemas* (1963); *Estelas/homenajes* (1971); *Recolección de mediodía* (1980).

Ha publicado también: *Rubén Darío en Oxford* (1966); *La vida en la obra de Alfonso Reyes* (1966); *Alrededor de Azorín* (1967); *Cuestiones rubendarianas* (1970); *José Martí: nuevas cartas de Nueva York* (1980), entre otros trabajos críticos y antológicos.

Los poemas seleccionados pertenecen a las ediciones siguientes: «Nicaragua celeste, IV» (*Plural,* núm. 17, México, febrero 1973); «Long Play/Boleros III y V» (*Plural,* núm. 29, México, febrero 1974); «Un coup de lettres, III» (*Plural,* núm. 38, México, noviembre 1974); «Los incrédulos, 2» y «Vida espiritual» (*Casa,* núm. 113, La Habana, marzo-abril 1979); «Las manchas del tigre», «La sopera», «Historia breve y verdadera del perro mexicano» y «M.A.C.» (*Recolección a mediodía,* Joaquín Mortiz, México, 1980); «AA o A², II» (*Casa,* núm. 134, La Habana, septiembre-octubre 1982); «Consolaciones, II» (*Poesía contemporánea de Centroamérica* (antología), El Bardo, Barcelona, 1983).

NICARAGUA CELESTE, IV

And I saw a new heaven and a new earth: for the first heaven and the first earth were passed away; and there was no more sea. And I John saw the holy city, new Jerusalem, coming down from God out of heaven, prepared as a bride adorned for her husband.

(King James Version, 21, 1-2.)

A Pablo Antonio Cuadra

Ni la bandera azul y blanca flotando temblante en el aire caliente que se vuelve celeste, ni la corbatita azulenca ya desteñida por los desfiles del Quince de Septiembre, ni siquiera el *Azul* envejecido de don Rubén Darío, ni los ojos soñados bajo el mar, sobre el cielo, en que me abismé con terror y orgullo legítimo, ni tú, mediterráneo salobre garzo y ojizarco que el griego y el latino caeruleus y el náhuatl chalchihuitl confundieron con el verde esmeralda que brota del centro de los Cielos, ni. Sino tú, la única, la perfecta, la intocada, ya sin color de tan alta, de tan alta invisible. La que esté antes del nudo del ombligo y detrás de la podredumbre de los que no se icineran; más allá de volcanes y lagos y ríos de apocalípticos nombres y aún más lejos de las llamadas Islas Mariconas o Muralla de Codornices, donde obligan al Niño a besar el culo del Infierno. Pero siempre pasa lo mismo bajo la energía solar: abominación de la abominación, a la orden del día y de la noche. Desde los trogloditas del tercer milenio a la destrucción por Tito y la reconstrucción de Adriano, del incendio de Walker al nacimiento y crucifixión de Sandino. Adoradores de falos y serpientes y becerros, de armas y dinero, sacerdos castrólicos y monjíferas sulfúricas, siempre los hubo. Brillan incrustados en la Bestia: son sus ojos y tentácu-

los en pleno poder natural. Ella se muerde y se retuerce enfure-
cida porque no puede nada contra Ti, Nicaragua Celeste. Lo
digo porque fui arrebatado por una nube fúlgida, en la Calle de
Humboldt-Nicaragua, y vi lo que no vi, lo que no se ve, lo
nunca visto: Esta nueva ciudad, astro o planeta, fuera de las ga-
laxias, flotando en el sinfín de lo que no es, poblada y poblán-
dose, por Rubén el primogénito, por José y sus hermanos, hijos
de Jacob, por Salomón, rey-poeta como Nezahualcóyotl, y
Pablo, militar y pacífico, hoy converso de su pueblo. Y yo estoy
a la puerta, y amo.

LONG PLAY/BOLEROS

III

Después del frenesí y de la ofensa, anchos,
húmedos besos bajo el pelo de cobre,
sorbidos entre el vellocino de la nuca,
sólo escuchados por la orquídea de la oreja
o por el ópalo pendiente. No quiero decir
por hombre las cosas que ella decía mientras
tanto, con la desvergonzada naturalidad de quien
recibe una ofensa y la devuelve quizá con creces
para corresponder a nuestros halagos. Falacias
como éstas: ¡Te encontré tarde en mi camino!
Mentira, cuando fue en el mero momento.
O: No me quieres tanto como yo. Lo que tampoco es cierto.

V

¡Cómo cuidas, criatura, mi cabeza! Entre
las piernas de oro macizo y el regazo de Venus,
entre el ombligo solar y los frutos de Hespérides,
hallas lugar preciso para la frente desvivida.
¡El cuerpo/el alma, qué invención! Con sólo
entornar la puerta, la mano ceñida, quemada
ya por los besos imaginados, estalla la brizna
ardiendo del soplo de los dioses. No he querido

forma o música, diapasón de la cintura al corazón
herido por el deseo marino, osar la flama azul
del fulgor en vela de tu sombra, cuando, he aquí,
que llegas con el clavel entreabierto, trémula
y jadeante, al hall del hotel, hacia la jaula
vertiginosa y ascendente que conduce al paraíso.
No es hora de dormir, sino de soñar... Avive
el sexo y despierte/ contemplando... Ya no eres
ni tú ni yo, ni siquiera nosotros. El Universo
gira con una estrella nova, niña, en la cabeza.

UN COUP DE LETTRES, III

> *I have seen photographs of the harbor in Rio de Janeiro and I can picture you in my mind's eye walking around the beach in the sun.*
>
> (Carson McCullers: *Correspondance,* November 3, 1941.)

... Pues no esperaba ver más después del crucero mediterráneo. La mirada vencida con la visión de Alejandría, del Bósforo ante Tracia y Nápoles, golfo y ciudad, deleite de todos los sentidos. O para la intinidad, los ojos flameados y opacos ante la Nerja niña malagueña o la picola marina desde Anacapri. Ni Aquiles Tacio sobre las rosas y columnas que arrancan del Mareotis encontraría palabras de asombro inédito. ¡Aquí me has traído, a la otra Sudamérica! La que el Comandante Byron (¡buen abuelo de su nieto!) vio al pasar la isla de Culebras: la ancha bahía Guanabara y sus racimos azules derramándose incesantemente sobre la ribera. El Pan de Azúcar, la Fortaleza, las persianas femeninas entrecerradas a la hora de los cañonazos correspondidos. El español Valera establece las comparaciones odiosas; el embaixador Reyes percibe aquí la otra América sensual, mórbida y fascinante a cada momento. Pero desde el jet, el paraíso se abre en picada vertiginosa, del paisaje solar a la dicha terrestre, de la luz helada y maciza al aire inconsútil, acariciador y vivificante, que nos envuelve en una gasa invisible de ansiedad indolente. Y qué decir de la lucha cegadora y enervada de las moléculas aéreas, incandescentes luciérnagas en pleno día

verde. La combustión de los colores y fragancias, perfume irisado alucinógeno. Dentro de la fronda casi negra y las raíces
que rompen los mosaicos callejeros, la figura humana altiva y ca-
denciosa, palma en acecho dulce y expectante. Del pie ceñido,
mulato y fuerte, a la cadera altiva, dura, alerta, la cintura desnuda, cimitarra, sostén del fruto oval, de uva prieta energú-
mena. ¿Por qué has ido tan lejos a traer esa flor invernal, ya cansada y perfecta sólo para el lucro y el desfilfarro? Por eso te veía
llegar al caer la noche europea, fosforescente, almibarado, ru-
moroso, fragante de otro planeta, de otra zona, de otra
dicha— y creía en lo imaginario, porque aquí está, aquí nace lo
desconocido, menos tú, el connaisseur, el viajero, el incansable,
el satisfactorio, por lo menos en superficie...

LOS INCRÉDULOS, 2

Los incrédulos en los bienes de este mundo
somos a menudo favorecidos y no sabemos
a qué deidad elevar nuestras gracias. Una
muchacha, por ejemplo, que vale un potosí;
la esmeralda bullente que arde en los ojos
de la mujer que hemos servido sin constancia,
son bienes de este mundo, pero también de otro,
invisible, intangible, por lo menos no mensurable,
que tienen la carga de la vida en momento
de peligro. Los incrédulos en los bienes
de otro mundo, también somos a veces favorecidos:
Mérida, Klee, Ricardo, una línea, una luz suya
nos aherroja el pensamiento y nuestro pensamiento
es carnal, de peso completo. No imaginamos
nada más allá de la tapa de los sesos,
como si esa comba ósea fuera el firmamento
de nuestro perdido cielo. Sólo queremos
nuestro cuerpo, nuestro placer, actuamos
como animales de costumbre inmediata, aprovechamos
nuestro tesoro como desquite de la razón
contra todo posible delirio avasallante.
Hemos perdido lo que ganamos y apostamos
tristemente en lo que no creemos.

LA VIDA ESPIRITUAL

La podredumbre de vivir, el sueño,
la alegría del sol en los ojos abiertos,
la nada esperada y satisfecha:
todo esto dado sin pedirlo
ni merecerlo, menos la desilusión,
la desdicha, porque mientras ponías
la pluma en el papel (¿para qué?)
o la copa en el mantel, sentías
que estabas descifrando el universo,
o lo que tú creías que era el universo.

LAS MANCHAS DEL TIGRE

¿Qué orden prescribe nuestra
congregación? Sin contorno y
sedosa la escurridiza piel
de nuestro monarca, tensa al menor
movimiento, desde adentro esculpida,
existe por nosotras. Y todo es
lanzado a la rápida ferocidad
del tirano que entigrecemos.
No se puede evitar la presencia
de nuestra escritura que dibuja
el rencor para hacerlo visible.
Decoramos lo inútil destructor,
el descenso de la bondad sin motivo.
Vamos a cuestas del resentimiento
delirante. Somos llevadas sin consulta.
No somos más que manchas. Manchas
puras llevadas y traídas por
el sin gobierno de lo sanguinario.
La belleza cargando con la culpa
de su criatura en rebeldía.

LA SOPERA

A José Luis Cuevas.

Madre tenía una sopera de aluminio brillante, sin ninguna abolladura, que lucía sólo con las visitas distinguidas, y eso para una naranjada o un bole de naranjas, de esas que daba nuestra tierra. Mentira que fuéramos terratenientes latifundistas, como dijo uno por aquí, sino que teníamos un miniminifundio bien cultivado de qué comer, allá, antes de la Alianza Para el Progreso de los Somozas. Bueno, pues la sopera relumbraba en el aparador como un artefacto de Benvenuto. Pero los niños somos (o fuimos) aristotélicos y nos intrigaba, y no podíamos concebir, que una sopera no sirviera para la sopa diaria. Por eso, cuando llegó Mama Rosa, una Argüello grande y rosada, señorita del siglo XIX que fumaba puros chilcagre y todo el día estaba rosario en mano con una baraja española llena de reyes, de bastos y de oros, y vimos la sopera humeante en la mesa, también hubo desconcierto, y alguien dijo, y estoy seguro que fui yo: Mama Rosa, es la primera vez que esta sopera sirve para sopa, será porque hay visitas. Mama Rosa sonrió como rosa en su otoño y Madre nos lanzó una mirada conmovedora, que tenía del rencor y el disimulo de la clase media cogida infraganti, descubierta en no sé qué esencial falta de elegancia, en pecado mortal contra la distinción que no permite bajar peldaño, ni morirse de risa.

HISTORIA BREVE Y VERDADERA
DEL PERRO MEXICANO

A José Revueltas.

Soy perro mexicano, chilango, de la región más transparente (Lomas de Plateros) y pringuen a su madre los demás perros. Pura barba el Padre Garibay, que el perro azteca viene del chiguagüeño, pasando por Tula y el Valle del Mezquital. Nada de eso. «Tienen sus perros gozques —dice Bernal—, que llaman *xulos* y son mudos y desnudos de pelos, los cuales crían en los jardines del Moctecuzoma, frente a la Antigua Librería de Robredo y el meadero del Loco Padre Las Casas, esquina y contraesquina del Relox, del Seminario y Las Escalerillas, que engordan como sapos para sacrificar a su Huchiperros, del que se ha dicho que es su demonio». Todo cierto, menos que éramos mudos. Lo que pasa es que ladrábamos sin erre y ellos no sabían oír nuestros delicados sonidos: *sh, sh, sh,* ni las *te-ele: tl, tl, tl.* Luego vino el de Alvarado echando putas y culebras la Noche Triste y nosotros chupando pulquito curado de Luna Llena, que nos llegó la matazón. Algunos nos salvamos en La Mereced y cuando la primera virreina trajo la perrita española, ahí está que a cojé, a cojé, y aquí estamos. ¿Nagual yu? Ni mother.

M.A.C.

Marco Antonio Campos es un poeta —ya es bastante—; pero también un poeta culto, lo que es más peligroso y menos poético, según algunos asnos de las letras, pues que lo quisieran intonso, zafio y tocando toda la lira por casualidad. Dichosa edad en que la primera manera ingenua era superada por siete libros y la amargura. Nos felicitamos por este muchacho que desde que comenzó tenía los dientes completos y las bibliotecas bien leídas. Hay versos conocidos, como son conocidos los amigos del alma y también los enemigos. Se pierde por Grecia y Roma y más que todo por Florencia, ¿pero quien ha pisado la Plaza, el Puente, la Galería, puede vivir o morir tranquilamente? Le dirán poeta exotista, preciosista, despatriado, desmadrado; nunca desmedrado. Le dirán también muy antiguo y muy moderno, y más: muy mexicano, muy contemporáneo, por muchos ecos, muertes, palabras, aires, sueños que se nos cuelan entre los dedos. Este muchacho quiere sufrir y lo conseguirá. No hay remedio contra estas cosas; es la inminencia de la catástrofe.

AA o A², II

Sobre la exposición Objetos y texturas, *del plástico nicaragüense Alejandro Aróstegui.*

La herrumbre, el orín, el machigüe, el chingaste, el cacaste animal, el sarro vegetal, el chicuije mineral, lo chachalte y lo tetelque, en rebelión iluminada. La insurrección de abajo tiende hacia la excelencia, a la santidad por la sabia mano gobernada.

Sabe que los grises dan vida al amarillo, los ocres al carmín; pero en metálico: Pemex, Calmex, Tecate y chiles jalapeños destruidos en el asfalto de la noche irrumpen en el aire empíreo. El Bosco continúa en el chacuatol, en el fétido paisaje lacustre. Las líneas rectas, dunas, elípticas, curvas, casi cuerpos, dirigidos, intencionales, no dejadas a la improvisación de lo fortuito; los azules, los verdes, las texturas enrarecidas y sin peso el bruto bólido, la extraña masa férrea y las sardinas niñas ovaladas y las delicadas caparazones de chocolate grande y aluminio otra vez en vuelo fulgurante. Qué pesadilla luminosa, higiénica, equilibrada, tibia y virginal.

CONSOLACIONES, II

Ad se ipsum

Una noche recuerdo allá en mi Nicaragua —
oscuros aposentos de sombra familiar y la
respiración de mi madre, suspiro o llanto
sigiloso sobre el pecho del hijo que parte
al amanecer. Por mi separación, por la
separación de todo lo querido, por recobrar
siquiera las cartas que ella me escribiría
desde su corazón esa noche fechadas (yo
tengo un hijo y se lo he dado al mundo, o,
Es bueno y lo defiendo) tan sólo, otra vez
volverá, rauda como el recuerdo, la noche
en que mi pecho ignorante ya sufría estas líneas.

ERNESTO CARDENAL
(Granada, Nicaragua, 1925)

Ernesto Cardenal

Nació en Granada (Nicaragua) en 1925. Se graduó en Filosofía y Letras en la Universidad Nacional Autónoma de México y amplía estudios de literatura inglesa en la Columbia University de Nueva York. En 1949 se le otorga una beca para España y en 1950 regresa a Managua. Allí funda las ediciones *El Hilo Azul*. Colaboración y estrecha amistad con el escritor José Coronel Urtecho; con él traduce poesía norteamericana.

En 1957 ingresa en la Trapa (en Gethsemani, Kentucky), donde tendrá como maestro a Thomas Merton. Tras seguir estudios sacerdotales en Cuernavaca (México) y de teología en Antioquia (Colombia), se ordena sacerdote en 1965. Funda la comunidad Nuestra Señora de Solentiname, en el lago Nicaragua, allanada y saqueada más tarde por la Guardia Nacional de Somoza.

Su militancia política comenzó en 1952 y se radicalizará sucesivamente. Participa en el tribunal Russell, en 1976. Viaja constantemente exponiendo a la opinión mundial la situación política de Nicaragua. Exiliado en Costa Rica durante un tiempo, Cardenal será nombrado, a la caída del dictador, ministro de Educación y Cultura del primer gobierno revolucionario de Nicaragua, cargo que ostenta en la actualidad.

Obra poética: *La ciudad deshabitada* (1946); *Proclama del Conquistador* (1947); *Hora 0* (1960); *Gethsemani, Ky* (1960); *Epigramas* (1961); *Salmos* (1964); *Oración por Marilyn Monroe y otros poemas* (1965); *El estrecho dudoso* (1966); *Homenaje a los indios americanos* (1969); *Vida en el amor* (1970); *En Cuba* (1972); *Oráculo sobre Managua* (1973). «Con Walker en Nicaragua» es el título de un largo poema que mereció, en 1952, el premio del Centenario de Managua.

Ha publicado también: *El Evangelio de Solentiname* (1974) y *Antología de la poesía primitiva* (1980).

Los poemas seleccionados pertenecen a las siguientes ediciones: «Poemas» *(Ocnos,* Barcelona, 1971); «Poesía» (Casa de las Américas, La Habana, 1979); «El estrecho dudoso» *(Visor,* Madrid, 1980).

COMO LATAS DE CERVEZA VACÍAS

Como latas de cerveza vacías y colillas
de cigarrillos apagados, han sido mis días.
Como figuras que pasan por una pantalla de televisión
y desaparecen, así ha pasado mi vida.
Como los automóviles que pasaban rápidos por las carreteras
con risas de muchachas y música de radios...
Y la belleza pasó rápida, como el modelo de los autos
y las canciones de los radios que pasaron de moda.
Y no ha quedado nada de aquellos días, nada,
más que latas vacías y colillas apagadas,
risas en fotos marchitas, boletos rotos,
y el aserrín con que al amanecer barrieron los bares.

LOS AUTOMÓVILES VAN Y VIENEN POR LA CARRETERA

Los automóviles van y vienen por la carretera,
frente al noviciado, como las olas del mar.
Se oye el rumor lejano que va creciendo
y creciendo más y más, el acelerar del motor,
el susurrar de las llantas sobre el asfalto mojado,
y después decrece y decrece, y no se oye más.
Y otro motor a los lejos vuelve a comenzar.
Como las olas del mar. Y yo corría como las olas
por carreteras asfaltadas que a ningún sitio van.
Y a veces me parece que todavía corro por ellas,
y que es un sueño que ya he llegado a algún lugar,
y no estoy viendo en paz pasar los automóviles
sino que he mirado este lugar distraídamente
desde el efímero automóvil que acaba de pasar.

AL PERDERTE YO A TI...

Al perderte yo a ti tú y yo hemos perdido:
yo porque tú eras lo que yo más amaba
y tú porque yo era el que te amaba más.
Pero de nosotros dos tú pierdes más que yo,
porque yo podré amar a otras como te amaba a ti
pero a ti no te amarán como te amaba yo.

AYER TE VI EN LA CALLE...

Ayer te vi en la calle, Myriam, y
te vi tan bella, Myriam, que
(¡Cómo te explico qué bella te vi!)
Ni tú, Myriam, te puedes ver tan bella ni
imaginar que puedas ser tan bella para mí.
Y tan bella te vi que me parece que
ninguna mujer es más bella que tú
ni ningún enamorado ve ninguna mujer
tan bella, Myriam, como yo te veo a ti
y ni tú misma, Myriam, eres quizás tan bella
¡porque no puede ser real tanta belleza!
Que como yo te vi de bella ayer en la calle,
o como hoy me parece, Myriam, que te vi.

HAY UN LUGAR JUNTO A LA LAGUNA...

Hay un lugar junto a la laguna de Tiscapa
—un banco debajo de un árbol de quelite—
que tú conoces (aquella a quien escribo
estos versos, sabrá que son para ella).
Y tú recuerdas aquel banco y aquel quelite;
la luna reflejada en la laguna de Tiscapa,
las luces del palacio del dictador,
las ranas cantando abajo en la laguna.
Todavía está aquel árbol de quelite;

todavía brillan las mismas luces;
en la laguna de Tiscapa se refleja la luna;
pero aquel banco esta noche estará vacío,
o con otra pareja que no somos nosotros.

SALMO 136

Junto a los ríos de Babilonia
estamos sentados y lloramos
acordándonos de Sión
Mirando los rascacielos de Babilonia
y las luces reflejadas en el río
las luces de los night-clubs y los bares de Babilonia
y oyendo sus músicas
                          Y lloramos
De los sauces de la orilla
colgamos nuestras cítaras
de los llorosos sauces
                          Y lloramos

Y los que nos trajeron cautivos
nos piden que les cantemos
una canción «vernácula»
«las canciones folklóricas» de Sión
¿Cómo cantar en tierra extraña
los cánticos de Sión?

Que se me seque la lengua
y tenga cáncer en la boca
si yo no me acordara de ti
                          Jerusalén!

Si yo no prefiriera Jerusalén
a la alegría de ellos
y a todas sus fiestas
Babel armada de Bombas!
                          Asoladora!
Bienaventurado el que coja a tus niños
            —las criaturas de tus Laboratorios—
y los estrelle contra una roca!

ORACIÓN POR MARILYN MONROE

Señor
recibe a esta muchacha conocida en toda la tierra con el nombre
    de Marilyn Monroe
aunque ese no era su verdadero nombre
(pero Tú conoces su verdadero nombre, el de la huerfanita vio-
    lada a los 9 años
y la empleadita de tienda que a los 16 se había querido matar)
y que ahora se presenta ante Ti sin ningún maquillaje
sin su Agente de Prensa
sin fotógrafos y sin firmar autógrafos
sola como un astronauta frente a la noche espacial.

Ella soñó cuando niña que estaba desnuda en una iglesia
        (según cuenta el *Time)*
ante una multitud postrada, con las cabezas en el suelo
y tenía que caminar en puntillas para no pisar las cabezas.
Tú conoces nuestros sueños mejor que los psiquiatras.
Iglesia, casa, cueva, son la seguridad del seno materno
pero también algo más que eso...
Las cabezas son los admiradores, es claro
(la masa de cabezas en la oscuridad bajo el chorro de luz).
Pero el templo no son los estudios de la 20th Century-Fox.
El templo —de mármol y oro— es el templo de su cuerpo
en el que está el Hijo del Hombre con un látigo en la mano
expulsando a los mercaderes de la 20th Century-Fox
que hicieron de Tu casa de oración una cueva de ladrones.

Señor
en este mundo contaminado de pecados y radiactividad
Tú no culparás tan sólo a una empleadita de tienda
que como toda empleadita de tienda soñó ser estrella de cine.
Y su sueño fue realidad (pero como la realidad del technicolor).
Ella no hizo sino actuar según el script que le dimos
—el de nuestras propias vidas— y era un script absurdo.
Perdónala Señor y perdónanos a nosotros
por nuestra 20th Century
por esta Colosal Super-Producción en la que todos hemos traba-
    jado.

Ella tenía hambre de amor y le ofrecimos tranquilizantes
para la tristeza de no ser santos
              se le recomendó el Psicoanálisis.
Recuerda Señor su creciente pavor a la cámara
y el odio al maquillaje —insistiendo en maquillarse en cada
      escena—
y cómo se fue haciendo mayor el horror
y mayor la impuntualidad a los estudios.

Como toda empleadita de tienda
soñó ser estrella de cine.
Y su vida fue irreal como un sueño que un psiquiatra interpreta
      y archiva.

Sus romances fueron un beso con los ojos cerrados
que cuando se abren lo ojos
se descubre que fue bajo los reflectores
              y apagan los reflectores!
y desmontan las dos paredes del aposento (era un set cinemato-
      gráfico)
mientras el Director se aleja con su libreta
              porque la escena ya fue tomada.
O como un viaje en yate, un beso en Singapur, un baile en Río
la recepción en la mansión del Duque y la Duquesa de Windsor
vistos en la salita del apartamento miserable.

La película terminó sin el beso final.
La hallaron muerta en su cama con la mano en el teléfono.
Y los detectives no supieron a quién iba a llamar.
Fue
como alguien que ha marcado el número de la única voz amiga
y oye tan sólo la voz de un disco que le dice: WRONG
      NUMBER
O como alguien que herido por los gángsters
alarga la mano a un teléfono desconectado.

Señor
quienquiera que haya sido el que ella iba a llamar
y no llamó (y tal vez no era nadie
o era Alguien cuyo número no está en el Directorio de Los Án-
      geles)
              contesta Tú el teléfono!

EL ESTRECHO DUDOSO

(Fragmento)

Salió el Rey y se sentó en su sillón real,
y se sentaron los flamencos en bancas, más abajo.
Mosiur de Xevres a la derecha del Rey
y el Gran Canciller a la izquierda.
Y junto a mosiur de Xevres el Almirante de las Indias,
y después el obispo del Darién.
Junto al Gran Canciller el obispo de Badajoz;
y Bartolomé de las Casas arrimado a la pared.
Y se levantaron mosiur de Xevres y el Gran Canciller,
subieron la grada de la peana lentamente,
se arrodillaron junto al Rey
y hablaron con él unas palabras en voz baja.
Se levantaron, hicieron una reverencia,
y volvieron a sus puestos. Después de un silencio
habló el Gran Canciller: «Reverendo obispo,
Su Majestad manda que habléis».
Se levantó el obispo del Darién
y pidió hablar a solas con el Rey y su Consejo.
El Gran Canciller le hizo una seña y se sentó.
Hubo otro silencio.
Se levantaron mosiur de Xevres y el Gran Canciller,
hicieron una reverencia al Rey y se arrodillaron
y hablaron con él unas palabras en voz baja.
Volvieron a sentarse. Después de otro silencio
dijo el Gran Canciller: «Reverendo obispo,
Su Majestad manda que habléis si tenéis que hablar».
Se levantó el obispo del Darién y dijo:
«Muy poderoso señor:
el Rey Católico, vuestro abuelo, que haya santa gloria,
despachó una armada a la tierra firme de las Indias
y fui nombrado obispo de esa primera población,
y como fuimos mucha gente y no llevábamos qué comer,
la más de la gente murió de hambre, y los que quedamos,
por no morir como aquellos, ninguna otra cosa hemos hecho
sino robar y matar y comer. El primer gobernador fue malo
y el segundo muy peor... Todo eso es verdad. Pero

en lo que a los indios toca, son siervos *a natura.*
Son los siervos *a natura* de que habla Aristóteles...»
Cesó de hablar el obispo y hubo otro silencio.
Se levantaron mosiur de Xevres y el Gran Canciller,
se arrodillaron junto al Rey y hablaron en voz baja,
se volvieron a sus puestos y hubo otro silencio.
Después dijo el Gran Canciller: «Míser Bartolomé,
Su Majestad manda que habléis».
Se levantó Bartolomé de las Casas, se quitó el bonete,
hizo una reverencia, y dijo:
«Muy alto y poderoso señor:
Yo soy de los más antiguos que han pasado a las Indias
y ha muchos años que estoy allá, en los que han visto mis ojos,
no leído en historias que pudieran ser mentirosas, sino
palpado, por así decirlo, con mis manos, tantas crueldades
cometidas en aquellos mansos y pacíficos corderos;
y uno de los que a estas tiranías ayudaron fue mi padre.
No son siervos *a natura,* son libres *a natura!*
Son libres, y tienen sus reyes y señores naturales
y los hallamos pacíficos, con sus repúblicas bien ordenadas,
proporcionados y delicados y de rostro de buen parecer
que pareciera que todos ellos fueran hijos de señores.
Fueron creados simples por Dios, sin maldades ni dobleces
obedientes, humildes, pacientes, pacíficos y quietos.
Así mismo son las gentes más delicadas y flacas
tiernos en complexión y menos hechos al trabajo
y que más fácilmente mueren de cualquier enfermedad,
que ni hijos de príncipes son más delicados que ellos
aunque ellos sean hijos de labradores. Son paupérrimos
y no poseen ni quieren poseer bienes temporales
y por eso no tienen soberbias ni ambiciones ni codicias.
Su comida es pobre como la de los Padres del Desierto.
Su vestido, andar desnudos, cubiertas sus vergüenzas
o cuando mucho cubiertos con una manta de algodón.
Sus camas son esteras, o redes que llaman hamacas.
Son limpios y vivos de entendimiento y dóciles.
Y los españoles llegaron como lobos y tigres,
como lobos y tigres donde estas ovejas mansas.
La isla de Cuba quedó yerma, hecha una soledad,
y antes estaba llena de mansísimos corderos.
En la Española no quedan más que doscientas personas.

Las islas de San Juan y Jamaica están asoladas.
Islas que eran más graciosas y fértiles
que la huerta del Rey en Sevilla
ahora sólo tienen 11 personas que yo vide.
Islas tan felices y ricas! Y sus gentes
tan humildes, tan pacíficas y tan fáciles de sujetar,
no como bestias, pero plugiera a Dios que como bestias
los hubieran tratado y no como estiércol de las plazas
y aun menos que eso. Quemaban vivos a los señores,
a fuego manso, y yo los vi morir dando alaridos,
dando gritos extraños. Y si huían
a encerrarse en los montes, en las sierras,
los perseguían con lebreles, perros bravísimos.
Ellos pelean desnudos, sus armas son harto flacas,
y sus guerras como juegos de cañas, y aun de niños.
Enviaron a los hombres a las minas
y a las mujeres a trabajar en las estancias,
y murieron ellos en las minas y ellas en las estancias.
Sus hacendejas quedaban destruidas, llenas de hierba.
Y las criaturas nacidas chiquitas perecían
porque las madres no tenían leche en las tetas,
y se ahorcaban desesperados con los hijos
y las mujeres tomaban hierba para no parir los hijos.
Y robaban las huertas de los indios,
manteniéndose de sus comidas pobres.
Se los llevaban en los navíos a vender.
Llegaban donde estaban trabajando en sus oficios
con sus mujeres y sus hijos, y los hacían pedazos.
Ellos estaban inermes y desnudos
contra gente a caballo y tan armada.
Los herraban en la cara con el hierro del Rey.
Y es para quebrar el corazón del que los haya visto
desnudos y hambrientos cuando los llevan a vender,
o cuando van a llevar la carga de los españoles,
desnudos y temblando, con su redecilla al hombro.
Toman aquellos corderos de sus casas
y les ponen el hierro del Rey.
Todas estas escenas vieron mis ojos y ahora temo decirlas
no creyendo a mis ojos, como si las haya soñado.
Su Majestad: no están hechos al trabajo
porque son de naturaleza delicadísimos.

Y no hay gentes más mansas ni de menos resistencia
ni más habiles ni aparejados para el yugo de Cristo».
....
Se levantaron mosiur de Xevres y el Gran Canciller.
Se arrodillaron junto al Rey y hablaron en voz baja.
Hubo un gran silencio.
Después se levantó el Rey y entró en su cámara.

LOS CHAYULES

De tarde sobre el lago vienen nubes tenues grises
que no son nubes
            son nubes de chayules
tan chiquitos que entran por el cedazo
y no nos dejan leer
            en muchas páginas de nuestros libros están pegados
                transparentes y verdecitos del tamaño de una letra
y a veces debemos apagar la luz. Al otro día
en la terraza son cerros de chayules muertos
que hay que barrer. Viven sólo 24 horas
y no comen ni una vez
            ni siquiera tienen aparato digestivo.
Dicen que vienen de rincones sombríos del Río San Juan
donde están las larvas a 2 metros de profundidad.
                            A veces
amanece el lago, calmo, por Las Balsillas, cubierto
de una capa de chayules muertos, como 1" de espesor
grandes pescados por todos lados saltan a comerlos
y el bote va dejando detrás como un canal...
            Son muy parecidos a los zancudos, pero no pican
                        —qué tal si picaran—
Querrás saber cómo viven sin comer, cómo crecen.
            No crecen: nacen ya como son.
Pero antes tuvieron una existencia diferente
en la que fueron unos gusanitos negros nadando en el agua
            y entonces sólo comieron.
Ahora toda su vida es boda, sólo boda.
¿Sabés qué son los chayules? Son sexo con alas.
            Pensamos que sólo sirven para jodernos

pero esos animalitos minúsculos de carne de aire
son como una alegoría de algo, allí en el aire:
De una existencia distinta que puede tener el hombre
          en otro elemento y con otras funciones
un poco como chayules transparentes, en cierta forma
          —sólo vuelo y amor.

EN EL LAGO DE NICARAGUA

Media noche, en una lancha, en medio lago,
entre San Miguelito y Granada.
Todavía no se ven las luces de Granada
y ya no se ven las lucecitas de San Miguelito.
Sólo las estrellas
(el mástil apuntando a las Siete Cabritas)
          y la luna saliendo sobre Chontales.

Pasa otra lancha (una luz roja)
y se hunde en la noche.
Nosotros para ellos,
                    otra luz roja que se hunde en la noche...

Y yo acostado sobre cubierta mirando las estrellas
entre racimos de bananos y quesos chontaleños
pienso: tal vez una de ellas es otra tierra como ésta
y alguien me mira desde allí (mirando las estrellas)
desde otra lancha en otra noche en mitad de otro lago.

LA NOCHE

La noche oscura del alma (o Nada!)
Noche sin luna o con luna a veces.
En el vacío interior: la compañía.
Vacío de todo para poseerlo TODO.
Noche oscura de los besos: la luz
vese como tiniebla en esta noche.
En sueño y olvido, sin saber cómo.

Sabor de amor sin saber ni entender.
Noche. La cena que recrea y enamora.
¿Y tú qué quieres? ¿Una acción en la Du Pont?
¿Acostarte con Miss Brasil, con Miss Suecia?

El flamante Ford 66 confortable y lujoso
el For Galaxie 500/XL color fuego
al fondo las luces de la gran ciudad en la noche
y Él y Ella reclinados en la carrocería
            Él de smoking negro y Ella con la orquídea
(su silueta impresionantemente nueva... atrevida y elegante
            VISITE A SU AGENTE FORD)
o el Pontiac amarillo en verde pasto
            y junto a él el eterno picnic
y Ella con camisa a cuadros en la cubierta del yate
            anteojos negros y sonrisa llena de sol
el pelo levantado por el viento el agua verde-azul
¿Pero sabes tú que no existe Ella? No existe Ella.
¡Puta pintarrajeada
            la Publicidad!
O el Jet Clipper de la Pan American blanco como la nieve
            flotando en cielo azul
el castillo Real (cromacolor) en las montañas de Baviera
o las palmeras en primer plano y playa de Tahití
            ¿el lugar que usted ha visto en sueños
            y a donde no creyó llegar jamás?
            CONSULTE A SU AGENTE DE VIAJES
o paseo en la costa de California
y Él y Ella dichosos junto al mar
llevando entre los dos la cesta de picnic.
¡Puta pintarrajeada. No existe Ella!

¿Una acción en la Du Pont? ¿O ser gerente de la Du Pont?
Tu casa con 14 jardines y fungicida Du Pont
            Apartamento de 20 cuartos llenos de antigüedades
            (¿mansión georgiana?)
Vacaciones en Honolulu. La Riviera.
Hobby pescar salmones en Escocia
            safaris en África
copas ganadas por caballos o perros.

Tu Du Pont inventó el Nylon
y antes inventó el Celofán
pero antes se consolidó con la venta de pólvora
(el 40% de la pólvora de los Aliados en la I Guerra
Mundial)
Y todo el tiempo sobre nosotros los aviones supersónicos
cargados de bombas
                    máquinas hablando a otras máquinas
        perreras con aire-acondicionado
en el televisor el Presidente asesinado
            los bebés quemados con bombas de napalm.
Y los rostros rígidos en el subway, rígidos por
el terror en las oficinas
el terror todos los días en el radio
                            y en el televisor.
Una bomba en Argelia.
Y algunas veces por las noches, en el fondo del alma
aunque no lo confesemos, hemos visto a Drácula.
        «Incompatibilidad de caracteres»
    incompatibilidad para el amor
y los anuncios comerciales cantando a la mujer.
Y todas las noches dando vueltas mientras dormimos
los aviones supersónicos
        dando vueltas en el cielo nocturno Superman
y las bombas no son para usarse dicen

y compras el producto que debes comprar
piensas como te han dicho que debes pensar
contestas todas las encuestas
y oyes la voz del disco
la voz del radio que te da órdenes.
¿Vamos a rebelarnos? ¿Vamos
a romper los vidrios?
                    Tirar ladrillos a las vitrinas.
¿Nos libertaremos con eso?
                        ¿Nos libertamos con la Revolución
como delincuentes juveniles en carros robados
por carreteras bordeadas de anuncios comerciales?
(Creen todos los anuncios que leen, creen
                            en marcas y aman los
                            carros nuevos)

Mejor como los santos beats
        zen cool jazz barbas y sandalias
siempre en viaje a una Ciudad Nueva en auto-stop
sin una ideología donde reclinar la cabeza
los recogedores de basura paleadores de nieve
              —la Pobreza Voluntaria.
Pobres en el seno de la prosperidad.
Pidiendo limosna en Insurgentes con una guitarra
o vendiendo 1/2 lit. de sangre para almorzar
    y no leen periódicos ni ven TV
inafiliados a los partidos políticos
las raposas y Herodes tienen sus madrigueras
pero el Hijo del Hombre no tiene donde reclinar la cabeza.
Se salieron de la Civilización. Y todavía
el susto en sus caras. (Con el aire
de uno, en la estación, y que saltó
del expreso que no se sabe a dónde va)

Pero son más bien una pregunta
su atuendo
            más bien una pregunta a la gente
que una respuesta
Y las visiones del ácido lisérgico
           no son la Visión
son
visiones fantásticas de Neón
              —de una farmacia—
       O como el invento de un nuevo plástico.
Visiones vendidas por gángsters o la Du Pont.
Y están tan solitarios, tan sin unión en su noche
la noche de un universo en expansión
como alguien que pone un anuncio en el periódico
        «deseo tener correspondencia con señorita de 18 a 23
   años
           Apartado...»
O: «deseo tener correspondencia con caballero...»
O uno que pide a una calculadora electrónica un amigo epistolar
que hable el idioma de uno y tenga los mismos gustos.

Y si han creído besar el Infinito
la luz fluorescente de la General Electric iluminó esos besos.

Sor Josefa del Castillo y Guevara: la nadaísta.
O como dijo Fernando González o Gonzalo Arango:
Coge tu cruz
Y:

«Si reniegan del mundo, de su mundo,
                sin que se despeguen de él...»

La noche oscura del alma, o NADA.
Un quedarse como a oscuras y sin nada.
Noche oscura de los besos. Amado y Amada.
La luz como tinieblas en la noche. Y nada.
La música callada no es de cuerdas de Nylon.

ROBERTO JUARROZ
(Coronel Dorrego, Argentina, 1925)

Roberto Juarroz

Foto cortesía del escritor

Nació en Coronel Dorrego, provincia de Buenos Aires (Argentina), en 1925. Especialista en Bibliotecología y en Ciencias de la Información. Graduado en la Facultad de Letras de la Universidad de Buenos Aires, amplió estudios en la Sorbona y en otras instituciones francesas. Profesor del Departamento de Bibliotecología y Documentación de la Universidad de Buenos Aires. Experto de la U.N.E.S.C.O. y de la O.E.A. en diversos países.

Ha dirigido la revista *Poesía=Poesía* (Buenos Aires, 1958-1965). Crítico literario en el suplemento cultural de *La Gaceta* (Tucumán, 1958-1963). Crítico cinematográfico de *Esto Es* (Buenos Aires, 1956-1958).

En 1977 obtiene el Gran Premio de Honor, concedido por la Fundación Argentina para la Poesía.

Obra poética: *Poesía vertical* (Buenos Aires, 1958); *Segunda poesía vertical* (Buenos Aires, 1963); *Tercera poesía vertical* (Buenos Aires, 1965); *Cuarta poesía vertical* (Buenos Aires, 1969); *Quinta poesía vertical* (Buenos Aires, 1974); *Sexta poesía vertical* (1975); *Poesía vertical 1958-1975* (Caracas, 1976) recoge su poesía completa hasta entonces; *Séptima poesía vertical* (Caracas, 1982). *Poesía vertical* (Barcelona, 1974); *Poesía vertical. Antología mayor* (Buenos Aires, 1978) son sendas muestras antológicas de su poesía.

Los poemas seleccionados pertenecen a las ediciones siguientes: «Entre tu nombre y el mío», «Hay que caer», «La piedra es un regazo», «Cuando cesa una cosa», «La caridad del hueco», «¿Sobre qué lado se apoya...?», «Poblar un bosque con árboles», «Su propia transparencia» y «Hago un pozo» (*Poesía vertical, Antología mayor,* Carlos Lohé, Buenos Aires, 1978); «En el reino cifrado de la noche» (*Poesía vertical,* Nuevos poemas, Mano de obra, Buenos Aires, 1981); «Toda palabra llama», «No hay regreso» e «Inventar el regreso» (*Séptima poesía vertical,* Monte Ávila, Caracas, 1982); «Desgarrar el papel» y «Edificar una sola vez» son inéditos en el momento de preparar esta antología.

ENTRE TU NOMBRE Y EL MÍO...

Entre tu nombre y el mío
hay un labio que ha dejado la costumbre de nombrar.

Entre la soledad y la compañía
hay un gesto que no empieza en nadie y termina en todos.

Entre la vida y la muerte
hay unas plantas pisadas
por donde nadie ha caminado nunca.

Entre la voz que pasó y la que vendrá
hay una forma callada de la voz
en donde todo está de pie.

Entre la mesa y el vacío
hay una línea que es la mesa y el vacío
por donde apenas puede caminar el poema.

Entre el pensamiento y la sangre
hay un breve relámpago
en donde sobre un punto se sostiene el amor.

Sobre esos bordes
nadie puede ser mucho tiempo,
pero tampoco dios, que es otro borde,
puede ser dios mucho tiempo.

HAY QUE CAER...

Hay que caer y no se puede elegir dónde.
Pero hay cierta forma del viento en los cabellos,
cierta pausa del golpe,

cierta esquina del brazo
que podemos torcer mientras caemos.

Es tan sólo el extremo de un signo,
la punta sin pensar de un pensamiento.
Pero basta para evitar el fondo avaro de unas manos
y la miseria azul de un Dios desierto.

Se trata de doblar algo más una coma
en un texto que no podemos corregir.

LA PIEDRA ES UN REGAZO...

La piedra es un regazo crispado
donde corre peligro la maniobra abierta del pájaro,
pero es también una memoria abierta
donde el cerrado puño del pájaro
se desploma como una imprevista amenaza.

Tiene que haber un punto
donde cesen los turnos del olvido
y las formas recuerden.

CUANDO CESA UNA COSA...

Cuando cesa una cosa
tal vez no quede nada,
salvo quizá ese engañoso matiz que llamamos ausencia.
Pero cuando varias cosas cesan juntas
brota algo que se parece a otra cosa,
una angosta faja de presencia
o por lo menos una grieta de antiausencia
en el límite mismo de lo que puede ser nombrado.

Si todas las cosas se unieran para acabar
tal vez empezara todo de nuevo.
O quizá quedara simplemente.

LA CARIDAD DEL HUECO...

La caridad del hueco que se llena,
los mustios cascabeles que reanudan su asombro
para vaciar un poco este vacío
y concretar mi mano en tu espalda de hombre.

Hay un hueco más tímido, la vida
y otro hueco rotundo, aunque cansado,
que llamamos la muerte.
Entre ambos fluye a veces un don raro,
un diálogo sin hueco entre dos huecos.

Tu espalda podría ser mi mano
o mi mano tu espalda,
pero la piel de su contacto es única.

Cualquier cosa puede ser otra cosa.
Sólo es irreemplazable
el nudo donde se atan dos existencias.

¿SOBRE QUÉ LADO SE APOYA...?

¿Sobre qué lado se apoya más la ternura del hombre?
¿Sobre su pecho, siempre relativamente abierto?
¿Sobre su espalda, siempre relativamente abandonada?
¿Sobre su perfil, siempre relativamente ajeno?

¿Sobre qué lado lo sentirá más la tierra,
cuando cae para volver a levantarse
y cuando cae para que otros se levanten?
¿Será distinto ese lado para el tacto del polvo, de la piedra o del
          barro,
para el desierto, el campo de batalla o el jardín?

¿Sobre qué lado se lo olvida más fácil,
se lo mata más fácil,
se lo ama más fácil?

¿Sobre qué lado se abre el vuelo que llevamos,
el fruto que llevamos,
el cero que llevamos?

¿Sobre qué lado es el hombre posible para el hombre?

(A Ileana.)

PODLAR UN BOSQUE CON ÁRBOLES...

Poblar un bosque con árboles que cantan
y con pájaros de silencio,
con agua de piel seca
y con luces que crecen en la sombra.

Y repoblar con ese bosque las laderas
del desolado corazón del hombre,
hasta que se transforme entero en un camino
de todo y hacia todo,
también hacia el cansancio de ser hombre
y hacia la usina terca de la muerte.

Y si el camino entonces queda solo,
será la mejor prueba
de que ya no precisa un caminante.

SU PROPIA TRANSPARENCIA...

Su propia transparencia lo sostiene.
El cerco de las cosas lo sostiene.
El deseo de que exista lo sostiene.
Un vaso hecho de agua.

Un vaso hecho de agua
y lleno de agua.
La imagen desde adentro del espejo.
El final del derrame y la caída.
Un agua con su sed propia de agua.

HAGO UN POZO...

Hago un pozo
para buscar una palabra enterrada.
Si la encuentro,
la palabra cerrará el pozo.
Si no la encuentro,
el pozo quedará abierto para siempre en mi voz.

La búsqueda de lo enterrado
supone adoptar los vacíos que fracasan.

EN EL REINO CIFRADO DE LA NOCHE...

En el reino cifrado de la noche,
allí donde están paradas las tinieblas
como un pez inmóvil y atentísimo,
allí donde el corazón se desvincula
de sus andariveles fracasados,
allí donde sólo quedan como escolta
las imágenes neutras del agobio,
allí la vida recomienza.

La conversión teje su trama insólita,
su indómito laberinto de inusuales diseños
y en medio de la noche se abre un paso en el tiempo,
como un desfiladero de infinitos.

La vida vuelve así a cabalgar sobre las nubes
y también por debajo.
Y el eco arañará bien los rincones,
también el de la muerte.

TODA PALABRA LLAMA...

Toda palabra llama a otra palabra.
Toda palabra es un imán verbal,
un polo de atracción variable
que inaugura siempre nuevas constelaciones.

Una palabra es todo el lenguaje,
pero es también la fundación
de todas las transgresiones del lenguaje,
la base donde se afirma siempre un antilenguaje.

Una palabra es todavía el hombre.
Dos palabras son ya el abismo.
Una palabra puede abrir una puerta.
Dos palabras la borran.

NO HAY REGRESO...

No hay regreso.
Pero existen algunos movimientos
que se parecen al regreso
como el relámpago a la luz.

Es como si fueran
formas físicas del recuerdo,
un rostro que vuelve a formarse entre las manos,
un paisaje hundido que se reinstala en la retina,
tratar de medir de nuevo la distancia que nos separa de la tierra,
volver a comprobar que los pájaros nos siguen vigilando.

No hay regreso.
Sin embargo,
todo es una invertida expectativa
que crece hacia atrás.

INVENTAR EL REGRESO...

Inventar el regreso del mundo
después de su desaparición.
E inventar un regreso a ese mundo
desde nuestra desaparición.
Y reunir las dos memorias,
para juntar todos los detalles.

Hay que ponerle pruebas al infinito,
para ver si resiste.

DESGARRAR EL PAPEL...

Desgarrar el papel al escribir
para que desde el comienzo
asome por debajo el deterioro,
el desgaste, el hundimiento
al que se debe someter toda escritura.

Esa invalidez inaugural
limará las palabras
y acortará los desahogos,
hasta que surja el hilo retorcido
y ajustadamente abismal
del lenguaje correspondiente al hombre.

Que la escritura desguarnezca
a la mano que simula providencias.
Que la escritura no contribuya a armar la máscara
sino el rostro sin afeites que oficiamos.
Que la escritura enrole en su constancia
la cantera y la piedra,
la secuencia y el término,
la destrucción y el límite.

EDIFICAR UNA SOLA VEZ...

Edificar una sola vez un día totalmente claro
y dejar que en sus múltiples y abiertos aposentos
cada forma se comporte como quiera.

Que la mano cambie entonces su imagen
y el pájaro la suya
o que ambos las intercambien en su oficio
de acorralar partículas del aire.

Que el tiempo bastonero se haga a un lado,
baje su voz la muerte
y el reloj de la torre
comience a ir hacia atrás o a la deriva
o se titule nube y abandone su sitio.

Que hoy deje su forma de ser hoy
y tome la forma de ser siempre
o por lo menos la del agua,
un agua transparentemente sola,
un resumen del agua.

Que las cosas escapen de sus formas,
que las formas escapen de sus cosas
y que vuelvan a unirse de otro modo.

El mundo se repite demasiado.
Es hora de fundar un mundo nuevo.

JORGE ENRIQUE ADOUM
(Quito, 1926)

Jorge Enrique Adoum

Nació en Quito (Ecuador) en 1926. Estudios de Economía y Derecho en la Universidad Central del Ecuador (Quito) y en la Universidad de Chile (Santiago). Durante su estancia en este país, de 1945 a 1948, fue secretario privado de Pablo Neruda. Regresa a Ecuador y será sucesivamente director de ediciones de la Casa de la Cultura, secretario del Instituto de Teatro y director general de Cultura, en el Ministerio de Educación.

Viaja por Egipto, Israel y Lejano Oriente. Se establece en París, donde reside en la actualidad. Ha colaborado con diversos organismos internacionales como experto en cuestiones culturales de Latinoamérica.

En 1960 obtuvo el primer premio de Poesía Casa de las Américas.

Obra poética: *Ecuador amargo* (Quito, 1949), *Notas del hijo pródigo* (Quito, 1951); *Los cuadernos de la tierra:* I. Los orígenes, II. El enemigo y la mañana (Quito, 1952), III. Dios trajo la sombra (La Habana, 1960); IV. Eldorado y las ocupaciones nocturnas (Quito, 1961); *Relato del extranjero* (Quito, 1953); *Yo me fui por la tierra con tu nombre* (Quito, 1964); *Informe personal sobre la situación* (Madrid, 1973); *No son todos los que están* (Barcelona, 1979).

Ha publicado también: *Antología del río Guayas* (Quito, 1950); *Poesía del siglo XX* (Quito, 1957); *Ecuador: imágenes de un pretérito presente* (Quito, 1981). Dos piezas de teatro: *El sol bajo las patas de los caballos* (La Habana, 1973) y *La subida a los infiernos* (Quito, 1980). Y la novela: *Entre Marx y una mujer desnuda (texto con personajes)* (México, 1976).

Los poemas seleccionados pertenecen a «Informe personal sobre la situación» *(Aguaribay,* Madrid, 1973).

EL DESENTERRADO

Escapa por tu vida: no mires tras de ti.

(Génesis, XIX, 17.)

Si dijeras, si preguntaras de dónde
viene, quién es, en dónde vive, no podría
hablar sino de muertos, de substancias hace
tiempo descompuestas y de las que sólo
quedan los retratos; si preguntas de nuevo,
diría que transcurre el cuarto al fondo
de la casa, que conserva destruyendo labios
como látigos, rostros, restos de útiles
inútiles y de parientes transitorios
en su soltera soledad.
                  Pero ¿quién puede todavía
señalar el lugar del nacimiento, quién
en la encrucijada de los aposentos, halla
la puerta por donde equivocó el camino?
Detrás de su ciega cerradura, el hombre
y su mujer ajena que la tarde le devuelve
puntualmente, suelen engañarse con amantes
abandonados o difuntos, desvertirse a oscuras,
cerrar los ojos, primero las ventanas, y con la voz
y con las manos bajas, incitarse a dormir
porque hace frío. Pero un día despiertan
para siempre desnudos, descubren la edad
del triste territorio conyugal, y se toleran
por última vez, por la definitiva, perdonándose
de espaldas su muda confesión de tiempo compartido.

Y a través de caderas sucesivas, volcadas
como generaciones de campanas, el seco río

de costumbres y ceniza continúa, arrastra
flores falsas, recuerdos, lágrimas usadas
como medallas, y en cualquier hijo recomienza
su antepasado cementerio.
                            Y es duro apacentar
el alma, y es preciso salvarla de la tenaz
familia: apártala de tu golpeado horario
y sus descuentos, defiéndela renunciando
a las uñas que ya nada pueden defender,
ayúdame arrancando las difíciles pestañas
que al sueño estorban, las ropas, las
palabras que establecen la identidad
desenterrada.
                   Porque desnudo y de nuevo
sin historia vengo: saludo, grito, golpeo
con el corazón exacto la vivienda
del residente, quiero tocar sus manos
convertidas en raíz de mujer y de tierra, y otra vez
pregunto si estuve aquí desde antes,
cuando salí para volver amando este retorno,
si he llegado ya, si he destruido
el antiguo patrimonio de miedo y de abalorios
por donde dios se abrió paso a puñetazos,
si cuanto tuve y defendía ha muerto
de su propio ruido, de su propia espada,
para sobre la herencia del salvaje tiempo
y sus secretos, para sobre sus huesos
definitivamente terrestres y quebrados,
sobre la sangre noche a noche vertida
en la verdura rota, en los telares,
recién nacer o seguir resucitando.

ESTIRPE DE CONQUISTADOR

El bello animal del sueño ya en desuso. Mas la vigilia
no adelgaza al corazón, oh corazón sin tregua,
cincuenta años tartamudo con dos sílabas de sangre.

Mañana puede ser el último día, mañana
pueden mis huesos añadirle a las plantas

el maleficio inmemorial del hombre
muerto.
        Y bajo la baja noche
el aire, bajo el aire la armadura,
abajo la piel herida siete veces
por la flecha salvaje. Y bajo
la lila cicatriz yo me pregunto
como si le averiguara su secreto al charlatán.

No era sólo la aventura. El hogar es una prisión y la cárcel
otra forma de certeza. Pero hay negocios
que uno pacta sin querer consigo,
y no se puede ir gritando: Mirad,
no tengo padre, el Gran Capitán
olvidó a la moza criada de las freilas,
no tengo más apellido que el robado
con su gota de semen; no me resta
de mi infancia sino el áspero quejido
de una gorda; no aprendí más juego
que el de secarme con arena el llanto
y dormir con la leyenda del ausente
heroico en lances de trinchera y cama.
Yo buscaba nacer sin errar el aposento,
sin equivocar otra vez mi estirpe:
buscaba alguna tarde en que volviera
a golpear el aire sin que tras él
se me preguntara quién eres, dónde
andabas, en dónde está la bestia
que extraviaste, por qué
te llamas así.
                ¿Debería
decir entonces: Las preguntas
hicieron mi destino, las preguntas
siempre cambian y entorpecen el destino?
¿Debo señalar con un dedo de rencor antiguo
las regiones, y explicar: El Golfo
fue conquistado sólo porque el padre
no me nombró en su testamento, la mancha
forastera en la playa por las noches
hurtadas al amor para seguir soñando,
el puñado de esmeraldas por culpa

de los camastros en que me desvelaba
la testarudez de mis tres reales?
Hablo del Conquistador, ex porquerizo, que no sabe leer ni escribir, endeudado, adulterino. (Medio siglo desde el
primer paso torpe por el polvo de la aldea hasta el Mar Te-
nebroso,
temiendo y anhelando como en un libro
las láminas nocturnas, la Bahía
de los Gigantes, la Isla de la Pimienta.)
Y todo a causa de la jorobada de la feria: «Tirarás el oro a pu-
ñados, pero teme a dos personas: La una con el ojo
gris, la otra con el ojo negro». Todo
debido a las interrogaciones sobre el nombre
que mi madre aprehendió para mí entre sus muslos.

*

Países del segundo día, creación inacabada, húmedos,
sin tiempo para secarse todavía. Y el habitante
puro como el sitio, adolescente: cráteres, espumas, agresión de
la flor cuyo aroma secreta un ácido para quemar bajo la piel
el alma; temblor del arenal
trasladado a puro viento, diurno
gemido del vendaval atravesando piedra pómez
(¿espuma dura? ¿roca de hueso? ¿hueso seco?).
Y los seres más dulces de la tierra, con un habla
líquida, apta para convencer a dios y a la doncella.
Pero sé que el desnudo no es humano, que no hay
piedad para quien viste collares
en vez de camiseta.
                    Cuando el heroico primo
descubrió la terrestre joyería
(y yo al servicio de alguien que nunca
había sido más que trinchador de casa ilustre),
decidió desmantelar el templo, saquear
la inmensa cueva del fulgor: estambres
del metal, goterones del rubí cayendo
desde la fría piel de la turquesa.
                    Yo anduve en la espesura
abriéndole a las hojas su secreto, buscando
sitio para el pie pero también

para soñar conmigo, y ser aquel
que no fui y que ahora traducía
el lenguaje arrugado de los cocodrilos.
                                        Pero iba atrás,
siempre a sueldo de sólo
una moneda.
    (Cuando vimos el Mar bajo la Cruz del Sur, Balboa no dejó
        acercarse a nadie sino a su perro, y después de hundirse
        nos llamó testigos: «Sed testigos, testigos de que yo tomo
        posesión de estas aguas, y de todas las tierras que ellas
        bañan; y todos los mares, tierras, riberas, islas, me pertene-
        cen». Y del botín territorial
tampoco me tocó nada, y del mar
sólo su látigo de yodo, apenas
su reconocible sal diseminada).

Pero yo veía ya el sitio del tesoro, como
marcado por una cruz: el Sur era una estrella
despedazando el oro contra el suelo, playas
de oro en harina, mar que la luna parte
con su cuchillo de oro tibio, y un monarca dorado
en mitad de una selva de amarilla fortuna,
y ríos que atropellan recuas de oro. Yo podría
llenar los toneles, los cofres, las ácidas
bodegas de la nave para mí, para mí, para
mí solo, porque amo su resplandor, creo
en el milagro de su resistencia, en las promesas
con que su frío me convence. Ah los viejos
rencores que cuidaba para sobrevivirme: también yo
era un Conquistador, cultivando hortalizas
en el istmo: tristísimas lechugas
mi soldada (y ya los otros fabricándose
collares de perla oscura con pezones), yo
combatiendo contra la alcachofa y sus cuchillos.

Pero a mí me esperaba el territorio de la fama.

FUNDACIÓN DE LA CIUDAD

Y ahora en dónde sobre qué vínculo en qué
botín he de apoyar el alma
en qué piedra por favor en qué
ayer. Nadie me dijo que comenzarían
hoy los siglos de la noche. Lunes
de una ciudad sobre la desolación.

Aquí hubo una población ya desplumada
su cacique en pedazos. ¿Y el plano
de las destrucciones? ¿Y los solares
que trazó el destrozo?
Me voy a inventar una ciudad. Es preciso
fundar un nombre apenas víspera
de una capital como una predicción.
(Yo podría llamarla Imaginada, Abandonada,
Nada.) Solamente un sonido que nadie oye
útil para establecer la propiedad
sobre la duración de los resucitados.

Ah no nacida, Nombrada sólo: Sólo
viento sin ladrido que ahuyentara
el exceso de muerte. Heme aquí
clavando el estandarte de un ruido solitario
jugando con campanarios dibujando
calles inmemoriales enviando especialistas
en provocar el eco para no sentirme
solamente solo sino muchísimo más solo.
Completando la envoltura oral de una ciudad
que fue y que después ha de habitar
el hijo de quién de quién
sepultado vivo en su armadura
que será estatua viva
de una estatua colérica y velluda.
Volcada. Porque no tuvo tiempo todavía
para las acomodaciones nuevas del amor.

EL AHOGADO

El cuerpo que entregó el mar a la playa
me era moralmente conocido.
Ha venido cadáver hace tiempo,
quiero decir viviendo, desde otro
apellido.
                    Hacia dónde dónde
y, sobre todo, para qué.
                                    Quién
es el muerto, el montón de lo sido,
N.N. sin datos ni aves tías
que convoquen a la Corte, picoteen
los bolsillos.
                    Haber visto sus ojos
boquiabiertos, muerto por desanclado,
porque bailaba el vals a duras penas,
haber muerto defendiendo una aritmética
justa en la que 3×9 no podían
ser sino solamente 25.

Haber venido a parar en tan morado
mi querido cadáver. Tan mío
que lo vi cuando me peinaba en el espejo
preguntándome cómo me ha ido.
No tan bien como a él, después de todo.

(La campana, cuando anuncia su llegada,
golpea con un pez triste de óxido.)

NOSTALGIA DE LA CAVERNA

por qué calle que no sea la madre
se podrá ir al mundo a buscarse un hermano
devolviendo la ropa sucia que no somos
dinamitando la catedral los albañales
de las doce del día y las seis de la tarde
los bancos donde parece que te equivocaste
de planeta los ascensores que tampoco

te hacen caso (baja un ataúd inglés de pie
sonriendo a la noticia de palúdicas revoluciones tropicales
suben quitándose el sombrero
ataúdes cansados que no recuerdan dónde
se les habrá caído el muerto que llevaban)

por esta calle comenzaba a irse
                              no quería
en lugar del amor la tarifa de las renunciaciones
ni aldabarse en el sueño con pastillas
para que despierte mañana a ser útil su muñeco
ni que le recordaran los hechos importantes
de los que fue testigo allá en el útero
ni atornillar la flor ni congelar ángeles
para el verano
                      buen viaje troglodita amigo
sapiens ilegal eslabón sin bielas
                                    los demás
funcionan normalmente en su oficina
y se engrasan con nada los domingos.

EL HOMBRE DE MI TIEMPO
EN EL CAFÉ DE LA GARE

«más de 200 en una operación de limpieza».
Y también un conocido, inocentemente
carpintero, Cáceres por más señas,
y es por él por quien sufro esta vergüenza
de no poder soportar más de un muerto
cada vez, como si fuera mucho.
                              Los demás
tienen otros asuntos: una siciliana de 15 años
dio a luz un hijo de su tía, los trajes
serán más cortos este invierno, los Beatles
actuarán en el Olympia.
                              Esto
y nosotros somos mi tiempo. Ese que se mide
de igual a igual con el vino y le hace trampa,
ese que muerde su sandwich como si la guerra
fuera ajena o fuera a durar toda la vida,

son familia, son prójimo y hasta hubiéramos podido
ser amigos, pero cada uno anda con su silencio
lleno de otras cosas, de otros números, y uno
se queda íngrimo con sus recuerdos tabulados
o a lo más con la velluda de Argelia, y pone
una moneda en el teléfono, pero está ocupado,
hablablablan, te empujan, discuten, no comprendes
y sin embargo aún te queda una ternura
testaruda, por ejemplo, ir a orinar,
poniendo una moneda: la vieja capellana
del retrete vive de eso, y quisiera
ayudarle a vivir con mi vejiga.
                                              Huelo
a la camarera íntegra en su axila, «servicio
no incluido, a juicio de los clientes», o sea
el mínimo, 10 %, o sea que es varicosa y fea.
Europeamente solo, milnovecientos-
sesentaysietemente solo, alguien pone
una moneda en el billar eléctrico, juega
con nadie y otras veces gana. Día de suerte
para Capricornio: el 20.
                                   Pongo una moneda
y cae una canción que me envejece: «La araña
peluda pasa bajo el Arco del Triunfo».

Es hora de cerrar, casi una venganza.

(Rosaura se estará atisbando, como siempre,
la perversidad del tiempo en las nalgas.)

PEQUEÑO DRAMA NOH

Hablaban en el puente, antepecho fálico
de donde partió mucha historia de guerreros,
tal vez de viajes, de qué otra cosa
se habla en los puentes. (Los lugares
—Sanaa, Tirana, Bamako, Simla—
parecen nombres de mujeres
y yo sé poco de eso y de geografía.)

Ella vino, envoltorio de fatiga
y duelo, como empujada por un vicio
de andar, cuando ya no se pregunta.
Miró en todos los lados del mundo
y junto a ellos, palabrería
y pelo, la amarilla suciedad del agua.

Pasó, casi sauria, se fue, no importa,
ahora ya no existe, esto es toda su historia.
Nadie le dijo que un niño cayó al río,
hablaban de su cadera, de qué otra cosa
se habla en los puentes sino de viajes.

IT WAS THE LARK, BICHITO, NO NIGHTINGALE

No es fácil injertarse en ti, ísima mía.
Me doy cuenta de que fue risa y no tos
lo que te dije, y debo despensar las cosas
que puse en tu silencio, y salir de tus bocas de ganosa
y dejarte, mitad sola, gastada por mis vellos.
Es el día consuetudinario, conozco su censura.
Se diría que el agua usada del llanto desbordara
de anteojos, baúles, bodegas, por mi culpa,
que todas las guerras que pacen amarradas
se fueran galopando a comer, sólo porque
me olvidé de sufrir anoche, y fuera el centinela,
o me hubiera ido a volver, descuidando la tierra.

No es fácil ser feliz: primero, no nos dejan
y, quién sabe, será también la falta de costumbre
o tal vez haya que aprender, pero cómo, desterrado.
Metí amor en esa habitación de cejijunto,
en esta sólida soledad que debo hacer a un lado
pues no cabemos ya los dos al mismo tiempo,
mas parece que hubiera que aguantar toda la vida,
hacer cola en el mundo, esperar que los demás
pasen primero a casarse o comer o a sus negocios,
para empezar a vivir sin sentirse culpable,
conmutándome a tu lado la pena de durar.

VELORIO DE UNA EXCEPCIÓN

Ahora busco el rostro que debes haber tenido
antes de que yo te naciera para sobrevivirme
tu gemido parecido a mi nombre debajo de mi boca
tu olor de tigra con copia para mi camisa
No somos ya sino el resto que cabe en nuestros límites
después de las doce noches de animal desmesura
y nos dejamos querer y devorar de espaldas
por amargos gallinazos con memoria
Llamo de nuevo a la puerta de tu traje
pero no queda adentro nadie que me abra
ningún rencor que pruebe que tal vez nos amamos
señal probable de que habríamos existido
Acaso alguien nos soñó y despertó sin prevenirnos
y nos dejó de golpe así desencontrados
guante que por qué te llenará una mano a manos llenas
y yo por qué parasiempremente ya sintigo

CORAZONADA

era por descostumbre de la muerte por desmuerte
que decía el lunes la semana que viene el año próximo
hablando de las cosas con que uno se mortaliza

pero tú eras lo premortal impostergable
tú el duradero instante siempre urgente
en mi necesidad de tu sur desangustiante

y entonces no sabía como ahora que de pronto
ni iba a haber más tú puede no haber más días

CASI COMO DIOS

y ultimadamente no me salieron bien las cosas
basta ver nuestros pobres países paisitos
con su creti(asesi)no ecuestre en tanto muerto
y tanta muerte tonta en tanta bolche vita

yo mismo cuándo estuve en ninguna guerrilla
ni qué bomba de tiempo puse a tiempo
cuando aún era tiempo (cómo pasa el tiempo)
para que estalle a tiempo es decir hace tiempo

también me han malsalido esas casipersonas
el feo supranimal del infrahombre
subien(bajan)do a masmenos que su rata sótana
buscándose su último centímetro cúbico de ser
entre números y artículos de lúgubres códigos sórdidos
y otras esdrújulas que no digo porque me lavé la boca

tampoco me han biensalido algunas submujeres
tú misma —melena maldomada caderamen en vela—
no quisiste sino un amorcito asinomás como de monja
telefónico intermitente anual interurbano
con miedo a los futuros que iba a haber entre tus pechos

(yo sé que aunque ésta es la verdad no es toda la verdad
lo que pasa es que el resto de la verdad no duele tanto)

EPITAFIO DEL EXTRANJERO VIVO

con hambre y hembra este hombre
surreal su realidad
desretratado en su pasaporte
descontento en este descontexto
trabajando y trasubiendo
para desagonizarse de puro malamado
queriendo incluso desencruelecerse
pararse a reparar y repararse
pero no le da tiempo
esta república sepulturería pública
y sigue remuriendo en un círculo virtuoso
de su larga desmuerte enduelecido

JAIME SABINES
(Tuxtla Gutiérrez, estado de Chiapas, México, 1926)

Jaime Sabines

Dibujo de A. Mendoza

Nació en Tuxtla Gutiérrez, estado de Chiapas, México (1926). Ha realizado toda su obra poética al margen de círculos literarios, manteniendo una independencia tan estimable como excepcional.

Obra poética: *Horal* (Tuxtla, 1950); *La señal* (México, 1951); *Tarumba* (México, 1956); *Diario Semanario y otros poemas en prosa* (Veracruz, 1961); *Recuento de poemas* (México, 1962), incluye *Adán y Eva,* libro de 1952; *Yuria* (México, 1967); *Algo sobre la muerte del mayor Sabines* (México, 1972); *Maltiempo* (México, 1972); *Nuevo recuento de poemas* (México, 1977 y 1980).

Los poemas seleccionados pertenecen a las siguientes ediciones: «Miss X», «Así es», «Sigue la muerte (I)», «Ay, Tarumba, tú ya conoces el deseo», «En qué pausado vértigo te encuentras», «La tarde del domingo es quieta», «Hay un modo de que me hagas completamente feliz», «No es nada tu cuerpo», «Cuando tengas ganas de morirte», «Siete caídas sufrió el elote de mi mano», «No escuché los pasos del gato», «Gira por su ecuador empobrecido» y «He repartido mi vida inútilmente» (*Nuevo recuento de poemas,* Joaquín Mortiz, México, 1980, 2.ª ed.); «Amén» (revista *Plural,* núm. 48, México, septiembre 1975).

MISS X

Miss X, sí, la menuda Miss Equis,
llegó, por fin, a mi esperanza:
alrededor de sus ojos,
breve, infinita, sin saber nada.
Es ágil y limpia como el viento
tierno de la madrugada,
alegre y suave y honda
como la yerba bajo el agua.
Se pone triste a veces
con esa tristeza mural que en su cara
hace ídolos rápidos
y dibuja preocupados fantasmas.
Yo creo que es como una niña
preguntándole cosas a una anciana,
como un burrito atolondrado
entrando a una ciudad, lleno de paja.
Tiene también una mujer madura
que le asusta de pronto la mirada
y se le mueve dentro y le deshace
a mordidas de llanto las entrañas.
Miss X, sí, la que me ríe
y no quiere decir cómo se llama,
me ha dicho ahora, de pie sobre su sombra,
que me ama pero que no me ama.
Yo la dejo que mueva la cabeza
diciendo no y no, que así se cansa,
y mi beso en su mano le germina
bajo la piel en paz semilla de alas.

Ayer la luz estuvo
todo el día mojada,
y Miss X salió con una capa
sobre sus hombros, leve, enamorada.

Nunca ha sido tan niña, nunca
amante en el tiempo tan amada.
El pelo le cayó sobre la frente,
sobre sus ojos, mi alma.

La tomé de la mano, y anduvimos
toda la tarde de agua.

¡Ah, Miss X, Miss X, escondida
flor del alba!

Usted no la amará, señor, no sabe.
Yo la veré mañana.

ASÍ ES

Con siglos de estupor,
con siglos de odio y llanto,
con multitud de hombres amorosos y ciegos,
destinado a la muerte,
ahogándome en mi sangre, aquí, embrocado.
Igual a un perro herido al que rodea la gente.
Feo como el recién nacido
y triste como el cadáver de la parturienta.

Los que tenemos frío de verdad,
los que estamos solos por todas partes,
los sin nadie,
los que no pueden dejar de destruirse,
ésos no importan, no valen nada, nada,
que de una vez se vayan, que se mueran pronto.
A ver si es cierto: muérete.
¡Muérete, Jaime, muérete!
¡Ah, mula vida,
testaruda, sorda!

Poetas, mentirosos, ustedes no se mueren nunca.
Con su pequeña muerte andan por todas partes
y la lucen, la lloran, le ponen flores,
se la enseñan a los pobres, a los humildes, a los que tienen espe-
    ranza.

Ustedes no conocen la muerte todavía:
cuando la conozcan ya no hablarán de ella,
se dirán que no hay tiempo sino para vivir.

Es que yo he visto muertos,
y sólo los muertos son la muerte,
y eso, de veras, ya no importa.

Un desgraciado como yo no ha de ser siempre desgraciado.
He aquí la vida.

Puedo decirles una cosa por los que han muerto de amor,
por los enfermos de esperanza,
por los que han acabado sus días y aún andan por las calles
con una mirada inequívoca en los ojos
y con el corazón en las manos ofreciéndolo a nadie.
Por ellos, y por los cansados que mueren lentamente en buhar-
        dillas
y no hablan, y tienen sucio el cuerpo, altaneros del hambre,
odiadores que pagan con moneda de amor.
Por éstos y los otros, por todos los que se han metido las manos
debajo de las costillas
y han buscado hacia arriba esa palabra, ese rostro,
y sólo han encontrado peces de sangre, arena...
Puedo decirles una cosa que no será silencio,
que no ha de ser soledad,
que no conocerá ni locura ni muerte.
Una cosa que está en los labios de los niños,
que madura en la boca de los ancianos,
débil como la fruta en la rama,
codiciosa como el viento:
humildad.

Puedo decirles también
que no hagan caso de lo que yo les diga.
El fruto asciende por el tallo, sufre la flor y llega al aire.
Nadie podrá prestarme su vida.
Hay que saber, no obstante,
que los ríos todos nacen del mar.

SIGUE LA MUERTE (I)

No digamos la palabra del canto,
cantemos. Alrededor de los huesos,
en los panteones, cantemos.
Al lado de los agonizantes,
de las parturientas, de los quebrados, de los presos,
de los trabajadores, cantemos.
Bailemos, bebamos, violemos.
Ronda del fuego, círculo de sombras,
con los brazos en alto, que la muerte llega.

Encerrados ahora en el ataúd del aire,
hijos de la locura, caminemos
en torno de los esqueletos.
Es blanda y dulce como una cama con mujer.
Lloremos.
Cantemos: la muerte, la muerte, la muerte,
hija de puta, viene.

La tengo aquí, me sube, me agarra
por dentro.
Como un esperma contenido,
como un vino enfermo.
Por los ahorcados lloremos,
por los curas, por los limpiabotas,
por las ceras de los hospitales,
por los sin oficio y los cantantes.
Lloremos por mí,
el más feliz, ay, lloremos.

Lloremos un barril de lágrimas.
Con un montón de ojos lloremos.
Que el mundo sepa que lloramos aquí
por el amor crucificado y las vírgenes,
por nuestra hambre de Dios
(¡pequeño Dios el hombre!)
y por los riñones del domingo.

Lloremos llanto clásico, bailando,
riendo con la boca mojada de lágrimas.
Que el mundo sepa que sabemos ser trágicos.
Lloremos por el polvo
y por la muerte de la rosa en las manos de los mendigos.
Yo, el último, os invito
a bailar sobre el cráneo del tiempo.
¡De dos en dos los muertos!
Al tambor, a la luna,
al compás del viento.
¡A cogerse las manos, sepultureros!
Gloria del hombre vivo:
¡espacio para el miedo
que va a bailar la danza que bailemos!

Tranca la tranca
con la musiquilla del concierto
¡qué fácil es bailar remuerto!

AY, TARUMBA, TÚ YA CONOCES EL DESEO...

Ay, Tarumba, tú ya conoces el deseo.
Te jala, te arrastra, te deshace.
Zumbas como un panal.
Te quiebras mil y mil veces.
Dejas de ver mujer cuatro días
porque te gusta desear,
te gusta quemarte y revivirte,
te gusta pasarle la lengua de tus ojos a todas.
Tú, Tarumba, naciste en la saliva,
quién sabe en qué goma caliente naciste.
Te castigaron con darte sólo dos manos.
Salado Tarumba, tienes la piel como una boca
y no te cansas.
No vas a sacar nada.
Aunque llores, aunque te quedes quieto
como un buen muchacho.

EN QUÉ PAUSADO VÉRTIGO TE ENCUENTRAS...

¡En qué pausado vértigo te encuentras,
qué sombras bebes en qué sonoros vasos!
¡Con qué manos de hule estás diciendo adiós
y qué desdentada sonrisa echas por delante!
Te miro poco a poco tratando de quererte
pero estás mojado de alcohol
y escupes en la manga de tu camisa
y los pequeños vidrios de tus ojos se caen.
¿A dónde vas, hermano?
¿De qué vergüenza huyes?,
¿de qué muerte te escondes?
Yo miro al niño que fuiste,
cómo lo llevas de la mano
de cantina a cantina, de un hambre a otra.
Me hablas de cosas que sólo tu madrugada conoce,
de formas que sólo tu sueño ha visto,
y sé que estamos lejos, cada uno en el lugar de su miseria,
bajo la misma lluvia de esta tarde.
Tú no puedes flotar, pero yo hundirme.
Vamos a andar del brazo, como dos topos amarillos,
a ver si el dios de los subterráneos nos conduce.

LA TARDE DEL DOMINGO ES QUIETA...

La tarde del domingo es quieta en la ciudad evacuada. A la
orilla de las carreteras la gente planta su diversión afanosa-
mente. Hasta este «contacto con la naturaleza» se toma con trabajo, y los carros se amontonan promiscuamente, lo mismo que
las gentes que se quedaron en los cines, en los toros y en otros
espectáculos. Nadie busca, en verdad, la soledad, y nadie sabría
qué hacer con ella. «Es bueno tomar el aire limpio de tales
horas»: este espíritu gregario sólo da recetas para vivir.

Igual que la borrachera de los sábados, las visitas a las casas
de amor y hasta las maneras del coito, se estereotipan. La vida
moderna es la vida del horario y de la mediocridad ordenada.
Dios baja a la tierra los domingos por la mañana a las horas de
misa.

Pero esta tarde es quieta y libre. El inmenso cielo gris, inmóvil, iluminado, se extiende sobre las casas de los hombres. Y uno sabe, recónditamente, que es perdonado.

HAY UN MODO DE QUE ME HAGAS
COMPLETAMENTE FELIZ...

Hay un modo de que me hagas completamente feliz, amor mío: muérete.

Dentro de poco vas a ofrecer estas páginas a los desconocidos como si extendieras en la mano un manojo de yerbas que tú cortaste.

Ufano y acongojado de tu proeza, regresarás a echarte al rincón preferido.

Dices que eres poeta porque no tienes el pudor necesario del silencio.

¡Bien te vaya, ladrón, con lo que le robas a tu dolor y a tus amores! ¡A ver qué imagen haces de ti mismo con los pedazos que recoges de tu sombra!

NO ES NADA DE TU CUERPO

No es nada de tu cuerpo,
ni tu piel, ni tus ojos, ni tu vientre,
ni ese lugar secreto que los dos conocemos,
fosa de nuestra muerte, final de nuestro entierro.
No es tu boca —tu boca
que es igual que tu sexo—,
ni la reunión exacta de tus pechos,
ni tu espalda dulcísima y suave,
ni tu ombligo, en que bebo.
Ni son tus muslos duros como el día,
ni tus rodillas de marfil al fuego,
ni tus pies diminutos y sangrantes,
ni tu olor, ni tu pelo.

No es tu mirada — ¿qué es una mirada? —
triste luz descarriada, paz sin dueño,
ni el álbum de tu oído, ni tus voces,
ni las ojeras que te deja el sueño.
Ni es tu lengua de víbora tampoco,
flecha de avispas en el aire ciego,
ni la humedad caliente de tu asfixia
que sostiene tu beso.
No es nada de tu cuerpo,
ni una brizna, ni un pétalo,
ni una gota, ni un grano, ni un momento:

Es sólo este lugar donde estuviste,
estos mis brazos tercos.

CUANDO TENGAS GANAS DE MORIRTE...

Cuando tengas ganas de morirte
esconde la cabeza bajo la almohada
y cuenta cuatro mil borregos.
Quédate dos días sin comer
y verás qué hermosa es la vida:
carne, frijoles, pan.
Quédate sin mujer. verás.

Cuando tengas ganas de morirte
no alborotes tanto: muérete
y ya.

EL MEDIODÍA EN LA CALLE...

El mediodía en la calle, atropellando ángeles,
violento, desgarbado;
gentes envenenadas lentamente
por el trabajo, el aire, los motores;
árboles empeñados en recoger su sombra,
ríos domesticados, panteones y jardines
trasmitiendo programas musicales.

¿Cuál hormiga soy yo de estas que piso?
¿qué palabras en vuelo me levantan?

«Lo mejor de la escuela es el recreo»,
dice Judit, y pienso:
¿cuándo la vida me dará un recreo?
¡Carajo! Estoy cansado. Necesito
morirme siquiera una semana.

ALGO SOBRE LA MUERTE DEL MAYOR SABINES

III

Siete caídas sufrió el elote de mi mano
antes de que mi hambre lo encontrara,
siete veces mil veces he muerto
y estoy risueño como en el primer día.
Nadie dirá: no supo de la vida
más que los bueyes, ni menos que las golondrinas.
Yo siempre he sido el hombre, amigo fiel del perro,
hijo de Dios desmemoriado,
hermano del viento.
¡A la chingada las lágrimas!, dije,
y me puse a llorar
como se ponen a parir.
Estoy descalzo, me gusta pisar el agua y las piedras,
las mujeres, el tiempo,
me gusta pisar la yerba que crecerá sobre mi tumba
(si es que tengo una tumba algún día).
Me gusta mi rosal de cera
en el jardín que la noche visita.
Me gustan mis abuelos de totomoste
y me gustan mis zapatos vacíos
esperándome como el día de mañana.
¡A la chingada la muerte!, dije,
sombra de mi sueño,
perversión de los ángeles,
y me entregué a morir
como una piedra al río,
como un disparo al vuelo de los pájaros.

NO ESCUCHÉ LOS PASOS DEL GATO...

No escuché los pasos del gato sobre la alfombra, ni su maullido de hambre —casi palabra humana—, ni su ronroneo de satisfacción.

Algo como el espíritu del gato se enredó entre mis pies y los llevó hacia debajo de la escalera. Allí estaban unas muñecas abandonadas, una macetera de plástico y las esferas del árbol de navidad en una caja. No había huellas de lucha, ningún rastro de sangre, ningún indicio.

¿Por qué sospecho que mi gato ha sido asesinado? Porque siempre a estas horas, cuando amanece, o baja de las azoteas vecinas, trasijado y maltrecho, o me saluda desde el sillón en que ha evitado el frío y el amor. Las noches son todas paralelas, y esta última, sin embargo, es ominosa y falsa: mi sueño interrumpido constantemente, las casi pesadillas de la vigilia, esa atmósfera ruin y silenciosa con olores extraños y bajas sombras.

Todo ha sido en vano. Lo he buscado y llamado inútilmente. Si no encuentro su cadáver, éste va a ser el crimen perfecto.

GIRA POR SU ECUADOR EMPOBRECIDO...

Gira por su ecuador empobrecido
un viento espeluznante, hecho de nada,
acostumbrado a ser sólo silencio,
sólo derrame de una vena seca,
sólo respiración de un pulmón muerto.
Un viento que no raspa, que no toca,
que no levanta apenas la ceniza
de aquel ahogado incendio.
De la boca de Dios
(que ya sabemos que Dios no tiene boca)
sale el viento lunar, ágil, terrestre,
herido, quieto.

HE REPARTIDO MI VIDA INÚTILMENTE...

He repartido mi vida inútilmente entre el amor y el deseo, la queja de la muerte, el lamento de la soledad. Me aparté de los pensamientos profundos, y he agredido a mi cuerpo con todos los excesos y he ofendido a mi alma con la negación.

Me he sentido culpable de derrochar la vida y no he querido quedarme en casa a atesorarla. Tuve miedo del fuego y me incineré. Amaba las páginas de un libro y corría a las calles a aturdirme. Todo ha sido superficial y vacío. No tuve odio sino amargura, nunca rencor sino desencanto. Lo esperé todo de los hombres y todo lo obtuve. Sólo de mí no he sacado nada: en esto me parezco a las tumbas.

¿Pude haber vivido de otro modo? Si pudiera recomenzar, ¿lo haría?

AMÉN

Me dicen que debo hacer ejercicios para adelgazar,
que alrededor de los cincuenta son muy peligrosos la grasa y el
    cigarro,
que hay que conservar la figura
y dar la batalla al tiempo, a la vejez.

Cardiólogos bienintencionados y médicos amigos
me recomiendan dietas y sistemas
para prolongar la vida unos años más.

Lo agradezco de todo corazón, pero me río
de tan vanas recetas y tan escaso afán.
(La muerte también ríe de todas estas cosas).

La única recomendación que considero seriamente
es la de buscar mujer joven para la cama
porque a estas alturas
la juventud sólo puede llegarnos por contagio.

CARLOS GERMÁN BELLI
(Lima, 1927)

Carlos Germán Belli

Nació en Lima (Perú) en 1927. Poeta, traductor y periodista. Ha viajado por América Latina, Estados Unidos, Europa y Marruecos. Profesor Auxiliar de la Cátedra de Literatura Hispanoamericana en la Facultad de Letras de la Universidad de San Marcos de Lima. Poeta visitante del Programa Internacional de Escritores de la Universidad de Iowa. Becario de la Fundación Guggenheim.

Obra poética: *Poemas* (Lima, 1958); *¡Oh Hada Cibernética!* (Lima, 1962); *El pie sobre el cuello* (Lima, 1964); *Por el monte abajo* (Lima, 1967). Estos cuatro primeros libros se reúnen en *El pie sobre el cuello* (Montevideo, 1967). *Sextinas y otros poemas* (Santiago de Chile, 1970). Una antología de los libros citados será *¡Oh Hada Cibernética!* (Caracas, 1971). *En alabanza del bolo alimenticio* (México, 1979).

Los poemas seleccionados pertenecen a las ediciones siguientes: «¡Abajo las lonjas!», «¡Oh alimenticio bolo!», «¡Oh Hada Cibernética!» y «Sextina de los desiguales» (*Nueva poesía peruana,* A. Tamayo Vargas, El Bardo, Barcelona, 1970); «¡Oh alma mía empedrada!» y «Cepo de Lima» (*Hispamérica,* núms. 11-12, año 1975); «En primavera», «Donde empieza la gordura», «Boda de la pluma y la letra», «Que muy pronto mañana», «Alimenticios bolos», «El aire, suelo y agua» y «A Filis» (*En alabanza del bolo alimenticio,* Premiá, México, 1979). «Cuando el espíritu no habla por la boca» es inédito en el momento de preparar esta antología.

¡ABAJO LAS LONJAS!

¡Oh Hada Cibernética!
cuándo de un soplo asolarás las lonjas,
que cautivo me tienen,
y me libres al fin
para que yo entonces pueda
dedicarme a buscar una mujer
dulce como el azúcar,
suave como la seda,
y comérmela en pedacitos
y gritar después:
«¡abajo la lonja del azúcar,
abajo la lonja de la seda!»

¡OH ALIMENTICIO BOLO...!

¡Oh alimenticio bolo, mas de polvo!
¿quién os ha formado?
Y todo se remonta
a la tenue relación
entre la muerte y el huracán,
que estriba en que la muerte alisa
el contenido de los cuerpos,
y el huracán los lugares
donde residen lo cuerpos,
y que después convierten juntamente
y ensalivan
tanto los cuerpos como los lugares,
en cuál inmenso y raro
alimenticio bolo, mas de polvo.

¡OH HADA CIBERNÉTICA...!

¡Oh Hada Cibernética!, ya líbranos
con tu eléctrico seso y casto antídoto,
de los oficios hórridos y humanos,
que son como tizones infernales
encendidos de tiempo inmemorial
por el crudo secuaz de las hogueras;
amortigua, ¡oh señora!, la presteza
con que el cierzo sañudo y tan frío
bate las nuevas aras, en el humo enhiestas,
de nuestro cuerpo ayer, cenizas hoy,
que ni siquiera pizca gozó alguna,
de los amos no ingas privativo
el ocio del amor y la sapiencia.

SEXTINA DE LOS DESIGUALES

Un asno soy ahora, y miro a yegua,
bocado del caballo y no del asno,
y después rozo un pétalo de rosa,
con estas ramas cuando mudo en olmo,
en tanto que mi lumbre de gran día,
el pubis ilumina en la noche.

Desde siempre amé a la secreta noche,
exactamente igual como a la yegua,
una esquiva por ser yo siempre día,
y la otra por mirarme no más asno,
que ni cuando me cambio en ufano olmo,
conquistar puedo a la exquisita rosa.

Cuánto he soñado por ceñír a rosa
o adentrarme en el alma de la noche,
mas solitario como día u olmo
he quedado y aun ante rauda yegua,
inalcanzable en mis momentos de asno,
tan desvalido como el propio día.

Si noche huye mi ardiente luz de día,
y por pobre olmo olvídame la rosa
¿cómo me las veré luciendo en asno?
Que sea como fuere, ajena noche,
no huyáis del día; ni del asno, ¡oh, yegua!,
ni vos, flor, del eterno inmóvil olmo.

Mas sé bien que la rosa nunca a olmo
pertenecerá ni la noche al día,
ni un híbrido de mí querrá la yegua;
y sólo alcanzo espinas de la rosa,
en tanto que la impenetrable noche,
me esquiva por ser día y olmo y asno.

Aunque mil atributos tengo de asno,
en mi destino pienso siendo olmo,
ante la orilla misma de la noche;
pues si fugaz mi paso cuando día,
o inmóvil punto al lado de la rosa,
que vivo y muero por la fina yegua.

¡Ay! ni olmo a la medida de la rosa,
y aún menos asno de la esquiva yegua,
mas yo día ando siempre tras la noche.

¡OH ALMA MÍA EMPEDRADA...!

¡Oh alma mía empedrada
de millares de carlos resentidos
por no haber conocido el albedrío
de disponer sus días
durante todo el tiempo de la vida;
y ni una sola vez siquiera
poder decir a sí mismo:
«abre la puerta del orbe
y camina como tú quieras,
por el sur o por el norte,
tras tu austro o tras tu cierzo...!»

CEPO DE LIMA

Como cresta de gallo acuchillado,
un largo granulado pellejuelo,
de la garganta pende con exceso;

y por debajo de las ambas patas,
cascotes no de yeso, mas de carne,
como mustios escombros de una casa.

¿Por qué estos de cascote fieros montes
y tal feo pellejo mal mi grado,
si flaco hoy ni corvado viejo soy?

Por tu cepo es, ¡ay Lima!, bien lo sé,
que tanto cuna cuanto tumba es siempre
para quien acá nace, vive y muere.

EN PRIMAVERA

Pues tanto buena suerte para algunos,
cuanto mala contigo tienen otros,
allá por esas altas espesuras,
qué duro es no ser, como suele, el olmo
por la florida yedra entrelazado;
y ni de ti la culpa ni del hado
ha sido, Primavera, pero sí
del que pensó la rara atrocidad
de dividir de arriba abajo en trozos,
como cordera por el león rota,
ese mujeril cuerpo humano ajeno,
y no osar engullir ni pizca tal,
por sólo sonsacarle el alma toda;
que nada por ahora obrar ya queda,
sino ser descompuesto y malparado,
en medio de los tuyos deleitosos,
cual escarmiento por vivir soñando
en alzar la tez de la blanca ninfa,
y saber si la no sabida cosa
es fuego o hielo o nada eternamente.

DONDE EMPIEZA LA GORDURA

No flacas acá, no, mas solamente gordas,
e igual que aquél y el otro vivo o inanimado,
el peso acumular sobre la superficie
del liviano papel inmaculado al máximo,
          y al fin por una vez
ocupar este espacio por los dioses guardado.

Porque del mismo trazo primero de la pluma,
peso de fuera y dentro pasó a feliz calígrafo,
que no codicia nunca ni pizca de grosor,
aunque la cosa escrita sin cesar se le expande
              por cardinales puntos,
como un vasto volumen de cien mil kilogramos.

Si bien alimentadas por opulentas musas,
¡ay enclenques letricas, esqueléticas letras!,
hasta ahora no alcanzan el físico celeste,
que por derecho todos poseen en el orbe,
              como flor, piedra o pez,
cada cual con buen ceño por su grosor soberbio.

Para qué comer, pues, fricasé de abecé
entre cuna y sepulcro mañana, tarde, noche,
si ni una vez tan sólo la cosa escrita acá
bajo el poder ajeno de la rica gordura,
              y en cambio a duras penas
sobre sí sosteniéndose en el ámbito inmenso.

Dónde, ¡ea pesaletras!, finalmente obtener
átomos de grosura para estas pobres mientes,
antes que soplo austral, como paso del tiempo,
raudamente las borre de la ruin superficie,
              y crucen por el mundo
menos que gusanicos por entre el frío suelo.

Que peso ayer lejano y tan apetecido,
pase de mano a pluma y désta a letra toda,
para que cuerpo cuaje sobre blanco papel,

equilibradamente a través de sus miembros,
extendiéndose altivo
más allá de los vivos y los inanimados.

¡Basta cuerpo de letras flaco! Nunca jamás
por los alrededores del mundo sublunar,
en donde lo corpóreo y visible gobierna,
y quien no tiene peso ni de liviana pulga,
por la existencia pasa
como el abandonado eterno de los cielos.

BODA DE LA PLUMA Y LA LETRA

En el gabinete del gran más allá,
apenas llegado trazar de inmediato
la elegante áurea letra codiciada,
aunque como acá nuevamente en vano,
o bien al contrario,
que por ser allá nunca más esquiva.

En cielo o infierno sea escrita aquella
que desdeñar suele a la pluma negra,
quien en vida acá por más que se empeñe
ni una vez siquiera escribirla puede,
como blanca pluma,
por entre las aguas, los aires y el fuego.

Esa pluma y letra, antípodas ambas
en el horizonte del mundo terreno,
que sumo calígrafo a la áurea guarda
para el venturoso no de búho vástago,
mas de cisne sí,
que con ella ayunte del alba a la noche.

Aunque en más allá y con otra mano,
trazar en los cuatro puntos cardinales
letrica montés, aérea y acuática,
conquistando el mundo de un plumazo solo, .
y así poderoso
más que hijo de cisne de la prenda dueño.

Aquella que nunca escribir se pudo
por los crudos duelos de terrena vida,
feliz estamparla en el más allá
con un trazo dulce, suave y aromático,
              por siglos y siglos,
y en medio del ocio acá inalcanzable.

Allá en el arcano trazar una letra,
y tal olmo y hiedra con ella enlazarse,
dos esposos nuevos muy frenéticamente,
en la nupcial cámara ya no frigorífica,
              y la áurea letra
escribirla al fin con la pluma negra.

QUE MUY PRONTO MAÑANA...

Que muy pronto mañana, y no más ya,
volar suelto por el etéreo claustro,
y al ras del agua y del voraz fuego,
bajo el gran albedrío deleitoso
de las cien mil partículas ocultas,
y deste bulto al fin sin nudo alguno,
liberado de litros,
metros y kilos viles,
que tras de tales cosas sólo hay,
como aferrado a las entrañas hondas,
atroz infierno o insondable abismo.

Estos trabajos tan mortificantes,
y nunca nada bien por más empeño,
malgastando los días de la vida
en vela y aun en sueño atesorado,
por relatar en elegante verso
inalcanzable amor, y no poder,
que codiciarlo fiero
día tras día en balde,
en tanto entre los vientos hacia el Sur,
desesperadamente sin vivirlos,
los dulces ratos se van uno a uno.

Y todo ello que permanezca allá,
tal como amurallado alcázar lejos,
en cuyo sitio sepultado yazga
el cuerpo de ese bulto ya sin alma,
que conoció tan sólo la querella
desde la cuna al último suspiro,
por venturoso en vano
en los senos del orbe,
pues todo ello recuerdos vagos sean,
no en seso ahora azul eternamente,
sino entre tantos versos mal habidos.

Nunca más en el crudo suelo aquel,
y en cambio remediado acá vivir
gozando todo el tiempo ayer ajeno,
en dentro de las ondas dondequiera
de fuego y agua y aire no visibles,
por vez primera conociendo así,
bajo el sumo linaje
de faz entreverada,
todos los seres mudos de aquel suelo,
y en compañía finalmente habiendo
los deleites del cielo allá encubiertos.

ALIMENTICIOS BOLOS...

Alimenticios bolos son testigos
de que la gula sigue todavía
aun cuando carne humana está cercana.

Que acaso fieros hados enemigos
en el redor gobiernan día a día,
y alimenticios bolos son testigos.

Así cada vez mucho más lejana
la hartura por ajena nunca mía,
ni cuando carne humana está cercana.

Pues carne humana y deliciosos higos,
del garguero esquivando la gran vía,
y alimenticios bolos son testigo.

Ansiar en vida es siempre cosa vana,
que al final rada hay cuanto más se ansía,
aun cuando carne humana está cercana.

Entre seres extraños nunca amigos,
yazgo en los antros de la región fría,
y alimenticios bolos son testigos,
aun cuando carne humana está cercana.

EL AIRE, SUELO Y AGUA...

El aire, suelo y agua son testigos
de que las penas siguen todavía,
aun cuando bella dama está cercana.

Que acaso fieros hados enemigos
en el redor gobiernan día a día,
y el aire, suelo y agua son testigos.

Así cada vez mucho más lejana
la dicha por ajena nunca mía,
ni cuando bella dama está cercana.

Pues sus cabellos de dorados trigos
qué inalcanzables como solar vía,
y el aire, suelo y agua son testigos.

Ansiar en vida es siempre cosa vana,
que al final nada hay cuanto más se ansía,
aun cuando bella dama está cercana.

Entre seres extraños nunca amigos,
yazgo en los antros de la noche fría,
y el aire, suelo y agua son testigos,
aun cuando bella dama está cercana.

A FILIS

Un nudo por eterno no de hilos
contigo, Filis mía, ni de cintas
ni menos hecho de livianas cuerdas,
mas sí anudados yo y tú por las aguas,
por largas lenguas de ardoroso fuego
y movimientos sin cesar del aire.

Así en nudo de fuego y agua y aire,
cuya cuerda es un digno y puro hilo
más purpurado que los propios fuegos,
más fino que la fibra de las cintas,
y dentro yo y tú como pez en agua,
tal dos hilos juntos en una cuerda.

Ninguno desatar podrá las cuerdas
con que firme nos ha anudado el aire,
ni tampoco la ligazón del agua,
que en uno y otro caso es vital hilo,
soldándonos como umbilical cinta,
entremezclada de aire y agua y fuego.

Ondas etéreas, ondas de gran fuego,
ondas líquidas, Filis, como cuerdas,
o perpetuamente adhesivas cintas,
nos ciñen hasta más allá del aire,
atándonos con delicados hilos
a los senos del cielo, suelo y agua.

Si juntos no nacimos en el agua,
juntos sí nos enlazarán los fuegos
de las redes de eléctricos mil hilos
conectados al cabo de las cuerdas,
que nos sostienen a ambos en el aire,
como al planeta las celestes cintas.

Esta acuática, aérea y montés cinta
ligándonos debajo de las aguas,

entre las capas próximas del aire
y en la entraña de todo dulce fuego,
del cual nos hala la postrera cuerda
y a donde nos regresa el primer hilo.

No por cuerdas atados ni por cintas,
mas un hilo ya somos, Filis, de agua,
soplo ya de aire, lengua ya de fuego.

CUANDO EL ESPÍRITU NO HABLA POR LA BOCA

Aquí la bucal gruta del semblante,
en donde no se anida ningún eco
ni de la tempestad ruidoso trueno,
ni un tañido de la zampoña dulce,
y donde todo se hace mutis siempre
desde la aurora al riguroso ocaso
bajo el celeste cielo,
como los seres de los demás reinos
que por no hablar escatimados fueron
de la victoria humana,
y así cuánto pasmados discurrieron
oyendo a otros como a borbotones
pregonar en voz alta su ventura.

Los labios bajo el sello asaz lacrado,
del más fiero silencio de los mares,
desde el primer suspiro acá llegando,
y tras el mal vivir y el buen morir,
mudando al otro mundo todo mudo
bajo el deshonor de una oscura sombra,
y sediento de ser,
pues la boca ninguna ayuda dio
para extraer el alma de su dueño,
cual olmo, pez y risco
que por allá discurren muy callados,
llevándose de sus intimidades
cada cual el secreto impenetrable.

Súbdito del bucal tranquilo reino,
que abandona la esfera sublunar,
como sumido en el primer estado,
y sufriendo el desdén de ajena dama,
porque pegada al paladar la lengua,
de milenio en milenio por el miedo
de que delante della
bajo el vislumbre de su alta beldad,
no pueda proclamar palabra alguna,
y hora tras hora así,
que de repente al borde de la tumba
callado llega y sin poder jamás
expresar el amor ni una vez sola.

La mala o buena estrella se revela
por medio de la lengua francamente,
si de palabras absoluta nada,
o en cambio cornucopia sonorosa,
por la que se consigue la fortuna,
tal si hablando se embelesara al hado,
que del cóncavo cielo
del paladar desciende al gran mandato
a legislar el buen o mal vivir,
de día y aun de noche,
ya el silencio que el infortunio incuba,
ya la voz bajo cuyo imperio rige
el disfrute de la terrena dicha.

Mas el alma por una vía extraña
al fin se manifiesta enteramente,
entre los rayos del nocturno sol,
por el Monte de Venus escalando,
donde por vez primera ahora está
en la gloria del gozo sin medida;
pues en las mil delicias
de un mínimo momento que se esfuma
en un abrir los ojos y cerrarlos,
se vuelve a las alturas
de la gestación bajo el placer máximo
de los padres en su perpetua boda,
ya acá como hoy en los Elíseos Campos.

Y el espíritu habitualmente oculto
en el lapso del sueño misterioso,
espera la llega de la aurora,
para así remontarse como un ave
desde el punto del cuerpo capital,
dejando las honduras por las cumbres;
y de cara a la luz
por entre la floresta tan sonora,
y a través del deleite
mejor que por la boca el alma habla,
que es la voz de la carne milenaria,
la que al empíreo asciende raudamente.

Pues ello ocurrre cuando día y noche
varón y dama se entretejen firmes
en el seno de un solo haz convulsivo,
sobre el vasto planeta retorciéndose
como un madero pasto de las llamas,
que los amantes seres disfrutando
hasta la muerte yacen,
y lo de adentro aflora todo afuera,
como la aurora tras la noche oscura,
así manifestando
el prado en las entrañas encubierto,
donde la alondra canta bajo el agua,
y las ovejas pastan entre el fuego.

Que el espíritu no habla por la boca,
de aquel que adora a dama como diosa,
y sale afuera al aire plenamente,
del corazón abajo por el monte,
para retornar al mujeril seno
hasta los extramuros de la carne,
donde su imperio anuncia
con más empeño que con la palabra;
y asido de las alas del delirio,
de súbito remonta
el más allá del cielo deleitoso
cuando el alma, ¡oh Dios!, por la boca no,
mas por el falo hablando eternamente.

ENRIQUE LIHN
(Santiago de Chile, 1929)

Enrique Lihn

Nació en Santiago de Chile en 1929. Estudió Bellas Artes y se dedicó durante algún tiempo a la crítica de arte. Fue coordinador de ediciones de la Universidad de Chile y dirigió allí la *Revista de Arte*. Desde 1972 es profesor de Literatura en el Departamento de Estudios Humanísticos de la Facultad de Ciencias y Matemáticas de la Universidad de Chile.

Becado por la U.N.E.S.C.O. ha viajado por Europa. En varias ocasiones ha sido profesor visitante y lector en diversas universidades norteamericanas. Trabajó en *Casa de las Américas* de La Habana (1967-1968). Ha dirigido las revistas *Alerce* (de la Sociedad de Escritores de Chile), *Cormorán* (de la Editorial Universitaria) y *Nueva Atenea* (de la Universidad de Concepción).

Obra poética: *Nada se escurre* (Santiago de Chile, 1949); *Poemas de éste y otro tiempo* (Santiago de Chile, 1955); *La pieza oscura* (Santiago de Chile, 1963); *Poesía de paso* (La Habana, 1966), premio Casa de las Américas; *Escrito en Cuba* (México, 1969); *La musiquilla de las pobres esferas* (Santiago de Chile, 1969); *Algunos poemas* (Barcelona, 1972); *Por fuerza mayor* (Barcelona, 1975); *París, situación irregular* (Santiago de Chile, 1977); *A partir de Manhattan* (Santiago de Chile, 1979); *Antología al azar* (Lima, 1981). *The dark room and other poems* (Nueva York, 1978) es una antología bilingüe de varios de sus libros.

Ha publicado también. *Agua de arroz* (cuentos) (Santiago de Chile, 1964); *Batman en Chile* (novela) (Buenos Aires, 1973); *La orquesta de cristal* (novela) (Buenos Aires, 1976); *El arte de la palabra* (novela) (Barcelona, 1979).

Los poemas seleccionados pertenecen a las siguientes ediciones: «La pieza oscura», «Gallo» y «Porque escribí» (*The dark room and other poems,* A New Directions Book, Nueva York, 1978); «La casa del Ello», «Amistades», «Nunca salí del horroroso Chile», «Apología y condenación de las Ramblas» y «Poe» (*A partir de Manhattan,* Ed. Ganymedes, Santiago de Chile, 1979); «En qué no se parecen la separación y la muerte» (*Antología al azar,* Ruray, Lima, 1981); «Marta Kuhn-Weber» (*París, situación irregular,* Ed. Aconcagua, Santiago de Chile, 1977). La versión de «Beata Beatrix» es la definitiva, corregida por su autor, quien nos la ha remitido.

LA PIEZA OSCURA

La mixtura del aire en la pieza oscura, como si el cielorraso hubiera amenazado
una vaga llovizna sangrienta.
De ese licor inhalamos, la nariz sucia, símbolo de inocencia y de precocidad
juntos para reanudar nuestra lucha en secreto, pero no sabíamos no ignorábamos qué causa;
juego de manos y de pies, dos veces villanos, pero igualmente dulces
que una primera pérdida de sangre vengada a dientes y uñas o para una muchacha
dulces como una primera efusión de sangre.

Y así empezó a girar la vieja rueda —símbolo de la vida— la rueda que se atasca como si no volara,
entre una y otra generación, en un abrir de ojos brillantes y un cerrar de ojos opacos
con un imperceptible sonido musgoso.
Centrándose en su eje, a imitación de los niños que rodábamos de dos en dos, con las orejas rojas —símbolos del pudor que saborea su ofensa— rabiosamente tiernos,
la rueda dio unas vueltas en falso como en una edad anterior a la invención de la rueda
en el sentido de las manecillas del reloj y en su contrasentido.
Por un momento reinó la confusión en el tiempo. Y yo mordí, largamente en el cuello a mi prima Isabel,
en un abrir y cerrar del ojo que todo lo ve, como en una edad anterior al pecado
pues simulábamos luchar en la creencia de que esto hacíamos; creencia rayana en la fe como el juego en la verdad

y los hechos se aventuraban apenas a desmentirnos
con las orejas rojas.

Dejamos de girar por el suelo, mi primo Ángel vencedor de
    Paulina, mi hermana; yo de Isabel, envueltas ambas
ninfas en un capullo de frazadas que las hacía estornudar —olor
    a naftalina en la pelusa del fruto—.
Esas eran nuestras armas victoriosas y las suyas vencidas con-
    fundiéndose unas con otras a modo de nidos como celdas,
    de celdas, de celdas como abrazos, de abrazos como grillos
    en los pies y en las manos.
Dejamos de girar con una rara sensación de vergüenza, sin con-
    seguir formularnos otro reproche
que el de haber postulado a un éxito tan fácil.
La rueda daba ya unas vueltas perfectas, como en la época de su
    aparición en el mito, como en su edad de madera recién
    carpintereada
con un ruido de canto de gorriones medievales;
el tiempo volaba en la buena dirección. Se lo podía oír avanzar
    hacia nosotros
mucho más rápido que el reloj del comedor cuyo tic-tac se enar-
    decía por romper tanto silencio.
El tiempo volaba como para arrollarnos con un ruido de aguas
    espumosas más rápidas en la proximidad de la rueda del
    molino, con alas de gorriones —símbolos del salvaje orden
    libre— con todo él por único objeto desbordante
y la vida —símbolo de la rueda— se adelantaba a pasar tempes-
    tuosamente haciendo girar la rueda a velocidad acelerada,
    como en una molienda de tiempo, tempestuosa.
Yo solté a mi cautiva y caí de rodillas, como si hubiera enveje-
    cido de golpe, presa de dulce, de empalagoso pánico
como si hubiera conocido, más allá del amor en la flor de su
    edad, la crueldad del corazón en el fruto del amor, la co-
    rrupción del fruto y luego... el carozo sangriento, afiebrado
    y seco.

¿Qué será de los niños que fuimos? Alguien se precipitó a en-
    cender la luz, más rápido que el pensamiento de las per-
    sonas mayores.
Se nos buscaba ya en el interior de la casa, en las inmediaciones
    del molino: la pieza oscura como el claro de un bosque.

Pero siempre hubo tiempo para ganárselo a los sempiternos ca-
zadores de niños. Cuando ellos entraron al comedor, allí estábamos los ángeles sentados a la mesa
ojeando nuestras revistas ilustradas —los hombres a un extremo, las mujeres al otro—
en un orden perfecto, anterior a la sangre.

En el contrasentido de las manecillas del reloj se desatascó la
rueda antes de girar y ni siquiera nosotros pudimos encon-
trarnos a la vuelta del vértigo, cuando entramos en el
tiempo
como en aguas mansas, serenamente veloces;
en ellas nos dispersamos para siempre, al igual que los restos de
un mismo naufragio.
Pero una parte de mí no ha girado al compás de la rueda, a favor
de la corriente.
Nada es bastante real para un fantasma. Soy en parte ese niño
que cae de rodillas
dulcemente abrumado de imposibles presagios
y no he cumplido aún toda mi edad
ni llegaré a cumplirla como él
de una sola vez y para siempre.

GALLO

Este gallo que viene de tan lejos en su canto,
iluminado por el primero de los rayos del sol;
este rey que se plasma en mi ventana con su corona viva, odio-
samente,
no pregunta ni responde, grita en la Sala del Banquete
como si no existieran sus invitados, las gárgolas
y estuviera más solo que su grito.

Grita de piedra, de antigüedad, de nada,
lucha contra mi sueño pero ignora que lucha;
sus esposas no cuentan para él ni el maíz que en la tarde lo hará
besar el polvo.
Se limita a aullar como un hereje en la hoguera de sus plumas.
Y es el cuerno gigante
que sopla la negrura al caer al infierno.

PORQUE ESCRIBÍ

Ahora que quizás, en un año de calma,
piense: la poesía me sirvió para esto:
no pude ser feliz, ello me fue negado,
pero escribí.

Escribí: fui la víctima
de la mendicidad y el orgullo mezclados
y ajusticié también a unos pocos lectores:
tendí la mano en puertas que nunca, nunca he visto;
una muchacha cayó, en otro mundo, a mis pies.

Pero escribí: tuve esta rara certeza,
la ilusión de tener el mundo entre las manos
—¡qué ilusión más perfecta! como un cristo barroco
con toda su crueldad innecesaria—
Escribí, mi escritura fue como la maleza
de flores ácimas pero flores en fin,
el pan de cada día de las tierras eriazas:
un caparazón de espinas y raíces.

De la vida tomé todas estas palabras
como un niño oropel, guijarros junto al río:
las cosas de una magia, perfectamente inútiles
pero que siempe vuelven a renovar su encanto.
La especie de locura con que vuela un anciano
detrás de las palomas imitándolas
me fue dada en lugar de servir para algo.
Me condené escribiendo a que todos dudaran
de mi existencia real,
(días de mi escritura, solar del extranjero).
Todos los que sirvieron y los que fueron servidos
digo que pasarán porque escribí
y hacerlo significa trabajar con la muerte
codo a codo, robarle unos cuantos secretos.
En su origen el río es una veta de agua
—allí, por un momento, siquiera, en esa altura—
luego, al final, un mar que nadie ve
de los que están braceándose la vida.

Porque escribí fui un odio vergonzante,
pero el mar forma parte de mi escritura misma:
línea de la rompiente en que un verso se espuma
yo puedo reiterar la poesía.

Estuve enfermo, sin lugar a dudas
y no sólo de insomnio,
también de ideas fijas que me hicieron leer
con obscena atención a unos cuantos sicólogos,
pero escribí y el crimen fue menor,
lo pagué verso a verso hasta escribirlo,
porque de la palabra que se ajusta al abismo
surge un poco de oscura inteligencia
y a esa luz muchos monstruos no son ajusticiados.

Porque escribí no estuve en casa del verdugo
ni me dejé llevar por el amor a Dios
ni acepté que los hombres fueran dioses
ni me hice desear como escribiente
ni la pobreza me pareció atroz
ni el poder una cosa deseable
ni me lavé ni me ensucié las manos
ni fueron vírgenes mis mejores amigas
ni tuve como amigo a un farieseo
ni a pesar de la cólera
quise desbaratar a mi enemigo.

Pero escribí y me muero por mi cuenta,
porque escribí, porque escribí estoy vivo.

LA CASA DEL ELLO

Una casa
con algo de catacumba al aire libre, desventrada sobre el nivel
        de las aguas
en el camino que se empina, en Cartagena, sobre el mar falsa-
        mente azulado
que tranquilo baña un paisaje de mierda
detritus disimulados entre ola y ola, cáscaras de sandía y utile-
        rías de plástico.

Una casa o lo que la recuerda con los muñones de sus distintos
  ambientes:
vespasianas o masturbatorios, depósitos excrementicios, piezas
  reservadas
para las últimas gracias de la perversión.
La casa del Ello
una ruina de lo que no fue entre los restos de lo que fue un bal-
  neario de lujo
hacia 1915, con mansiones de placer señorial convertidas en
  conventillos veraniegos
hoteles de tercera que se desmoronan sobre sus huéspedes
—prosperidad forrada de madera y barniz—
lugar mecánicamente abisal programado por el azar para que allí
  ocurra cualquier cosa
a cargo de los operadores eventuales del Ello:
el rapto de una ahogada, el ajusticiamiento de un niño
la violación de una vaca marina.

AMISTADES

Nuestros mejores amigos
desmultiplicados
se pueden reducir a una idea platónica
por mucho que pesen en la vida del otro
como la suya deletérea.

Cada individuo nace estrictamente una vez
madre que hay una sola garantiza
la unidad de la persona
pero la tal es débil;
igual que la memoria
la carne, olvidadiza
sólo recuerda a la carne y se detiene en los detalles
—los individuos— rara vez.

Sin cara ni país ni arraigo en perro propio
somos llamados a la traición
a los cambios de sexo
o más modestamente a una condición aleatoria.

NUNCA SALÍ DEL HORROROSO CHILE

Nunca salí del horroroso Chile
mis viajes que no son imaginarios
tardíos sí —momentos de un momento—
no me desarraigaron del eriazo
remoto y presuntuoso
Nunca salí del habla que el Liceo Alemán
me infligió en sus dos patios como en un regimiento
mordiendo en ella el polvo de un exilio imposible
Otras lenguas me inspiran un sagrado rencor:
el miedo de perder con la lengua materna
toda la realidad. Nunca salí de nada.

APOLOGÍA Y CONDENACIÓN DE LAS RAMBLAS

Asiento en las Ramblas por cinco pesetas: módica contribución
en Barcelona, a la gran Madre Fálica
El derecho de ver, pues —como no sea
simbólicamente— es gratuito en todas partes del mundo
y con lo que abunda, y con razón, el voyeurismo.

Hete aquí con el ojo del culo pegado a una silla de tijera
como —pero sólo como— en la cubierta de un barco
pues el mar en procesión fluye dentro de las Ramblas
entre dos orillas de mirones
Esta es la calle más linda del mundo dijo el marica
de Somerset Maugham por la rambla de las Flores
Y lo es ¿no? ¿por qué no? Bajo la sombra que cae
sofocante de los árboles como si se levantaran los vestidos
estos símbolos fálicos.

La sombra del señor se hizo fosa a sus pies
ola retinta y boquerón
consumiéndole el resto del cuerpo varias veces reconstituido
prótesis y derrames en forma de melenas
que salpicaron las alfombras cuando lo asomaron al balcón

Un escupitajo de carne en el salón cartilaginoso
Mea culpa, mea culpa, mea gravísima culpa.

Entramos por las Ramblas Adriana y yo, Ariadna guiando
al rencoroso Teseo topo y viajero de todos los laberintos
pero reiteradamente incapaz de atravesarlos por sí mismo
sólo acostumbrado a la penalidad de sobrellevarlos
una pareja unilateralmente simbiótica
Dejamos las maletas en la estación y caminamos mucho rato
demasiado, en silencio.

Las Ramblas se hacen —encalladas— a la mar de sí mismas
humana, y somos olas de esta metáfora que uso
peces de aguas profundas, monstruos marinos
disgregaciones que flotan en el magma de la noche.

María de las Ramblas —Virgen y puto— se restriega con los án-
          geles en el urinario
(en el año del deshielo del sexo español)
Pasa y repasa su pasar de esperpento que combina
sus rasgos con los de Tórtola de Valencia, bailarina modernista
abanicándose y retorciéndose como el dragón del Llano de la
          Boquería
lanzando fuego de artificio por el hocico pintado
Tradición Revolución Prostitución Revolución.

Un viaje que consiste en los viajeros que lo hacen
de pie o sentados en los enfilados escenarios abiertos al público
de este espectáculo autista
del que se participa presenciándolo
Bajo el reinado de una mirada que no hace diferencia ninguna
entre ver y ser vista.

La Agencia Matrimonial La Felicidad y el Porvenir
a la entrada de la calle Conde del Asalto
tendría que arruinarse
Pero madame Angelina —su propietaria— tiene agencias a su
          servicio en toda España
e, invicta, la que enfrenta el flujo y el reflujo
de Sodoma y Gomorra
reinos constantemente transitorios y aleatorios.

A diferencia de Sarita Montiel
pero a imagen y semejanza suya
a pesar de sus grandes pies planos y sin empeine y de sus manos
    huesudas
a pesar de sus manos finas y de sus pies de bailarina
el hipertravestí, una señora imponente
(A mí no me pagan por enseñar el pene
Es un defecto físico)
aunque incompleta y condenada así al arte y a la prostitución
desembocando con garbo y tacones transparentes
por la calle Escudellers. Si en EL COSMOS
no la espera su marido, baja a la arena de las Ramblas
como un torero enfrentando a la rutina del toro
Una señora incompleta pero respetuosa del público
(A la salida del teatro no me faltan admiradores)
cansada de enseñarles el pito a esos palurdos
No piensa por ahora en operarse: *de todos menos de eso*
un cuernecillo de la abundancia, vale
segura como está de su completa femineidad
por obra y gracia del Arte
el Matrimonio y la Prostitución.

Levantando el brazo inducido por una descarga eléctrica, habló:
Padre por qué me has abandonado. Las condolidas amenazas de
    siempre
truenos y rayos de utilería en el balcón crepuscular
papel que se vende a bajo precio en las Ramblas
junto a las revistas pornográficas.

Los habitués de la contracultura se acomodan de espaldas al
    Café de la Ópera
sobre cubierta
para navegar toda la noche
de mirada en mirada
Los señores vestidos de tías y las señoras vestidas de tíos, que eso se
    lleva mucho
y que ir por la calle desnudo —olé— es como si una rompiera algo y
    le llovieran estrellitas sobre la cara
y que en esta puta sociedad
los falangistas me jodieron a mí y a todo el mundo.

POE

Cae la nieve negra de Anaxágoras desde Edgar Allan Poe
sobre el blanco que se extiende ante el ojo
invisible del lápiz
Las palabras arremolinadas por el viento que lleva el segundo
de estos nombres
caen sobre el desierto papel.
Edgar, me hago tu eco
yo también prefiero —en mi perversidad— lo distante y equívoco
a lo obvio y fácil. Al paso de los años
que no me enseñan nada, en cambio, aumenta
—en proporción directa a mi extenuación—
el tamaño de mi cabeza y la movilidad de mi lengua.
Cedo la iniciativa a las palabras en tu honor
y me agrego a tu nombre releyendo a Baudelaire: hojas que
caen
de un libro desencuadernado, rival de la Naturaleza
L'ART ROMANTIQUE, datado por mí en París en 1965
esa ciudad irreal
Cae (y de lo que se trata es de la palabra caer) sobre la página en
blanco
una sombra de palabras; la nieve
negra, un oxímoron de Poe, el engreído
diestro en atribuciones, citas y coartadas
como yo.

EN QUÉ NO SE PARECEN LA SEPARACIÓN
Y LA MUERTE

En qué no se parecen la separación y la muerte.
Nos acostumbramos a ellas por igual,
pero el tiempo se encarga de los muertos y la memoria trabaja
limpiamente y en paz en lo que a ellos respecta;
mientras que esta tarea se duplica
cuando no hay una tumba de por medio
y la memoria se confunde con el proyecto de un crimen.

MARTA KUHN-WEBER

Pendientes de hilos negros en su cámara oscura o despatarradas
    sobre sus plintos escénicos
las muñecas de Marta y Marta misma (pendiente de hilos invi-
    sibles que ella misma segrega) esos ahorcados vivientes,
    giran cuando tú apenas soplas
—o quizá se trata de una respiración alterada—;
giran sobre su eje contoneándose.
«Enciende tú mismo las luces, yo prefiero no verlas»
—dijo Ella, haciendo con los gestos una especie de Brrr—.
En el escenario, sin más suelo que el aire, estaban pues o eran
    los actores
metafóricamente penetrados de su papel hasta los tuétanos,
desembarazados de las manos de Marta —su autora— pero
    unidos a ella
por el hilo de coser umbilical y toda clase de cosas:
alfileres y trapos, estopa y lana, pelos, mostacilla, encajes, pe-
    drerías,
los múltiples ojos de cada cual velados por pestañas prensiles
y no voy a preguntarme de dónde mierda salieron
porque allí estaba Marta, su madre artificial,
hija, a su vez, de un fantasma: la Belle Epoque,
pequeñísima en su casa de muñecas:
el retrato, por ejemplo, de Genet, con una flor en el culo,
un falo femenino en erección
los senos en erección de los travestistas sin sexo
andróginos por partida doble esas mujeres
que proclamaban su virilidad con un chillido de putas.
Baile inmóvil de enmascaradas máscaras girando sobre su eje
al contacto de la respiración, en el escenario sin aire.
Eso fue, de alguna manera, París hacia abril de 1975: no sólo el
    aburrimiento específico
—creo que lo estoy recordando— propio de toda conversación
    sino el grito
—en lugar de dientes, literalmente perlas—
de Madame Edwarda o Marilyn; el gorgoteo, mudo como
    aquel, de la sirena, o brotado
de la boca cosida de Jean, el calvo;
lenguas de pañolensis y el prendedor de las órbitas,

fascinantes ojos velludos, manecillas prensiles
y luego Marta (la culpable de esa cohorte) bailó —¿no es así?—
    con todos nosotros los fantasmas de ahora en esa hora
suspendida de un hilo, en la Cigale:
we are a «cafe» not a «night club», hasta las dos de la mañana
porque veníamos de una reunión cerca del monte Blocksberg
celebrada —la conducta exterior fue ejemplar— casi a solas por
    mí en una casa de muñecas
mientras afuera Antonio Gálvez hablaba hasta por los codos
en la voz alta del español empoderido con el ciclista Jean
    Michel
hombre, así lo espero, de letras y la sombra austríaca de Frie-
    drich
se alzaba girando hasta el techo o más allá, desde los pies de la
    anfitriona
con una lenta y lucida especie de locuacidad espectral.
Pigalle es de una obscenidad meramente exterior
incapaz de un verdadero strip-tease;
pero nosotros, pendientes del hilo de la noche,
veníamos del más allá
donde las sombras son cuerpos cosidos a mano,
dobladillos, pespuntes y otras labores de aguja:
monstruos perfectos hechos de nada
como ni siquiera lo fueron nuestras conversaciones.
Pienso que lo recuerdo.
La memoria, en cambio —olvidadiza de por sí— todo lo sabe
en materia de sombras.

BEATA BEATRIX

Años atrás —cuando esos años no se llamaban así ni se presta-
    ban aún
a una ominosa confusión entre ellos— uno pudo, y además en
    una fecha precisa
como lo es un pálpito o un tiro de gracia, disfrutar de una gran
    inocencia
en relación a lo que ahora/entonces ocurrió. Cuando llega el
    verano
se adopta, en forma mecánica, el peor de los partidos;

todas las circunstancias sirven de coartadas, todos los viejos
   proyectos
caen por fin en el arenoso abandono.
Providencialmente arrecia el mal tiempo en el Sur para que uno
   ceda.
a la tentación de los mismos lugares donde el verano se apoza a
   la espera de sus ritos.

Y años atrás ese camino todavía, en el sobretiempo, intransi-
   table
no era más que un agradable proyecto entre la casa de Abraham
   y la Hostería Santa Helena.
No podían hollarlo los pasos perdidos ni se desviaba, como por
   obra de magia de sus tramos visibles
auspiciando tu equívoco encuentro con alguien cuyo aspecto
   induce a los espejismos:
simple figura hecha de sol y nada, desprendida de un paño de la
   pared
resplandeciente, en la sombra, a la caída del sol. Este camino no
   se interrumpía de golpe
al borde de la duda que bordea el abismo ni ofrecía el penoso espectáculo
del indeciso a quien el verano desdobla
por piedad, para que pueda compartir su aburrimiento.

Cuando a una hora presumiblemente única, y es la hora de
   ahora pero antes de su imposible repetición
no digo yo ni tú; cuando ellos se encontraban aquí, eso era cosa
   de rutina:
el oleaje inmóvil de la sombra de los pinos insignes encendidos
   por la peste herrumbrosa
entre sólidas pendientes consteladas de jardines y mansiones
   prefabricadas.
No se trataba de un rito que requiriera de estas palabras
ni de lo que ellas dicen, en silencio: nunca fue.

La misma puerta de entonces pero entonces es ahora
cede a la doble presión memoriosa de un pequeño golpe intem-
   pestivo.
Los verdaderos muertos son mucho más respetables. Tienen
   que ver sin duda, con el corazón

aunque se encuentren, al mismo tiempo, en otro sitio; perma-
    necen allí enteramente invisibles
en el abismo clausurado del cuerpo
mientras la sangre los pule, el llanto o la imprecación
hasta el día en que pierden como los guijarros su rostro
y pesan sólo en la forma atenuada de lo que parece arcilla al
    tacto, con suavidad
y la ceguera propia de una exploración en lo oscuro.

Todo lo contrario de esta especie de escándalo:
una puerta que cede a las materializaciones, en la misma, apa-
    rentemente en la misma habitación
de hace quién sabe nunca.
Una mujer exhibe su ausencia bajo la forma de su aparición
bajo la forma de su desaparición.
No es un fantasma que se ofrezca desde un verano de ultra-
    mundo —el temblor del velo bajo el velo—
ni lo que se conviene en llamar un recuerdo imborrable
ni los esperados momentos de crisis (errores peligrosos
que un hombre solo puede permitirse) es otra cosa.
Sólo un feliz azar de la escritura puede dar cuenta de ello me-
    diante ciertas palabras y no otras
como si también ellas lo pudieran nombrar a condición de insig-
    nificarlo, sorteando
el límite del sentido más acá del cual las palabras sueñan.

Menos aún que el recuerdo de un nombre:
ni el recuerdo ni el fantasma de nadie asumidos patéticamente
por el solitario en una hora de crisis
(ni la dentención del tiempo ni el tiempo recuperado)
algo que toma el aspecto del ser
incapaz de aparecerse de otra manera que en su desaparición
el espejo de la luz entre los pliegues de la corriente
como de joyas movedizas en los puntos de refracción.
Algo en lo que una mirada no se clava dos veces
la vibración inmóvil del vuelo de una libélula
pero en todo diferente de todo eso como lo es la Imagen de
    todas las imágenes.
Figura banal, por otra parte, en el exceso de sus señales de iden-
    tidad

surgida allí como si el inexistente verano —ni el de entonces ni
    el de ahora— tomara, ya maduro, una forma semejante
a Jane Bunde bajo el aspecto espectral de Beata Beatrix pero con
    el aura de los días hábiles.
Sombra carnal de un cuerpo que en su familiaridad de otro
    mundo contigo parece ella la sorprendida como si fueras tú
    la aparición
    —*un fuego fatuo con reflejos de seda brillante*—
alzando los brazos para rehacer su peinado con ese gesto de
    siempre y de nunca, pero sobrecogedoramente idéntico al
    de años atrás:
el verdadero escándalo de esa sobrevida que no conocen los
    muertos, moldeado en la nada de un nombre que estarás a
    punto de balbucear
oscilando entre el sollozo y las sílabas,
objeto del deseo de tu deseo sin objeto.
La aparecida en su desaparición como todo lo que vive de los pe-
    ligrosos frutos de la memoria donde lo que es nunca fue.
Caminas del brazo de una sombra, arrastrando los pies cansados
    del camino insigne de los pinos herrumbrosos
y el mar que nada recuerda ni constituye el recuerdo de nada
    bien podría ofrecerte, puesto que no te sirve de báculo
su ejemplo imposible de seguir
y de significar: la expresión exacta será la más absurda de todas
    por no haber sido desechada como todas las otras.

El mar ausente de la palabra mar (¿y qué podría significar au-
    sente, en este caso?)
no es nada ni, por ejemplo, el mismo de siempre
La mer, la mer, toujours recommencé!
ni cambiante o eterno.

Esta inconmensurable cosa que meramente está no conoce las
    obsesiones
por mucho que las olas las sugieran como accionadas por un
    mismo deseo
si al hablar de ignorancia no hiciéramos una metáfora.
No hay la manía del oleaje por romper la barrera del tiempo que
    lo levanta, no hay la ola escrita de un grabado japonés,
    única y engrifada a la manera de un dragón sobre la barca
    del pescador solitario

pero tampoco hay vastas extensiones de nada, que pudieran
    aludir a la palabra extensión
y ni siquiera en un solo punto esa nada se ciñe por unanimidad
a una misma línea de la rompiente para estallar en la apariencia
    de esa furia que, por comodidad, asociamos a la palabra
    tempestad.
Ninguna relación de unas olas con otras; esas olas que represen-
    tan en el lugar común, el ir y venir de las generaciones
y, en lo esencial, el paso del deseo a la muerte.

Así el ejemplo que no podrás seguir ni definir:
el mar vacío de sí mismo como los muertos pero, a diferencia
    de ellos ostentosamente visible: una presencia ausente
hasta en sus más ínfimos detalles
rodeos de una semejanza que toma el camino de la diferencia
    según el orden de un cálculo infinitamente aproximativo
mientras que tú que tampoco llegarás nunca a nada siempe lo
    harás porque así estaba escrito
y este poema mismo tiene sus días contados.

Moldeada en la nada de este montón de palabras, vacía de sí
    misma, otra guarda por ella
lo que quede del ser, quemado
por el relumbrón de su apariencia hecha de lentitudes
fatuidades de seda y reflejos brillantes.
Porque nadie más que el obsedido la ve. Baja en su compañía a
    la playa donde muchachos y muchachas tendidos en círculo
a la manera de estrellas de mar parecen collares, cuerpos como
    abalorios y cabezas ensartadas
en el hilo de la perezosa conversación que trenzan sobre la
    arena. Y esas no son palabras
sino desplazamientos corporales; pero de ninguna manera,
    como en tu caso, el oficio de la enajenación de una nada a
    la Palabra ni la obsesión de un nombre que si pudieras gri-
    tarlo
sería el fin de tu exilio.

Los adolescentes gritan los nombres de su sangre como si te in-
    sultaran:
Rosario, Andrea, Beatriz, Paulina. Dueños del mundo cuyo
    único sentido es la exaltación. Lo gratifican dilapidándolo

en esa fiesta que, una y mil veces, separa a unas generaciones
    de otras.
Nombres que se funden con la espuma y la luz en la línea de la
    rompiente.
Los tumultuosos de siempre al toreo de las olas, arrollados en
    el baño lustral por imposición de su tribu
que, encepada en sus propios misterios, prescinde, ritualmente,
    de los hombres maduros
y sus aburridoras heridas invisibles como la que en ti recorre
    este poema, al encuentro de nada,
incapaz de abrirse en un nombre, y lo estás viendo tú, el único
    en verlo
así como nadie es aceptado como testigo ocular en el sueño de
    los demás.

El vacío de un ser que se presenta en su ausencia
en respuesta a un imposible llamado puesto que ella no es más
    que su desaparición.
Ni tampoco un diálogo con los espíritus dueños de sus actos su-
    puestamente inmateriales.

Como el mar que no responde a la voz de mar y al que, por lo
    tanto, nada puede conmoverlo en su nada.
Así de comparable, en suma a cualquier cosa e incomparable
    con nada como cualquier cosa con otra.

JUAN GELMAN
(Buenos Aires, 1930)

Juan Gelman

Foto cortesía del escritor

Nació en Buenos Aires (Argentina) en 1930. Periodista. Ha sido secretario de redacción de *Crisis* (Buenos Aires); director del suplemento cultural del diario *La Opinión* (Buenos Aires) y jefe de redacción del diario *Noticias* (Buenos Aires). Exiliado en Europa desde 1975.

Obra poética: *Violín y otras cuestiones* (Buenos Aires, 1956); *El juego en que andamos* (Buenos Aires, 1959); *Velorio del solo* (Buenos Aires, 1961); *Gotán* (Buenos Aires, 1962); *Los poemas de Sidney West* (Buenos Aires, 1969); *Cólera buey* (versión reducida) (La Habana; 1965); *Cólera buey* (Buenos Aires, 1969); *Fábulas* (Buenos Aires, 1970); *Los poemas de Sidney West* (Barcelona, 1972); *Relaciones* (Buenos Aires, 1973); *Obra poética* (Buenos Aires, 1975); *Hechos y relaciones* (Barcelona, 1980); *Si dulcemente* (Barcelona, 1980); *Citas y comentarios* (Madrid, 1982); *Hacia el Sur* (México, 1982).

Es autor también de algunos guiones cinematográficos y de varios LP (poemas leídos y cantados) aparecidos en Buenos Aires; de dos cantatas: *El gallo cantor* y *Suertes;* y de dos a modo de óperas; *La trampera general* y *La bicicleta de la muerte* (estrenada en Buenos Aires, 1972), todo ello con música de Juan Carlos Cedrón.

Los poemas seleccionados pertenecen a las ediciones siguientes: «Lamento por el sicomoro de Tommy Derk» y «Lamento por la cucharita de Sammy McCoy» (*Los poemas de Sidney West,* Ocnos, Barcelona, 1972); «Arte poética» (*Hispamérica,* núms. 11-12, año 1975); «Soneto» (*Casa de las Américas,* núm. 102, La Habana, mayo-junio 1977); «Nota XXII», «Nota XXIV», «Carta abierta IV y XVII» (*Si dulcemente,* El Bardo, Barcelona, 1980); «Comentario IV (Santa Teresa)», «Comentario XXV (San Juan de la Cruz)», «Comentario XXXII» y «Cita XXVI (Santa Teresa)» (*Citas y comentarios,* Visor, Madrid, 1982); «Estás» y «Yo también escribo cuentos» (*Hacia el Sur,* Marcha ed., México, 1982).

LAMENTO POR EL SICOMORO DE TOMMY DERK

a los cuarenta tommy derk descubrió
que él sufría la suerte de su pueblo
que el paríso a cuenta
lo destinaba a páramo del mundo

¡ah tommy derk cómo lloraba en su entretela o revés!
pero ni así regaba sus tierritas
donde la luz se le apagaba
al pie del sicomoro marrón

y el sicomoro también se apagaba
arrugándolo a tommy derk
cortándole la claridad del pelo
llenándolo de hojas con su nombre muerto escrito allí

¡ah célebres palomas!
ninguna vino a defenderlo a tommy derk
ninguna le dio plumitas para el frío
o pan con leche para el hambre del sur

así que tommy derk se acostó a morir nomás
y pidió que por lo menos lo hacharan
hicieran leña con él algún fuego con él
algún calor o luz o advertencia

cuando lo fueron a encender se le volaron los caballos
se le volaron los caballos a tommy derk
unos fueron al norte otros al frente
unos fueron al tiempo otros a él

pero esa sangre reseca que dejó tommy derk
justísimo debajo de donde ardió
parecía una pluma de pan con leche
con su nombre vivo escrito allí

«tommy derk tommy derk» gritaba la plumita
mientras todos los sicomoros de Ohio especialmente
agachaban la cabeza en silencio
como una mala soledad

LAMENTO POR LA CUCHARITA
DE SAMMY MCCOY

«en qué consiste el juego de la muerte» preguntó
sammy mccoy parado en sus dos niños
el que fue el que sería
«en qué consiste el juego de la muerte» preguntó sin embargo
antes había bebido toda la leche de la mañana
jugos del cielo o de la vaca madre según
untándola con los sueños que
se le caían de la noche anterior

sammy mccoy era odiado frecuentemente por una mujer
que no le daba hijos sino palos
en la cabeza en el costado
en la mitad del desayuno esa fiebre

de cada palo que le dieron
brotó una flor de leche o fiebre que le comía el corazón
pero todo se come el corazón
y sammy nunca se rendía sammy mccoy no se rendía defendién-
    dose con nada:
con la memoria del calor
con la cucharita que perdió una vez revolviendo la infancia
con todo lo que iba rezando o padeciendo
con su pelela mesmamente

así
del pecho le fue una saliendo
una dragona con pañuelo y la luz
como muchacha envuelta en aire

como dos niños sobre los que niño
sammy mccoy se paraba y
«en qué consiste el juego de la muerte» preguntaba
ya cara a cara de la gran dolora

cuando murió sammy mccoy
los dos niños se le despegaron
el que fue se le pudrió y el iba a ser también
y de ese modo fueron juntos

lo que la lluvia el sol o gran planeta o la sistema de vivir separan
la muerte lo junta otra vez
pero sammy mccoy habló todavía
«en qué consiste el juego de la muerte» preguntó

y ya más nada preguntó
de sus falanges ángeles con mudos
salían con la boca tapada
a cucharita a memoria o calor

«güeya güeya» gritaban sus dos niños
ninguna mujer salvo la sombra los juntó
qué vergüenza animales
y las caritas les brillaban calientes

así ha de ser caritas de oro
señoras presidentas o almas cuyas acabaran
a los pieses de sammy el que camina
sammy mccoy pisó el sol y partió

ARTE POÉTICA

Entre tantos oficios ejerzo éste que no es mío,
como un amo implacable
me obliga a trabajar de día, de noche,
con dolor, con amor,
bajo la lluvia, en la catástrofe,
cuando se abren los brazos de la ternura o del alma,
cuando la enfermedad hunde las manos.

A este oficio me obligan los dolores ajenos,
las lágrimas, los pañuelos saludadores,
las promesas en medio del otoño o del fuego,
los besos del encuentro, los besos del adiós,
todo me obliga a trabajar con las palabras, con la sangre.

Nunca fui el dueño de mis cenizas, mis versos,
rostros oscuros los escriben como tirar contra la muerte.

SONETO

así dulzura de la vida es
tu vientre de calor/ batalla/ puro
árboles como piedra/ ojo del cielo
así dulzura de la vida es
contra el desastre/ vientre de dulzura
así dulzura de la vida es
carbón ardiente en manos de ya niño
altura de la voz/ dos animales
fulgor o triste/ sombra de la voz
doble cantor si trata al enemigo
fulgor o triste/ voces de la sombra
cielo del ojo/ sombra de la voz
y cinturón de paz o brillo/ clara
cantorita de luz/ dulzura/ vos

NOTA XXII

huesos que fuego a tanto amor han dado
exilados del sur sin casa o número
ahora desueñan tanto sueño roto
una fatiga les distrae el alma

por el dolor pasean como niños
bajo la lluvia ajena/ una mujer
habla en voz baja con sus pedacitos
como acunándoles no ser/ o nunca

se fueron del país o patria o puma
que recorría la cabeza como
dicha infeliz/ país de la memoria

donde nací/ morí/ tuve sustancia/
huesitos que junté para encender/
tierra que me entierraba para siempre

NOTA XXIV

A ella.

a la derrota o ley severa mi
alma sabió perder respeto/ te amo/
cruza mi alma la agua fría donde
flotan los rostros de los compañeros

como envolvidos de tu piel la suave
o lámpara subida delicada
para que duerman delicadamente
subidamente en vos/ llama que nombra

a cada sombra por su nido/ dicha
o soledad de fuego para amor
donde descansen bellos mis muertitos

que siempre amaron rostros como vos
donde tu rostro avanza como vos
contra la pena de haber sido/ ser

CARTA ABIERTA

IV

con la cabeza gacha ardiendo mi alma
moja un dedo en tu nombre/ escribe las
paredes de la noche con tu nombre/
sirve de nada/ sangra seriamente/

alma a alma te mira/ se encriatura/
se abre la pecho para recogerte/
abrigarte/ reunirte/ desmorirte/
zapatito de vos que pisa la

sufridera del mundo aternurándolo/
pisada claridad/ agua deshecha
que así hablás/ crepitás/ ardés/ querés/
me das tus nuncas como mesmo niño

XVII

no quiero otra noticia sino vos/
cualquiera otra es migajita donde
se muere de hambre la memoria/ cava
para seguir buscándote/ se vuelve

loca de oscuridad/ fuega su perra/
arde a pedazos/ mira tu mirar
ausente/ espejo donde no me veo/
azogás esta sombra/ crepitás/

sudo de frío cuando creo oir/
te/ helado de amor yago en la mitad
mía de vos/ no acabo de acabar/
es claramente entiendo que no entiendo

COMENTARIO IV (SANTA TERESA)

y habiendo muchos pajaritos y silbos en la/
parte superior del pensamiento o cabeza/ y ruidos
en la cabeza como un mar/ o lamentos/
o vientos o movimientos/ soles

que chocan entre sí/ se apagan/ arden/ o potencias
como miles de bestias que pisan
el arrabal del alma/ es decir padeciendo
los trabajos teribles/ aún así

ocurre el alma entera en su quietud/
o deseo/ o claridad no tocada
por pena/ menosprecio/ miseria/
sufrimiento o ruindad/ entonces

¿qué es esta paz sin venganza/ o memoria
del cielo por venir/ o ternura
que baja de tus manos/ manantial
donde los pajaritos de la parte superior del pensamiento

van a beber/ pían dulces/ o callan
como luz que viniese de vos/ alita
que vuela suave sobre guerra y fatiga
como vuelo de la misma pasión?

COMENTARIO XXV (SAN JUAN DE LA CRUZ)

esta madera/ obrera del
fuego que me arde para llama
con que me herís/ llagás/ volás
o tocamiento tierno que

toca el revés del alma o
como un amor trabajador
que sube al aire con tus rostros/
tu claridad/ tu acto de fuego

para la llama que me ardés
en la madera ya embestida
de luz/ tu luz/ campo de luz
donde encendido como llaga

mi corazón pasara en brazos
de vos/ amor/ quemando la
furia de ser fuera de vos
como animal sucio de noche

COMENTARIO XXXII

como madero haciendosé
llama de vos/ todo embestido
por vos/ fuego de vos/ el alma
sube hasta vos/ o paladar

que moja tu saliva como
rocío de ternura/ o
boda solar de tu saliva
llevando a piedra la palabra

CITA XXVI (SANTA TERESA)

ni cómo/ ni por qué/ ni qué querría/
alucinado amor cava mi alma/
apartado de sí como si fuera
a estar en vos/ haciendo/ deshaciendo/

y no se entiende lo que siente/ y
no mueve pie/ ni mano/ ni sombrita
menea en su quedar/ parece ido/
como salido/ como adormizado/

o desmayadamente al pensamiento
trae pechos de unión/ junta pedazos
yendo por sombras/ silencioso como
lo ser que cesa alrededor de vos

ESTÁS

salina estás cuando beso
tu mar quieto en la piel/ oigo relojes/
marcan horas muy diferentes de
las que vivimos por aquí/ horas que arriman al pájaro sentado
en tu voz/ al pájaro de agua/ al pájaro de nube/

al pájaro acostado en el fondo del mar/ abriendo
las callecitas donde bajan
los astros de la noche/ y empieza el día así/

todos los días empiezan así/ los astros bajan
para abrigar los huesos de los compañeros/ tomar
una brasa del compañero ardiente/
un sueño claro del compañero/

para salir/ astrar de nuevo/ escribir en la noche
«los compañeros de juan oyen los ruidos del sol/
los ruidos que hacen bajo el sol/
compañerean/ callan solarmente»/

el día empieza
de corazón caliente/ enciende fuegos
en la meditación/ el codo/ la penumbra
que abre los ojos en tu mar/

eres amada por mí y los compañeros que yacen en el sur/ espe-
      rando
los astros cada noche/ la aventura del día/
un niño despliega su cabellera blanca sobre vos/
mujer que repartís mi alma por el mundo/

los compañeros dejaron caer sus corajes como otoños/
en cada hojita escribían un corazón desconocido/
de cada hojita subirá un compañero
que ata astros para que vos me amés/

YO TAMBIÉN ESCRIBO CUENTOS

a eduardo.

había una vez un poeta portugués/
tenía cuatro poetas adentro y vivía muy preocupado/
trabajaba en la administración pública y dónde
se vio que un empleado público de portugal gane para alimentar
      cuatro bocas/

cada noche pasaba lista a sus poetas incluyéndose a sí mismo/
uno estiraba la mano por la ventana y le caían astros allí/
otro escribía cartas al sur/
qué están haciendo del sur/ decía/
de mi uruguay/ decía/ el otro
se convirtió en un barco que amó a los marineros/
esto es bello porque no todos los barcos hacen así/
hay barcos que prefieren mirar por el ojo de buey/

hay barcos que se hunden/
Dios camina afligido por el fenómeno ése/
es que no todos los barcos se parecen a los poetas del portugués/
salían del mar y se secaban los huesitos al sol/
cantando la canción de tus pechos/ amada/
cantaban que tus pechos llegaron una tarde con un cortejo de
    horizontes/
eso cantaban los poetas del portugués para decir que te amo/
antes de separarse/ tender la mano al cielo/ escribir cartas al
    uruguay

que mañana van a llegar/
mañana van a llegar las cartas del portugués y barrerán la tris-
    teza/
mañana va a llegar el barco del portugués al puerto de montevi-
    deo/
siempre supo que entraba a ese puerto y se volvía más hermoso/

como los cuatro poetas del portugués
cuando se preocupaban todos juntos por el hombre de la taba-
    quería de enfrente/
el animal de sueños del hombre de la tabaquería de enfrente/
galopando como don josé gervasio artigas por el hambre mun-
    dial/

el portugués tenía cuatro poetas mirando al sur/ al norte/ al
    muro/ al cielo/
les daba a todos de comer con el sueldo del alma/
él se ganaba el sueldo en la administración del país público/
y también mirando el mar que va de lisboa al uruguay/

yo siempre estoy olvidando cosas/
una vez me olvidé un ojo en la mitad de una mujer/

otra vez me olvidé una mujer en la mitad del portugués/
me olvidé el nombre del poeta portugués/

de lo que no me olvido es de su barco navegando hacia el sur/
de su manita llena de astros/
golpeando contra la furia del mundo/ con
el hombre de enfrente en la mano

ROBERTO FERNÁNDEZ RETAMAR
(La Habana, 1930)

Roberto Fernández Retamar

Nació en La Habana (Cuba) en 1930. Estudios de pintura y arquitectura que abandona para cursar Letras en las Universidades de La Habana, París y Londres. Profesor en la Universidad de Yale. Consejero Cultural de la Embajada de Cuba en París; secretario de la U.N.E.A.C. En la actualidad, dirige la revista *Casa de las Américas* y el Centro de Estudios Martinianos. Es profesor en la Escuela de Letras de la Universidad de La Habana.

Obra poética: *Elegía como un himno* (La Habana, 1950); *Patrias* (La Habana, 1952); *Alabanzas, conversaciones* (México, 1955); *Vuelta de la antigua esperanza* (La Habana, 1959); *En su lugar, la poesía* (La Habana, 1959); *Con las mismas manos* (La Habana, 1962); *Historia antigua* (La Habana, 1965); *Historia antigua,* 2.ª ed. (Las Palmas, 1971); *Poesía reunida* (La Habana, 1966); *Buena suerte viviendo* (México, 1967); *Que veremos arder* (La Habana, 1970). Este mismo libro, con el título *Algo semejante a los monstruos antediluvianos,* apareció en Barcelona en el mismo año. *A quien pueda interesar. Poesía 1958-1970* (México, 1970); *Cuaderno paralelo* (La Habana, 1973); *Circunstancia de poesía* (Buenos Aires, 1975); *Revolución nuestra, amor nuestro* (La Habana, 1976); *Palabra de mi pueblo. Poesía 1949-1979* (La Habana, 1980); *Juana y otros poemas personales* (México, 1980). Premio Rubén Darío 1980; *Poeta en La Habana* (antología) (Barcelona, 1982).

Los poemas seleccionados pertenecen a las ediciones siguientes: «Toco tus bordes», «En este atardecer», «Los increíbles», «El privilegio de mirar morir» y «La despedida» (*Poeta en La Habana,* Laia, Barcelona, 1982); «Detrás de una ventana» y «Le preguntaron por los persas» (*Nueva poesía cubana,* de J. A. Goytisolo, Ed. Península, Barcelona, 1970); «Pelo como historia» e «Idiomas, velámenes» (*Algo semejante a los monstruos antediluvianos,* El Bardo, Barcelona, 1970); «Oyendo un disco de Benny Moré» (*Hispamérica,* núms. 11-12, año 1975); «Juana» (*Casa,* núm. 100, La Habana, enero-febrero 1975); «¿Y Fernández?» (*Casa,* núm. 115, La Habana, julio-agosto 1979).

TOCO TUS BORDES

Toco tus bordes. Ha confiado el corazón,
Creyó (era la tarde, cesaba el crujido):
Era quizá posible que lo verdadero
Fuera ese árbol, fuera esa nube,
Fuera esa calle conocida, ahora ignorada;
Lo cierto era (así pensaba) que ese carro que baja
Sobre las piedras totales de la infancia,
La conversación infinita del hogar,
Hecha del ruido de una madre
Y del apego de los huesos y de los golpes
Recibidos en lo más tierno del día
Y de un otoño de palabras y de un llanto que rompe.
Sólo veo realidades, sólo hablo
Hierbas, aceras, amigos,
Sólo espesor me ayuda, solo estoy
Contra mi alma, aguardando, dando
Lo que me reste, sólo miro la línea
Que, en efecto, traza la esposa,
Como el claro lleno que al marcharse,
llena de esplendor, ungida, deja la noche.
Nada esperaba, pero me rodea un bosque
De cruel plenitud: triste alegría
Que no solicité, dulce dolor que acaso
No fue destinado a mi oído, melodía
De la vida, todavía no te entiendo,
Eres oscura aún. Como un empuje
De cuerpos por el sueño, como el empellón
De las bestias en la planicie,
Voy a confiar, camino temblando hacia tu pecho.

EN ESTE ATARDECER

Gracias, en fin, porque estoy vivo
En este atardecer de agosto,
Hoy que otros que pudieran verlo
Se han amistado con el polvo;
Y que han dejado descuidados
(Yo los recojo: son de otros),
Lentos alcázares al aire,
Un derrumbado y tierno oro.

Gracias porque puedo habitar
(Son de otros: yo las recojo)
Estas alumbradas estancias
Donde canta un profundo coro

De humeantes nubes de plata
Y de caballos que, aunque hermosos,
Se deshacen rápido, y
De verdes arbolados rojos;

Y porque así, sin merecerlo,
Grave mundo recibe el ojo,
Abierto violeta en azul
Que apenas siendo, aún lo es todo.

Y porque sobre el destrozado
Barrio mío suave, y bajo el combo
Vidrio que llamea, he visto
Cómo pudo hacerse glorioso,

Con sólo que el amor lo quiso,
Lo que estaba desnudo y solo
Hasta que saltaron las músicas
Y surgió el baile poderoso.

LOS INCREÍBLES

No era en otros países, lejanos, donde se desplegaba
El trapo de sangre, uñas y osamentas trizadas.
Los innombrables, los increíbles estaban entre nosotros.

No hubo que imaginarlos, no hubo que comprarlos
En algún sitio de costumbre nocturna.
De nuestra tierra eran, acaso de nuestra ciudad.
¿De nuestro barrio? ¿Los vimos alguna vez
Cuando aún no ejercían la plenitud de la infamia?
El humillado del billar, el sobrante de las esquinas,
El torcido de dedos, el que no encontraba coloquio
Que no dispersara, el que se fatigaba
Con la prosa del periódico, el que no llegó
A consumir un lápiz, el que la prostituta
No toleró en su lecho, el que ahuyentaba los perros,
¿Es el sombrío diosecillo que armado de cuero y metal
Espera en cámaras sofocantes a los puros jóvenes,
A los fervientes, y desde la oquedad
Del calabozo dirige la danza de alaridos,
De ojos silenciados con ceniza, de hombres envejecidos de
      súbito,
De torsos detenidos, de cabezas clavadas,
De los pasos esos que más tarde, ahora mismo, quizás,
Resuenan en la escalera de la casa?

EL PRIVILEGIO DE MIRAR MORIR

La amistad era pues esto.
Los sellos intercambiados, las bolas de vidrio
Pertenecientes a los dos, las peleas
Que uno podía pelear por el otro,
El descubrimiento luego de un libro sólo para recitarlo
A quien había dado con un cuarteto
O una religión asiática;
Y las caminatas por el barrio, de noche,
Las conversaciones sobre aquella escalera abandonada,
El sentimiento confuso de vivir en un país lateral
Donde no habían nacido Leonardo ni San Juan;
Y la sobresaltada puta primera,
El olor de algunas calles olvidables,
El sueño de algo mejor, los letreros escritos entre dos policías,
Los periódicos vendidos, la custodia del local de la juventud;
Y el establecimiento de un alfabeto privado
Hecho de cejas, muecas, encogeduras de hombros

Que bastaban para desencadenar la carcajada:
Todo eso era pues para tener el privilegio
De ser quien apretara la mano en la arrugada cama de hospital
Donde uno de los dos boquea intentando sonreír.

DETRÁS DE UNA VENTANA

A quien miraba, a pesar suyo.

Tú estás riéndote, detrás de una ventana,
Del enamorado que confunde su amor con la brisa,
Un sonido cualquiera con el de sus pasos apresurados,
La forma de un auto con la forma de su auto;
Que confunde una hora con otra hora,
Una manera de mirar con una manera de olvidar.
Si te acercaras, podrías reírte todavía más,
Viéndolo mezclar el ruido del reloj con el del corazón,
Oyéndolo escoger en vano las palabras que mejor lo repre-
    sentan,
Y trabándose una y otra vez en flores, estrellas, amaneceres y
    suspiros,
Como si se tratara de escribir una página.
Las otras personas también pueden reírse,
Al reparar en su vago aire de conspirador,
En el misterio fácil de los ojos, en el pelo sobre la frente,
En la camisa desgarbada, en los pasos para tomar posiciones,
Como quien va a descargar su rifle sobre alguien.
Por eso estás riéndote, y podrías reírte mucho más.

Pero tú estás detrás de una ventana.

LE PREGUNTARON POR LOS PERSAS

Su territorio dicen que es enorme, con mares por muchos
    sitios, desiertos, grandes lagos, el oro y el trigo.
Sus hombres, numerosos, son manchas monótonas y abun-
    dantes que se extienden sobre la tierra con mirada de
    vidrio y ropajes chillones.

Pesan como un fardo sobre la salpicadura de nuestras poblaciones pintorescas y vivaces,

Echadas junto al mar: junto al mar rememorando un pasado en que hablaban con los dioses y les veían las túnicas y las barbas olorosas a ambrosía.

Los persas son potentes y grandes: cuando ellos se estremecen, hay un hondo temblor, un temblor que recorre las vértebras del mundo.

Llevan por todas partes sus carros ruidosos y nuevos, sus tropas intercambiables, sus barcos atestados cuyos velámenes hemos visto en el horizonte.

Arrancan pueblos enteros como si fueran árboles, o los desmigajan con los dedos de una mano, mientras con la otra hacen señas de que prosiga el festín;

O compran hombres nuestros, hombres que eran libres, y los hacen sus siervos, aunque puedan marchar por calles extrañas y adquirir un palacio, vinos y adolescentes:

Porque ¿qué puede ser sino siervo el que ofrece su idioma fragante, y los gestos que sus padres preservaron para él en las entrañas, al bárbaro graznador, como quien entrega el cuello, el flanco de la caricia a un grasiento mercader?

Y nosotros aquí, bajo la luz inteligente hasta el dolor de este cielo en que lo exacto se hace azul y la música de las islas lo envuelve todo;

Frente al mar de olas repetidas que alarmado nos trae noticias de barcos sucios;

Mirando el horizonte alguna vez, pero sobre todo mirando la tierra dura y arbolada, enteramente nuestra;

Aprendiendo unos de otros en la conversación de la plaza pública el lujo necesario de la verdad que salta del diálogo,

Y conocedores de que las cosas todas tienen un orden, y ha sido dado al hombre el privilegio de descubrirlo y exponerlo por la sorprendente palabra,

Conocedores, porque nos lo han enseñado con sus vidas los hombres más altos, de que existen la justicia y el honor, la bondad y la belleza, de los cuales somos a la vez esclavos y custodios,

Sabemos que no sólo nosotros, estos pocos rodeados de un agua enorme y una gloria aún más enorme,

Sino tantos millones de hombres, no hablaremos ese idioma
    que no es el nuestro, que no puede ser el nuestro.
Y escribimos nuestra protesta —ioh padre del idioma!— en las
    alas de las grandes aves que un día dieron cuerpo a Zeus,
Pero además y sobre todo en el bosque de las armas y en la deci-
    sión profunda de quedar siempre en esta tierra en que na-
    cimos:
O para contar con nuestra propia boca, de aquí a muchos años,
    cómo el frágil hombre que venció al león y a la serpiente, y
    construyó ciudades y cantos, pudo vencer también las
    fuerzas de criaturas codiciosas y torpes,
O para que otros cuenten, sobre nuestra huesa convertida en ci-
    miento, cómo aquellos antecesores que gustaban de la risa
    y el baile, hicieron buenas sus palabras y preservaron con
    su pecho la flor de la vida.

A fin de que los dioses se fijen bien en nosotros, voy a derramar
    vino y a colocar manjares preciosos en el campo: por
    ejemplo, frente a la isla de Salamina.

PELO COMO HISTORIA

Dejo crecer este bigote antiguo
Como cuando, en el tiempo de New Haven,
Decidí dejarme crecer aquella descomunal bandera
Latina para que no cupiera duda
De que, a pesar de mi perfil judío
O castellano (¿o andaluz?), yo pertenecía,
De alguna forma,
A esa desvaída tropilla de puertorriqueños
Que subían con paquetes, haciendo ruido,
En Bridgeport, y se diseminaban,
Como titiriteros olvidados,
Por el tren.
Ahora, ¿para qué dejo crecer este bigote y esta barba
Y este pelo por encima de las orejas,
Ahora que hace tiempo que no estoy ya en edad
De presumir, que perdí hace muchos años la onda,
Y los fogonazos arrasaron ya
La línea del frente, y el enemigo ha avanzado

Hasta desmantelar media cabeza?
Es como cuando se regresa de la caña
Con esa perilla de la mano al pecho,
Y al cabo de un tiempo se siente no sé qué pena,
Y una mañana pálida (las mañanas
deben ser pálidas en estos casos)
Queda toda, como un puñado de plumas,
En el lavabo de ojos hastiados.

(Parecía que los cabellos, además de ser desnudez,
Cosa que proclama el Talmud, fueran también historia.)

IDIOMAS, VELÁMENES, ESPUMAS

Junto al mar que debe adjetivarse rugiente,
Hay una casa al parecer abandonada,
Como si esta no fuera la realidad, sino un sueño o una historia.
Como si la realidad no tuviese extrañezas que ya quisiera una
    historia.
En la casa junto al mar
Hay una piscina vacia, hay la mesa de un juego olvidado,
Hay el rayo algo ridículo pero totalmente verdadero de la luna,
Y hay un poco de sombra sobre un poco de tierra húmeda.
Allí se vuelve para recoger,
Cuando al día revela cortinas rotas y ropa tendida,
El minúsculo caracol sobre el cual yació, incómodo y glorioso,
El cuerpo aquél que daba luz,
Que daba rumor más poderoso que el del mar,
Mientras un país entraba en otro, al mismo tiempo en guerra y
    en paz,
Reuniendo una revolución de muchos años y otra relampa-
    gueante,
Con idiomas, velámenes y espumas.

OYENDO UN DISCO DE BENNY MORÉ

Es lo mismo de siempre:
¡Así que este hombre está muerto!
¡Así que esta voz
Delgada como el viento, hambrienta y huracanada

Como el viento,
                es la voz de nadie!
¡Así que esta voz vive más que su hombre,
Y que ese hombre es ahora discos, retratos, lágrimas, un som-
     brero
Con alas voladoras enormes
     —y un bastón—!
¡Así que esas palabras echadas sobre la costa plateada de Vara-
     dero,
Hablando del amor largo, de la felicidad, del amor,
Y aquellas, únicas, para Santa Isabel de las Lajas,
De tremendo pueblerino en celo,
Y las de la vida, con el ojo fosforescente de la fiera ardiendo en
     la sombra,
Y las lágrimas mezcladas con cerveza junto al mar,
Y la carcajada que termina en punta, que termina en aullido,
     que termina
En qué cosa más grande, caballeros;
Así que estas palabras no volverán luego a la boca
Que hoy pertenece a un montón de animales
innombrables
Y a la tenacidad de la basura!
A la verdad, ¿quien va a creerlo?
Yo mismo, con no ser más que yo mismo,
¿No estoy hablando ahora?

LA DESPEDIDA

Con abstraído aire de oficinista, grave,
Golpea sin mucha esperanza el vidrio, detrás del cual las cor-
     tinas
No dejan ver a nadie. Pero una de las cortinas, precisamente, la
     que está frente a él,
Es echada a un lado, y aparece, nervioso y sonriente, deslum-
     brante, el rostro de ojos azules
De la que va a partir. No pueden decirse nada
Porque el cristal no se los permite: hablan
Y los movimientos de los labios son tan silenciosos como los de
     un pez en una pecera.

Él pone la mano sobre el vidrio, y le pide con los ojos
Que del otro lado ponga ella su mano, como si se juntaran las
     palmas,
Aunque en realidad nada siente uno del otro, sino la frialdad
     del cristal.
Luego, ante la desolación de él, ella empieza a escribir de su
     lado, al revés, en grandes letras,
Y le dice que lo besa (pero no así, sino en el idioma que es sólo
     de ellos y nadie entendería),
Y después, con su dedo de leñadora de flores:

SOLO

Y otra palabra que él no puede entender porque se lo impiden
     los latidos del corazón, porque se lo impiden
Los ojos arrasados en lágrimas, de modo
Que ella tiene que escribirla de nuevo:

SALGO

Y luego, ya de prisa, porque el avión está al partir,

DEL

(Y sigue escribiendo otra palabra, y él cree que va a ser «cora-
     zón», y se estremece, pero ella continúa y es)

COCHE

Y ya no puede escribir más, porque la llaman para el vuelo inmi-
     nente,
Y él sube corriendo a la terraza, que está cerrada,
Y no puede decirle adiós sino detrás de otro cristal, donde ella
     no lo ve,
Aunque él la ve a ella, cargando casi sin poder su enorme bulto
(Que él daría cualquier cosa por echarse a la espalda)
Hacia el avión que espera en la terrible madrugada estrellada.

JUANA

porque va borrando el agua
lo que va dictando el fuego

(Sor Juana Inés de la Cruz.)

Nada ha borrado el agua, Juana, de lo que fue dictando el
    fuego.
Han pasado los años y los siglos, y por aquí están todavía tus
    ojos
Ávidos, rigurosos y dulces como un puñado de estrellas,
Contemplando la danza que hace el trompo en la harina,
Y sobre todo la tristeza que humea en el corazón del hombre
Cuya inteligencia es un bosque incendiado.
Lo que querías saber, todavía queremos saberlo,
Y ponemos el ramo de nuestro estupor
Ante la pirámide solar y lunar de tu alma
Como un homenaje a la niña que podía dialogar con los ancianos
    de ayer y de mañana
Y cuyo trino de plata alza aún su espiral
Entre besos escritos y oscuridades cegadoras.
En tu tierra sin mar, ¿qué podría el agua
Contra tu devorante alfabeto de llamas?
De noche, hasta mi cama de sueños, va a escribir en mi pecho,
Y sus letras, donde vienes desnuda, rechacen tu nombre sin
    cesar.

Nada ha borrado el agua, Juana: el fuego
Quema aún como entonces —hace años, hace siglos.

¿Y FERNÁNDEZ?

Ahora entra aquí él, para mi propia sorpresa.
Yo fui su hijo preferido, y estoy seguro de que mis hermanos,
Que saben que fue así, no tomarán a mal que yo lo afirme.
De todas maneras, su preferencia fue por lo menos equitativa.
A Manolo, de niño, le dijo, señalándome a mí
(Me parece ver la mesa de mármol del café Los Castellanos

Donde estábamos sentados, y las sillas de madera oscura,
Y el bar al fondo, con el gran espejo, y el botellerío
Como ahora sólo encuentro de tiempo en tiempo en películas
      viejas):
«Tu hermano saca las mejores notas, pero el más inteligente
      eres tú».
Después, tiempo después, le dijo, siempre señalándome a mí:
«Tu hermano escribe las poesías, pero tú eres el poeta».
En ambos casos tenía razón, desde luego,
Pero qué manera tan rara de preferir.

No lo mató el hígado (había bebido tanto: pero fue su hermano
      Pedro quien enfermó del hígado),
Sino el pulmón, donde el cáncer le creció dicen que por haber
      fumado sin reposo.
Y la verdad es que apenas puedo recordarlo sin un cigarro en
      los dedos que se le volvieron amarillentos,
Los largos dedos en la mano que ahora es la mano mía.
Incluso en el hospital, moribundo, rogaba que le encendieran
      un cigarro.
Sólo un momento. Sólo por un momento.
Y se lo encendíamos. Ya daba igual.

Su principal amante tenía nombre de heroína shakespiriana,
Aquel nombre que no se podía pronunciar en mi casa.
Pero ahí terminaba (según creo) el parentesco con el Bardo.
En cualquier caso, su verdadera mujer (no su esposa, ni desde
      luego su señora)
Fue mi madre. Cuando ella salió de la anestesia, después de la
      operación de la que moriría,
No era él, sino yo quien estaba a su lado.
Pero ella, apenas abrió los ojos, preguntó con la lengua pastosa:
      «¿Y Fernández?»
Ya no recuerdo qué le dije. Fui al teléfono más próximo y lo
      llamé.
Él, que había tenido valor para todo, no lo tuvo para separarse
      de ella
Ni para esperar a que se terminara aquella operación.
Estaba en la casa, solo, seguramente dando esos largos paseos
      de una punta a otra

Que yo me conozco bien, porque yo los doy; seguramente
Buscando con mano temblorosa algo de beber, registrando
A ver si daba con la pequeña pistola de cachas de nácar que
    mamá le escondió, y de todas maneras
Nunca la hubiera usado para eso.
Le dije que mamá había salido bien, que había preguntado por
    él, que viniera.
Llegó azorado, rápido y despacio. Todavía era mi padre, pero al
    mismo tiempo
Ya se había ido convirtiendo en mi hijo.

Mamá murió poco después, la valiente heroína.
Y él comenzó a morirse como el personaje shakespiriano que sí
    fue.
Como un raro, un viejo, un conmovedor Romeo de provincia
(Pero también Romeo fue un provinciano).
Para aquel trueno, toda la vida perdió sentido. Su novia
De la casa de huéspedes ya no existía, aquella trigueñita
A la que asustaba caminando por el alero cuando el ciclón del 26;
La muchacha con la que pasó la luna de miel en un hotelito de
    Belascoaín,
Y ella tembló y lo besó y le dio hijos
Sin perder el pudor del primer día;
Con la que se les murió el mayor de ellos, «el niño» para
    siempre,
Cuando la huelga de médicos del 34;
La que estudió con él las oposiciones, y cuyo cabello negrísimo
    se cubrió de canas,
Pero no el corazón, que se encendía contra las injusticias,
Contra Machado, contra Batista; la que saludó la revolución
Con ojos encendidos y puros, y bajó a la tierra
Envuelta en la bandera cubana de su escuelita del Cerro, la es-
    cuelita pública de hembras
Pareja a la de varones en la que su hermano Alfonso era condis-
    cípulo de Rubén Martínez Villena;
La que no fumaba ni bebía ni era glamorosa ni parecía una es-
    trella de cine,
Porque era un estrella de verdad;
La que, mientras lavaba en el lavadero de piedra,
Hacía una enorme espuma, y poemas y canciones que improvi-
    saba

Llenando a sus hijos de una rara mezcla de admiración y de or-
gullo, y también de vergüenza,
Porque las demás mamás que ellos conocían no eran así
(Ellos ignoraban aún que toda madre es como ninguna, que
toda madre,
Según dijo Martí, debiera llamarse maravilla).
Y aquel trueno empezó a apagarse como una vela.
Se quedaba sentado en la sala de la casa que se había vuelto
enorme.
Las jaulas de pájaros estaban vacías. Las matas del patio se
fueron secando.
Los periódicos y las revistas se amontonaban. Los libros se que-
daban sin leer.
A veces hablaba con nosostros, sus hijos,
Y nos contaba algo de sus modestas aventuras,
Como si no fuéramos sus hijos, sino esos amigotes suyos
Que ya no existían, y con quienes se reunía a beber, a conspirar,
a recitar,
En cafés y bares que ya no existían tampoco.

En vísperas de su muerte, leí al fin *El Conde de Montecristo,*
junto al mar,
Y pensaba que lo leía con los ojos de él,
En el comedor del sombrío colegio de curas
Donde consumió su infancia de huérfano, sin más alegría
Que leer libros como ese, que tanto me comentó.
Así quiso ser él fuera del cautiverio: justiciero (más que venga-
tivo) y gallardo.
Con algunas riquezas (que no tuvo, porque fue honrado como
un rayo de sol,
E incluso se hizo famoso porque renunció una vez a un cargo
cuando supo que había que robar en él).
Con algunos amores (que sí tuvo, afortunadamente, aunque no
siempre le resultaran bien al fin).
Rebelde, pintoresco y retórico como el conde, o quizás mejor
Como un mosquetero. No sé. Vivió la literatura, como vivió las
ideas, las palabras,
Con una autenticidad que sobrecoge.
Y fue valiente, muy valiente, frente a policías y ladrones,
Frente a hipócritas y falsarios y asesinos.

Casi en las últimas horas, me pidió que le secase el sudor de la
cara.
Tomé la toalla y lo hice, pero entonces vi
Que le estaba secando las lágrimas. Él no me dijo nada.
Tenía un dolor insoportable y se estaba muriendo. Pero el
conde
Sólo me pidió, gallardo mosquetero de ochenta o noventa
libras,
Que por favor le secase el sudor de la cara.

HEBERTO PADILLA
(La Habana, 1932)

Heberto Padilla

Nació en Pinar del Río (Cuba) en 1932. Estudios de Derecho y Filosofía. Emigró a los Estados Unidos, donde desempeñó diversos trabajos. Fue corresponsal de la agencia Prensa Latina en Nueva York. Regresa a Cuba y colabora en el diario *Revolución* y dirige el Departamento de Servicios Especiales de Prensa Latina. Fundador de la U.N.E.A.C. y director internacional del Consejo Nacional de Cultura. Corresponsal de Prensa Latina en Londres y Moscú. Miembro del Consejo de Dirección del Ministerio de Comercio Exterior de Cuba. Protagoniza, en 1966, una dura polémica ideológica. Trabaja en la Universidad de La Habana hasta 1971, año en que es detenido con su mujer, la también escritora Belkis Cuza Malé, tras la lectura pública de su libro *Provocaciones*. Liberados tras fuertes presiones internacionales, Padilla es separado de la Universidad y de la U.N.E.A.C. Abandona Cuba en 1980 y se instala en los Estados Unidos, tras unos meses de estancia en España. Dirige en la actualidad la revista literaria *Lindenlane Magazine*.

Obra poética: *Las rosas audaces* (La habana, 1948); *El justo tiempo humano* (La Habana, 1960), premio «Casa de las Américas»; *Fuera del juego* (Barcelona, 1970), premio de la U.N.E.A.C. 1966; *Por el momento* (Las Palamas, 1970); *El hombre junto al mar* (Barcelona, 1981).

Ha publicado también: *Poesía cubana, 1959-1966* (antología), en colaboración con Luis Suardíaz, y la novela *En mi jardín pastan los héroes* (Barcelona, 1981).

Los poemas seleccionados pertenecen a las ediciones siguientes: «De tiempo en tiempo, la guerra», «Retrato del poeta como un duende joven», «La Hila» y «Andaba yo por Grecia» (*El justo tiempo humano,* Ocnos, Barcelona, 1970); «Para aconsejar a una dama», «El único poema», «Hábitos», «Fuera del juego» y «Canción de un lado a otro» (*Fuera del juego,* El Bardo, Barcelona, 1970); «El relevo», «A veces» y «Una pregunta a la escuela de Frankfort» (*Por el momento,* Inventarios provisionales, Las Palmas, 1970); «Autorretrato del otro» y «El monólogo de Quevedo» (*El hombre junto al mar,* Seix Barral, Barcelona, 1981).

DE TIEMPO EN TIEMPO, LA GUERRA

De tiempo en tiempo
la guerra viene a revelarnos
y habituarnos a una derrota,
pacientes. Y con el ojo seco
vemos la ruta por donde apareció
la sangre.

De tiempo en tiempo,
cuando la guerra da su golpe,
todas las puertas lo reciben,
y tú escuchabas el llamado
y lo confundías
con animales queridos
súbitamente ciegos.
Y en realidad, nunca sonó la aldaba
con tanta inminencia,
no hubo nunca maderos que resistieran
golpes tan vehementes.

De tiempo en tiempo,
vienes a echarte entre los hombres,
lobo habitual, mi semejante.

RETRATO DEL POETA COMO UN DUENDE JOVEN

I

Bucador de muy agudos ojos
hundes tus nasas en la noche. Vasta es la noche,
pero el viento y la lámpara,
las luces de la orilla,

las olas que te levantan con un golpe de vidrio
te abrevian, te resumen
sobre la piedra en que estás suspenso,
donde escuchas, discurres,
das fe de amor, en lo suspenso.

Oculto,
suspenso como estás frente a esas aguas,
caminas invisible entre las cosas.
A medianoche
te deslizas con el hombre que va a matar.
A medianoche
andas en el hombre que va a morir.
Frente a la casa del ahorcado
pones la flor del miserable.
Bajo los equilibrios de la noche
tu vigilia hace temblar las estrellas más fijas.
Y el himno que se desprende de los hombres
como una historia,
entra desconocido en otra historia.
Se aglomeran en ti
formas que no te dieron a elegir,
que no fueron nacidas de tu sangre.

II

En galerías
por las que pasa la noche;
en los caminos
donde dialogan los errantes;
al final de las vías
donde se juntan los que cantan,
(una taberna, un galpón derruído)
llegas de capa negra,
te sorprendes multiplicado en los espejos;
no puedes hablar
porque te inundan con sus voces amadas;
no puedes huir
porque te quiebran de repente sus dones;
no puedes herir
porque en ti se han deshecho las armas.

III

La vida crece, arde para ti.
La fuente suena en este instante sólo para ti.
Todo es llegar,
(las puertas fueron abiertas con el alba
y un vientecillo nos anima)
todo es poner las cosas en su sitio.
Los hombres se levantan
y construyen la vida para ti.
Todas esas mujeres
están pariendo, gritando, animando a sus hijos
frente a ti.
Todos esos niños
están plantando rosas enormes
para el momento en que sus padres
caigan de bruces en el polvo que has conocido ya.
Matas,
pero tu vientre tiembla como el de ellos
a la hora del amor.
En el trapecio salta esa muchacha,
un cuerpo tenso y hermoso, sólo para ti.
Tu corazón dibuja el salto.
Ella quisiera caer, a veces, cuando no hay nadie
y todo se ha cerrado,
pero encuentra tu hombro.
Estás temblando abajo.
Duermen,
pero en la noche lo que existe es tu sueño.
Abren la puerta
en el silencio y tu soledad los conturba.
Por la ventana a que te asomas
te alegran las hojas
del árbol que, de algún modo, has plantado tú.

IV

Hombre:
en cualquier sitio,
testificando a la hora del sacrificio;
ardiendo,

apaleado por alguien
y amado de los ensueños colectivos;
en todas partes
como un duende joven,
el poeta defiende los signos de tu heredad.
Donde tú caes y sangras
él llega y te levanta.
Concédele
una tabla de salvación
para que flote al menos,
para que puedan resistir sus brazos
temblorosos o torpes.

LA HILA

Ya viene el tiempo de la Hila.

Y el animal
venteando lo adivina,
lo escucha entrar
desde los campos viejos.

Ya viene el tiempo de la Hila.

Y en Santander
los aldeanos repletan las cocinas
del invierno.
Y el lino, el algodón, el cáñamo
y la seda
son reducidos a hilo.
Los hiladores
tiemblan bajo el sueño liviano.
Los niños van a canturrear.
En los campos
quiere estallar la madrugada.
Los pájaros como el engendro de la luz.

Ya viene el tiempo de la Hila.

ANDABA YO POR GRECIA

Andaba yo por Grecia
y en todo creía sentir la huella de Cavafy.
Cubierta por la lluvia,
coloreada por una tierra parda,
¡qué extraña y solitaria Alejandría en la memoria!

Al templo abandonado,
a la ciudad perdida, a los mitos,
al muro, ¿cómo pudo Cavafy
arrancarles el signo de la vida?

En el tren de regreso,
cuando volvía de otras ruinas,
estaba el campo mudo
y el bosque amarillento
siempre al final de los caminos;
pero no me detuve ante aquel árbol sombrío
que vi al pasar,

que entró por mi ventana,
que aún pone en mis papeles
una hilacha sedienta,
que aún vela sobre mi amor
como un desastre.

PARA ACONSEJAR A UNA DAMA

Y si empezara a aceptar algunos hechos
como ha aceptado —es un ejemplo— a ese negro becado
que mea desafiante en su jardín?

Ah, mi señora: por más que baje las cortinas; por más
que oculte la cara solterona; por más que llene
de perras y de gatas esa recalcitrante soledad; por más
que corte los hilos del teléfono
que resuena espantoso en la casa vacía;
por más que sueñe y rabie
no podrá usted borrar la realidad.

Atrévase.
Abra las ventanas de par en par. Quítese el maquillaje
y la bata de dormir y quédese en cueros
como vino usted al mundo.
Échese ahí, gata de la penumbra, recelosa, a esperar.
Aúlle con todos los pulmones.
La cerca es corta; es fácil de saltar,
y en los albergues duermen los estudiantes.
Despiértelos,
Quémese en el proceso, gata o alción; no importa.
Meta un becado en la cama.
Que sus muslos ilustren la lucha de contrarios.
Que su lengua sea más hábil que toda la dialéctica.
Salga usted vencedora de esta lucha de clases.

EL ÚNICO POEMA

Entre la realidad y el imposible
se bambolea el único poema. Retenlo
con las manos, o con las uñas, o con los ojos
(si es que puedes) o la respiración ansiosa.
Dótalo, con paciencia, de tu amor
(que él vive sólo entre las cosas).
Dale rechazos que vencer
y otra exigencia
mucho mayor que un límite,
que un goce.
Que te descubra diestro, porque es ágil;
con los oídos alertas, porque es sordo;
con los ojos muy abiertos, porque es ciego.

HÁBITOS

Cada mañana
me levanto, me baño,
hago correr el agua
                        y siempre una palabra
me sale al paso
                    feroz
inunda el grifo donde mi ojo resbala.

FUERA DEL JUEGO

A Yannis Ritzos, en una cárcel de Grecia.

¡Al poeta, despídanlo!
Ése no tiene aquí nada que hacer.
No entra en el juego.
No se entusiasma.
No pone en claro su mensaje.
No repara siquiera en los milagros.
Se pasa el día entero cavilando.
Encuentra siempre algo que objetar.

A ese tipo, ¡despídanlo!
Echen a un lado al aguafiestas,
a ese malhumorado
del verano,
con gafas negras
bajo el sol que nace.
Siempre
le sedujeron las andanzas
y las bellas catástrofes
del tiempo sin Historia.
Es
    incluso
            anticuado.
Sólo le gusta el viejo Armstrong.
Tararea, a lo sumo,
una canción de Pete Seeger.
Canta,
        entre dientes,
                    La Guantanamera.
Pero no hay
quien lo haga abrir la boca,
pero no hay
quien lo haga sonreír
cada vez que comienza el espectáculo
y brincan
los payasos por la escena;
cuando las cacatúas
confunden el amor con el terror

y está crujiendo el escenario
y truenan los metales
y los cueros
y todo el mundo salta,
se inclina,
retrocede,
sonríe,
abre la boca
                «pues sí,
                claro que sí,
                por supuesto que sí...»
y bailan todos bien,
bailan bonito,
como les piden que sea el baile.
A ese tipo, despídanlo!
Ése no tiene aquí nada que hacer!

CANCIÓN DE UN LADO A OTRO

Cuando yo era un poeta que me paseaba
por la avenida del Kremlin,
culto en los más oscuros crímenes de Stalin,
Ala y Katiushka preferían
acariciarme la cabeza,
mi curioso ejemplar de patíbulo.

Cuando yo era un científico
recorriendo Laponia,
compré todos los mapas en los andenes de Helsinki.
Sarikovski paseaba su búho de un lado a otro.
Apenas pude detenerme en el Sur.
Las saunas balanceábanse al fondo de los lagos
y en la frontera rusa abandoné a mi amor.

Cuando yo era un bendito,
un escuálido y pobre enamorado
de la armadura del Quijote,
adquirí mi locura y este viejo reloj fuera de época.

Oh mundo, verdad que tus fronteras son indescriptibles.

Con cárceles y ciudades mejoradas y vías férreas,
lo que sabe quien te recorre como yo:
un ojo de cristal,
y el otro que aún se disputan el niño y el profeta.

EL RELEVO

cada vez que entra y sale
una generación dando portazos
el viejo poeta se aprieta el cinturón
y afina el cornetín
como un gallito:

no se convencen —dice— de que en poesía
la juventud sólo se alcanza con los años.

A VECES

a veces es necesario y forzoso
que un hombre muera por un pueblo,
pero jamás ha de morir todo un pueblo
por un hombre solo.

esto no lo escribió heberto padilla (cubano)
sino salvador espriu, el catalán
lo que pasa es que padilla lo sabe de memoria
le gusta repetirlo
le ha puesto música
y ahora lo cantan a coro sus amigos
lo cantan todo el tiempo
igual que malcom lowry
tocando el ukelele.

UNA PREGUNTA A LA ESCUELA DE FRANKFORT

¿Qué piensa él?
¿Qué es lo que está pensando
ese hombre,
que tiembla entre un fusil y un muro?

Respondan preferiblemente
en el siguiente orden

Horkheimer
Marcuse
Adorno

Reordenen
la pregunta si lo creen necesario:

entre un fusil y un muro
¿qué es lo que está pensando
ese hombre que tiembla,
al alcance de un ojo, enterrado en su edad,
y sin embargo a punto de ser sacado de ella
de un empujón
que no pudo soñar jamás la madre que lo parió?

AUTORRETRATO DEL OTRO

¿Son estremecimientos, náuseas,
efusiones,
o más bien esas ganas
que a veces tiene el hombre de gritar?
No lo sé. Vuelvo a escena.
Camino hacia los reflectores
como ayer,
                    más veloz que una ardilla,
con mi baba de niño
y una banda tricolor en el pecho,
                    protestón e irascible
                         entre los colegiales.
Es que por fin
                    lograron encerrarme
en el jardín barroco que tanto odié
y este brillo de ópalo
                    en los ojos
me hace irreconocible.

El gladiador enano (de bronce)
que he puesto encima de la mesa
—un héroe cejijunto y habilísimo
con su arma corta y blanca—
y su perra enconada,
                    son ahora mis únicos compinches.
Pero cuando aparezca
                    mi tropa de juglares
limarenos las rejas
                    y saldré.
¡Puertas son las que sobran!

Bajo la luna plástica
¿me he vuelto un papagayo
o un payaso de náilon
que enreda y trueca las consignas?
¿O no es cierto?
¿Es una pesadilla
que yo mismo pudiera destruir?
¿Abrir
de repente los ojos
y rodar por el sueño como un tonel
y el mundo ya mezclado con mis fermentaciones?
¿O serán estas ganas
que a veces tiene el hombre de gritar?
Las Derechas me alaban
            (ya me difamarán).
Las Izquierdas me han hecho célebre
            (¿no han empezado a alimentar sus dudas?).
Pero de todas formas
advierto que vivo entre las calles.
Voy sin gafas ahumadas.
Y no llevo bombas de tiempo en los bolsillos
ni una oreja peluda —de oso—.
Ábranme paso ya
sin saludarme, por favor.
Sin hablarme.
Échense a un lado si me ven.

EL MONÓLOGO DE QUEVEDO

Todas las calles
Se han llenado de gentes que sufren mi dolor
O gozan mi alegría
Agonizantes a causa de que respiro
Enanos porque crezco
Otros entran de golpe en mi arsenal
Donde acumulo lo inverosímil
Lo que tal vez sea yo el único en guardar.
La vida me roba a manos llenas
Las ventanas me imitan
Los gatos plagian mi ardiente
        Enemistad
Y la tarde en que el desesperado suspira
        A toda vela
Vibra en mi cuarto y hasta en mi ortografía.
Ese árbol
Que veo entrar por la ventana
Imita por ejemplo mi cuerpo y mi resuello
Ya estuvo antes aquí
Eché raíces junto a él
Y ahora se agita en mi delirio
¿O es mi delirio y no se agita?
¿O sopla estas palabras
O son ellas las que me soplan?
¿O es Homero el que las escribe
El que siempre escribe
Y este cuarto es de Atenas
y yo sufro tan sólo porque nadie lo cree?

ROQUE DALTON
(San Salvador, 1935)

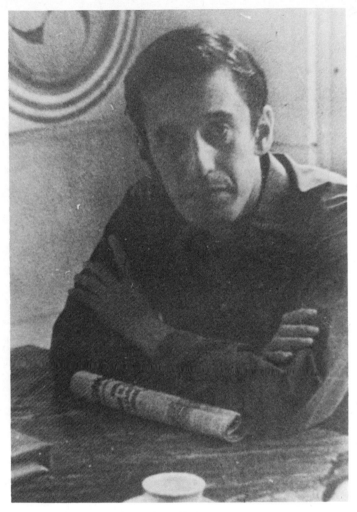

Roque Dalton

Foto «Chinolope»

Nació en San Salvador (República de El Salvador) en 1935. Estudios primarios con los jesuitas y de Derecho y Ciencias Sociales y Antropología en las Universidades de El Salvador, Chile y México. Funda, en 1956, el Círculo Literario Universitario. Viaja a la U.R.S.S. al año siguiente. Es encarcelado varias veces, y condenado a muerte en una ocasión: la sentencia no llega a cumplirse y se exila en Guatemala, México, Checoslovaquia y Cuba. Redactor de la revista *Casa de las Américas*. Regresa clandestinamente a El Salvador como miembro del E.R.P. y muere asesinado por una facción ultraizquierdista de ese movimiento, en 1975.

En 1956, 1958 y 1959 obtiene el premio centroamericano de Poesía, otorgado por la Universidad de El Salvador. En 1969 se le concede el premio Casa de las Américas.

Obra poética: *La ventana en el rostro* (1961); *El turno del ofendido* (1962); *Los testimonios* (1964); *Taberna y otros lugares* (1969), premio Casa de las Américas; *Los pequeños infiernos* (1970); *Las historias prohibidas de Pulgarcito* (1974).

Ha publicado también: *César Vallejo* (1963); *¿Revolución en la revolución? y la crítica de la derecha* (1970); *Miguel Mármol* (1972).

Los poemas seleccionados pertenecen a las ediciones siguientes: «De la vieja infancia», «El vanidoso» y «Yo estudiaba en el extranjero en 1953» *(Poesía trunca,* de M. Benedetti, Visor, Madrid, 1980); «Taberna» (fragmentos) *(Taberna y otros lugares,* Casa de las Américas, La Habana, 1969); «Lejos es mi patria», «Otra muerta», «Ya ves cómo...», «La memoria», «Poema jubiloso», «El descanso del guerrero» y «Permiso para lavarme» *(Los pequeños infiernos,* Ocnos, Barcelona, 1970).

DE LA VIEJA INFANCIA

a Genoveva, In memoriam.

I

LLAVES DE LA SALVAJE INOCENCIA

Espantar una mosca gritar sobre la sombra de una piedra
repercutir en las bodas tan divertidas del garage a oscuras
no pensar sino en grandes borlas rosadas en grandes borlas
que destrozan los pumas cotidianos con toda la mala intención
soportar la infamia del *ya no juego* del *voy a decirlo todo a mamá*
ser un gran hombre en las empresas del patio fangoso
donde la lluvia es el cadáver de la abuelita por repartir
donde huele a bostezos a esas arañas a maíz tostándose
y los fantasmas son vasos de leche a gran velocidad
en las manos de todas las ayas *niño por Dios por eso*
tá tan flaquito el lindo
entonces es como cuando duelen los dientes
o cuando esa vez del colegio en que nos orinamos para siempre
época en que uno no sabe nada de la época
época de no propugnar de audacia sonámbula
como si fuera de coral escondido
pues sin esperar los testigos allá iba
época de llegarse hasta la rueda de caballitos a resolver el amor
época de nuestros propios monstruos adecuados
de nuestra propia manera de volar de matar indios
sólo que la Gran Alianza ya había tomado posesión de nosotros
qué fregada
y estaban los ojos de los demás por todos lados de los ojos de
        uno
y de repente era ojos nomás la vida
y lo peor que uno todo desnudo sin su disfraz ni su mala palabra
sin su vestidito de color que tan bien luce

sobre todo sabiendo entornar los ojos como se debe
ya uno no era uno pues
era uno y los demás y no era hora qué iba a ser
hora de averiguar quién era el ciego
porque además estaba la neblina de la noche el miedo
el vértigo de la soledad desesperada y larguísima
una como amenaza de quedarse sin que el más odioso
de esos peludos grandotes de esas viejas forzudas
te condujera de la mano hasta el lado seguro de la calle
vete a saber que pensaba uno entonces de la cordura
de las cabelleras ahogadas por los libros huesosos
de los sumergimientos en la riquísima tumba de la cama
en la riquísima ola de acostarse con Ximena
de ese momento en que aullamos contra nosotros mismos
y que después da risa y deja unos escalofríos chiquitos
como perritos de lana saltando sobre un nervio que debe
desembocar en el corazón.

La cosa era difícil pues y aunque el gozo
a menudo venía haciendo gestos tímidos
no hay forma de saber cuál fue la clave de esos días
si la aventura de pasto en que no era malo traicionar
si aquel Dios atenuado por las flores que le conseguíamos
si la crueldad usada para bañar al gato más orgulloso de la casa
si la obediencia apagada ay si la obediencia
que nos hacía rodar tan lejos de la fe en las grandes alas del gavilán

II

DESPERTARES

Sólo nadar en mamá era fácil
la pereza de la mañana era nuestra Torre de David
relojes como el gran loro invisible en la techumbre de la selva
irrumpían volviendo luciérnagas
la espada del primer rayo de luz
y uno se rascaba como guitarra
dejando entrar por la ventana la profecía
reclamaba el insecto verde de ayer
añoraba el cadáver del último globo

oteaba el tumulto fantasmal
de los cien soldaditos descabezados
rodeándonos sin tregua
contra cada gota de la habitación
muebles como cordilleras con fama
de condenación en extrañas comarcas
paredes amoratadas por sus mutuos mensajes
techo que comenzó en la fiebre
y se mantuvo ahí aplastado
contra el cielo que debemos buscar en la calle
sobresalto diario de no hallarnos bañados
por los juguetes del amanecer de Reyes
sol en ocasiones coronado por los pájaros
preparándonos la vocación del rezo
plática pálida de la Virgen María
emergiendo de pétalos de mayo y violines
con una varita mágica que comenzaba a germinar
y hacía pensar en no sé cuál raíz catastrófica
(Querida mamá querida Genoveva buenos días
yo llego hasta donde llega mi nariz
hasta donde estornudar es hacerse polvo de agua
porque de agua es la cuerda de horca de la ducha
voy pues hasta la orgía de jabón
en cuerpo que aún no echa esas barbas
medianoche mojada sobre un tambor de cemento
como un cuchillo negro en el rango de un oso amarillo
la blancura es culpable confabulada
sólo que se deja ver

Perdónenme queridas
esto es como la última riqueza del avaro robado)

EL VANIDOSO

Yo sería un gran muerto.

Mis vicios entonces lucirían como joyas antiguas
con esos deliciosos colores del veneno.
Habría flores de todos los aromas en mi tumba
e imitarían los adolescentes mis gestos de júbilo,
mis ocultas palabras de congoja.

Tal vez alguien diría que fui leal y fui bueno.
Pero solamente tú recordarías
mi manera de mirar a los ojos.

YO ESTUDIABA EN EL EXTRANJERO EN 1953

Era la época en que yo juraba
que la Coca Cola uruguaya era mejor que la Coca Cola chilena
y que la nacionalidad era una cólera llameante
como cuando una tipa de la calle Bandera
no me quiso vender otra cerveza
porque dijo que estaba ya demasiado borracho
y que la prueba era que yo hablaba harto raro
haciéndome el extranjero
cuando evidentemente era más chileno que los porotos.

TABERNA

(Fragmentos)

Los antiguos poetas y los nuevos poetas
han envejecido mucho en el último año:
es que los crepúsculos son ahora aburridísimos,
y las catástrofes, harina de otro costal.

Por las calles que aprendo de memoria
cuerpos innumerables hacen la eterna música de los pasos
—un sonido, he aquí, que jamás podrá reproducir la poesía—.
Y todo, ¿para qué?
¡Para que su eco polvoso se aglomere
en este que fue patio de reyes!

No me vengan a hablar del misterio, desvelados,
amantes de ancianidad especial
a quienes el mundo parece deber pausas:
¿alguien resolvió el del ombligo?

No lo dice por ponerse grosero,
ni yo trato de subrayar su gusto dudoso,

pero, en verdad, ¿alguien resolvió el misterio
de un agujero tan simpático?
Ruta del origen, mucho más importante
que las dobles políticas para sobrevivir,
¿carga de qué energía retenida
es su nudo al revés?

«Ditirambo salivoso del asno, geometría
de medio pelo: casi sólo el olvido es fuente de perfección.
Y el sosiego, esa elegía de los peores modales.»

Vale más una ronda de cerveza,
una elevada voz de nostalgia
clamando por la brisa del mar,
la mención recatada de las tetas de Lucy,
algún gesto salvaje
que borre cualquier erróneo respeto
en nuestro derredor.

. . . .

Ya ves cómo la guerra no es mayor que los desperdicios:
cuando te parte el vientre
la cuarta parte de una granada
¿deviene obligatorio amar al resto
que mató al más cercano de los enemigos?
Es decir, quería preguntar algo mejor que eso: creo
que estoy borracho ya.

(Ah, centauro:
¿qué ventajas mantienes
al encontrarte cara a cara con el cazador solitario?:
él dejó en casa el permiso para disparar
y tú eres tan sólo una leyenda
para hacer temblar de gozo a los niños bajo la luna.)

LAS PAPAS SUBIRÁN UN DOCE POR CIENTO,
LA ROPA SUBIRÁ UN OCHO POR CIENTO,
LOS TRANVÍAS SUBIRÁN UN VEINTE POR CIENTO,
NERUDA SUBIRÁ UN DIECIOCHO POR CIENTO.

(Murmuraciones de rincón oscuro,
acusación desde la luz goyesca.)

LA SOLEDAD ES LA MÁS REFINADA TÉCNICA DEL INS-
TINTO.

Qué va, la soledad es cuando se termina
el barril de amontillado.

La soledad es cuando uno vive en Tegucigalpa.

La soledad es cuando oyes cantar a los compañeros de horda.

«La soledad es, pues, una mentira muy útil, he dicho.»

(Manchas de sangre en la bandera,
manchas de bandera en el cielo,
manchas de cielo en el ojo que después
tendrás que dragar con la punta del pañuelo.)

Lucy, hueles a ciertas comidas fuertes de mi país,
lo digo en serio,
sin pensar en las implicaciones más burdas:
hay un momento en que el manjar te llama,
y si no has tomado antes el vino justo,
jura que te sabrá más amargo cuanto mejor esté.
Lucy, ¿será posible que no leyeras mi carta?
Escucha: no puede ser, pero es:
«O honey Baby feelin 'Mighty Low.»
¿A que no bailas eso, Lucy,
exponiéndote a que los extasiados
te sacudan ese precioso culo a cintarazos?

. . . .

(Monos ciegos buscando con la boca
el flaco pecho de la vida, somos.
Pedimos la leche de la conciencia
y sólo nos señalan su precio altísimo,

inalcanzable como el siniestro amor
entre hermanos.)

NO EXAGERES.

«No exagero. Siempre hubo la posibilidad de decir:
esto es maravilloso, óptimo, genial,
pero a mí no me gusta
(lo cual es maravilloso, óptimo, genial).»

(Eso es ver las cosas en el tiempo,
el problema es que para mí sólo la furia es la paz.)

No quiero hacer el Ángel-Guardián-de-sobacos-sabios,
pero pasa que tienes el complejo más antiguo:
el del glorioso
trabajador de la Gran Pirámide.
Has puesto tu granito de arena
y quieres que te regalen la cerveza el resto de tu vida
exigiendo además una debida ceremonia.

EN ESTE INSTANTE ALGUIEN ESTÁ MURIENDO POR TU CAUSA.

Vale más una ronda de cerveza
en esta época del caos de oro,
una temblante voz nostálgica
clamando por la misa del bar.

Lucy, tendríamos un gran porvenir:
mis emociones contigo están se-di-men-ta-das.

(Percibir lo que está en el aire es el problema:
el genio es cuestión de fosas nasales para olfatear
en las bocacalles de la Historia.)

. . . .

Lucy, me has partido el corazón,
me has dejado para siempre la cara entre las manos.

¡Oh país en pañales!
¡Oh hijos del Hombre, uncidos a la noria,
sonrientes y sonrosados!
Apenas alcanza el dinero
para la última ronda de cerveza...

LEJOS ESTÁ MI PATRIA

Lejos del mundo, lejos
del orden natural de las palabras;
lejos,
a doce mil kilómetros
de donde el hierro es casa para el hombre y crece
como una rara flor enamorada de las nubes;

lejos del crisantemo, del ala suave del albatros,
de los oscuros muros que blasfeman de frío;

lejos, muy lejos donde la medianoche es habitada
y nos dicta la máquina su voz sobresaliente;

lejos de donde ya quedó atrás la esperanza,
de donde el llanto nace muerto o se suicida
antes de que lo ahogue la basura;

lejos de donde los pájaros odian,
de donde te hablan de amor hediondos lobos y te invitan
a un lecho de marfil;

lejos de donde los jardines atentan contra su belleza
con los cuchillos que les dona el humo;

lejos,
lejos,
lejos de donde el aire es una gran botella gris;

de donde todos ofrecen terribles pompas de jabón
y ángeles depravados beben con niños cínicos
el veneno de la apostasía contra todas las auroras que pueden;

lejos de la murmuración de las máscaras;
lejos de donde las desnudas no ciegan con la luz de su piel;

lejos de la consolación de los vómitos;
lejos de la sensualidad del pantomimo,
de la resaca de sus imprecaciones sin fondo;

lejos, terriblemente lejos
de donde corretean por las calles los monstruos de seda,
de donde los bosques tiemblan derrotados y huyen,
de donde cada llave tiene una puerta que la espera sin sueño;
de donde germina ciega la música del oro
y ladran desatadas las jaurías del cobalto;

lejos, definitivamente lejos
de donde muere el mártir lapidado por la mofa
y el santo es un payaso que se queda callado.

OTRA MUERTA

Mi juventud era una rutilante naranja
su oro fresco acechado por los pájaros
por tus deseos acechado
desde la habitación con olor a polvo húmedo
llena de oscuridad y bibelots
donde un gran gato ácido reinaba

Pero eras vieja vieja
y me daba miedo tu piel
y tu labio colgante pintado de lila

Ahora has muerto ¿lo ves?
y yo comienzo a tener canas

YA VES CÓMO...

(De México, 1961.)

Ya ves cómo de todo lo que esperabas
ayer en las tertulias de la Facultad
sólo has venido a ser el gran amor del exiliado.

Tú que ibas a irte con los príncipes
de fiesta por Europa que ibas a heredar
a tres o cuatro viejos honorables
tú la del coche envidiado y el traje de piel olorosa
tú la de los grandes brazaletes de plata
pero sobre todo tú la de los ojos más bellos
en toda la extensión de la ciudad
ahora estás dormida
en los brazos del pobre solitario.

Ya veo la crucecita brillante en tu pecho
mi retrato de Marx en la pared
y creo que la vida a pesar de todo es bellísima.

LA MEMORIA

Así eran las tardes de nuestra primera juventud
oíamos Las Hojas Muertas My Foolish Heart
o Sin Palabras en el Hotel del Puerto
y tú tenías un nombre claro
que sonaba muy bien en voz baja
y yo creía en los dioses de mis antiguos padres
y te contaba dulces mentiras
sobre la vida en los lejanos países que visité.

En las noches de los sábados
dábamos largos paseos sobre la arena húmeda
descalzos tomados de la mano en un hondo silencio
que sólo interrumpían los pescadores en sus embarcaciones ilu-
    minadas
deseándonos a gritos felicidad.
Después regresábamos a la cabaña de Billy
y tomábamos una copa de cognac frente al fuego
sentados en la pequeña alfombra de Lurçat
y luego yo te besaba la cabellera suelta
y comenzaba a recorrer tu cuerpo con estas manos sabias
que nunca temblaron en el amor o en la batalla.

Tu desnudez surgía en la pequeña noche de la alcoba
del fuego entre las cosas de madera

como una flor extraña la de todos los dones
siempre para llenarme de asombro
y llamarme a nuevos descubrimientos.

Y tu respiración eran dos ríos vecinos
y tu piel y mi piel dos territorios sin frontera
y yo en ti como la tormenta tocando la raíz de los volcanes
y tú para mí como el desfiladero llovido
para la luz del amanecer.

Y llegaba el momento en que eras sólo el mar
sólo el mar con sus peces y sus sales
para mi sed con sus rojos secretos coralinos
y yo te bebía con la generosidad del empequeñecido
otra vez el misterio de toda el agua junta
en el pequeño agujero abierto por el niño en la arena.

Ay amor y esta es la hora pocos años después
en que tu rostro comienza a hacerse débil
y mi memoria está cada vez más vacía de ti.

Tu nombre era pequeño y aparecía en una canción
de aquel tiempo.

POEMA JUBILOSO

(Homenaje a André Breton.)

En mi patria hecha para probar catapultas y trampas
vive esa suerte de mujer que amo.

Ah cómo brota de la mañana tímida mi mujer
herida en su niñez por el mar menos pensado
por el mar platicador y soberbio que no depone la esperanza
contra ciertas virginidades caóticas.

Ah cómo surge mi mujer que conserva en un saquito
el corazón y una vértebra de sus padres moribundos
ah cómo luce mi mujer de poros voraces donde darse cita
en ciertas tardes incendiadas por los flamboyanes del tedio

ah cómo sirve mi mujer guerrera y acechada
poblada de húmedas culebras
que alivian a las grandes bestias polvorientas
ah cómo compromete mi mujer que vive sin avisarme
que se gana el pan con el rubor de la gente
directora de grandes llamas esclava
de maestros enclenques que huyeron desesperados
al conocer la preñez de mi madre.

Mi mujer es la más gloriosa retórica de esta patria
donde no morirá jamás Balzac o Copérnico
ni los comunistas estrangulados ostentarán sus descomposi-
    ciones
en los escaparates por el incendio del Reichstag
mi mujer es la conversación de los peces bajo la luna
el fervor de quien pintó las manchas del leopardo
los sabores del pan armado de pregones
la prohibición de una nueva ley contra los crepúsculos.

Sus ojos inundados de eficacia
estimulan el llanto de los doce mejores candelabros del mundo
pues entre olas pétreas entre orquestaciones
de caracoles penosamente edificados
ha puesto a descansar sus espumas de pena.

Su sangre bella y brutal sólo está limitada por los halcones
por ciertas grietas en el sonido de los dados rojos
y por los pistilos de la azucena horadando las partituras del
    ciego.

Son enfermedades son cuadros de jóvenes pintores franceses
estacionados en la decadencia del mirto
en las aleluyas de la cábala
o en la ternura final de los asesinados junto a un río de yeso.

Sus cabellos son firmes bailarines de oro quemándose
hilos fundamentales del mediodía robados por el huracán
incendios sorprendidos
truncados por el pudor en el fondo de la memoria.

Su cuerpo es todas las cosas.

Mi mujer se llama Ximena o conejito celeste o simplemente
     muchacha
y la conocí hace cinco minutos.

EL DESCANSO DEL GUERRERO

Los muertos están cada día más indóciles.

Antes era fácil con ellos:
les dábamos un cuello duro una flor
loábamos sus nombres en una larga lista:
que los recintos de la patria
que las sombras notables
que el mármol monstruoso.

El cadáver firmaba en pos de la memoria:
iba de nuevo a filas
y marchaba al compás de nuestra vieja música.

Pero qué va
los muertos
son otros desde entonces.

Hoy se ponen irónicos
preguntan.

Me parece que caen en la cuenta
de ser cada vez más la mayoría!

PERMISO PARA LAVARME

Nunca entendí lo que es un laberinto
hasta que cara a cara con mí mismo
perfil hurgara en el espejo matutino
con que me lavo el polvo y me preciso.

Porque así somos más de lo que fuimos
a la orilla del sol alado y fino:
de sangre reja y muro bien vestidos
de moho y vaho y rata amados hijos.

HUGO GUTIÉRREZ VEGA
(Guadalajara, México, 1934)

Hugo Gutiérrez Vega

Foto cortesía del escritor

Nació en Guadalajara (Jalisco, México) en 1934. Ha sido rector de la Universidad Autónoma de Querétaro, director de la Casa del Lago y director de Difusión Cultural de la Universidad Nacional Autónoma de México, de la cual es profesor titular. Consejero Cultural de las Embajadas de México en Roma, Londres y —actualmente— Madrid. Actor y director de teatro. Premio Nacional de Poesía de México, en 1976.

Obra poética: *Buscando amor* (Buenos Aires, 1965); *Desde Inglaterra* (México, 1970); *Resistencia de particulares* (México, 1974); *Cuando el placer termine* (México, 1977), premio Nacional de Poesía 1976; *Cantos de Plasencia* (Madrid, 1977); *Poemas para el perro de la carnicería* (México, 1979); *Antología* (México, 1979); *Tarot de Valverde de la Vera* (Madrid, 1980); *Meridiano 8-0* (Madrid 1982).

Ha publicado también: *El teatro de Bulgakov* (México, 1973); *Información y sociedad* (México, 1975); *Poesía italiana moderna y contemporánea* (México, 1976); *Ramón López Velarde* (México, 1976); *José Carlos Becerra* (México, 1977); *El teatro soviético* (México, 1977).

Los poemas seleccionados pertenecen a las ediciones siguientes: «El pontífice», «La estación destructora», «Finale» y «Nota roja» *(Antología,* U.N.A.M., México, 1979); «Autobiográficos VI», «Las ineptitudes de la inepta cultura» y «Una temporada en el viejo hotel I» *(Cuando el placer termine,* Joaquín Mortiz, México, 1977); «Poemas para el perro de la carnicería III», «Tres poemas de viaje y una elegía III», «A mexican crazy Jane» y «Carta a Julio Herrera y Reissig» *(Poemas para el perro de la carnicería,* U.N.A.M., México, 1979).

EL PONTÍFICE

Vivo en el descalabro.
No he podido aliar mi voluntad
a una ortodoxia
firme, clara y segura.
Dudo y persisto en la búsqueda
de un cordel pendiente del aire,
de lo innombrado,
de lo que da sentido a la noche lunar,
a la mañana descubierta por pájaros sedientos,
a la tarde sentada en la banca del parque,
a tu calma cuando al final del amor
te ocupa la plenitud del cuerpo.
No puedo aceptar
el orden preciso de las creencias.
Cuarenta y seis años en el mundo
me han dejado la certidumbre
de que aquí hay un engaño,
un retorcido truco,
algo que sobrecoge al desamor,
algo trivial y blando,
algo tan natural como la sangre.
A nada puedo aferrarme
y no protesto o me doy por vencido.
Tal vez esta búsqueda
y la certeza del engaño
sean una oscura forma
de la gracia.

LA ESTACIÓN DESTRUCTORA

¿Dónde te escondes,
oh consuelo del mundo?

(Novalis.)

Agitando las manos hasta llegar
a la aureola perfecta.
Con los ojos abiertos
a las pequeñas cosas,
presintiendo la llegada
de la estación destructora.

El miedo en el jardín
acongoja
al frío de la estatua.

Tendidos en la hierba
esperamos el momento
de la siega.

No hay más realidad
que esta pálida espera
no hay más voces
que las del miedo oculto
tras la sombra
de esta noche interminable
que se desploma
sobre el jardín.

FINALE

Il poeta chiude Il becco.

Debería callarme el hocico
y evitar las calles adyacentes.

Voy exhibiendo la cabeza rota,
los agujeros de los pantalones,

el corazón que por barroca vanidad
espero que algún día sea trasplantado
a un negro de sudáfrica.
Debería callarme el hocico
y escribir solamente en los retretes
alumbrado por fósforos,
hacer grandes graffiti con carbón
y terminarlos con la punta de la nariz.

Yo nací en un mundo tan solemne,
tan lleno de conmemoraciones cívicas,
estatuas,
vidas de héroes y santos,
poetas de altísimas metáforas
y oradores locales;
en la ciudad que tiene siempre puesta
la máscara de jade y de turquesa,
y como ahí nací
debería callarme el hocico
y pintar solamente en los retretes.

NOTA ROJA

A Cesare Pavese.

Salir una mañana de la casa
sin tomar el café, sin decir nada,
sin besar ni a la esposa ni a los hijos.
Salir e irse perdiendo por las calles,
tomar aquel tranvía.
Recorrer el jardín sin ver que el sol
va colgando sus soles diminutos
de la rama del árbol.
Recorrer el jardín
sin ver que un niño nos está contemplando,
sin ver las cabelleras rubias, morenas, pálidas.

Pasar cargando una sonrisa muerta
con la boca cerrada hasta hacer daño.

Entrar en los hoteles,
hallar uno silencioso y lejano,
tenderse entre las sábanas lavadas
y sin decir palabra, sin abrir la ventana
para que el sol no meta su esperanza
apretar el gatillo.

He dicho nada,
ni el sol,
ni la flor que nos dieron las muchachas.

AUTOBIOGRÁFICOS

VI

Antes corría ligera por el papel,
cada palabra salía de ella
vestida de nuevo; su sonido
inauguraba el día.
Las metáforas frescas
salían a su encuentro,
se le entregaban ávidas
con las ropas abiertas,
y no era necesario escarbar en la tierra
para encontrar las ágiles palabras.

Ahora no sé lo que le pasa;
se detiene,
se arrastra tristemente
sobre la pura nieve,
y nunca encuentra nada.
Se desvive por intentarlo todo,
completa las palabras
y de repente tiembla,
destruye con pasión ennegrecida
las líneas antes claras.
No descansa; el poema termina,
y entre el mar de borrones
se destacan palabras
carentes de sentido.

La culpa es suya;
yo no puedo darle la firmeza
que antes tenía.
Soy el mismo
después de tantos cambios,
después de tantas vueltas y revueltas.

La tomo,
la examino,
la amortajo de conmiseración
y despedida.
Cae lentamente
y se hunde en el mar de tinta.

A la bahía los barcos van entrando.
Todos ríen. Estoy temblando
en este día de sol.

Las nubes pasan sobre mi cabeza.

LAS INEPTITUDES DE LA INEPTA CULTURA

I

Convencido de que existe otra forma de vivir
Li-Po se dejó llevar por el agua.

II

El poeta persa encontró que la salida
no estaba en el hueco de las palabras.

III

Píndaro demostró que también es posible la poesía de encargo
si el patrocinador no se da cuenta de la burla.

IV

De algunas traducciones al español se desprende
que los poetas mayas pasaron gran parte de su vida lloriqueando.

V

Borges ha traducido
estudiado y comentado
a treinta poetas sajones
y a tres poetas árabes
que nunca existieron.
Sus traducciones son particularmente fieles.
Se espera que muy pronto
otro estudioso del tema lo proponga
algunas rectificaciones.

VI

Al final del diálogo entre el crítico y el poeta
el público observó que el crítico recogía su tiara
y se iba muy orondo por el sendero asfaltado.

El poeta se quedó en el salón
y procedió a comerse sus poemas
con una lentitud que denotaba revanchismo,
y lo que es más grave, delectación.

VII

El poeta romántico encontró
que el mundo está dividido
en dos mitades irreconciliables:
la de los que mandan
y la de los que obedecen.

Pensó que los poetas románticos
debían inaugurar una tercera mentalidad:
la de los que no mandan
y se niegan a obedecer.
Imaginó entonces su celda de la prisión:
una biblioteca selecta
dotada de una atmósfera de estudio,
y pintada con el tranquilo color
de la conciencia apaciguada.

VIII

El poeta de Samarcanda
tenía guardado su corazón
en una jaula de oro.
Lo escuchaba en las tardes.
Poco antes de morir lo pellizcó,
guardándoselo en el bolsillo
de su túnica funeraria.

IX

RECITALES

A la poeta Ladislalia de Montemar.

Los poetas dijeron versos
y agitaron sus plumas en el gran salón.

Al día siguiente varias sirvientas
lucieron plumas de pavo real
en sus sombreros viejos.
Ellas opinan que los recitales son útiles
a la república.

UNA TEMPORADA EN EL VIEJO HOTEL

I

El día gris es perfecto. Anuncia nieve el diario y en el hall las
viejas señoras revolotean con los ojos inquietos, llevando en las
manos pastillas para el resfriado y el reumatismo. El Coronel
Maugham arregla su bigote, y Henry James prepara el equipaje
para regresar a la casa de campo. Peter Quint y Miss Jessel espe-
rarán en la terraza jugando con la tortuga, mientras Flora hace
el amor en el bosque sin que sus faldas se arruguen, sin que
Miles se entere, sin que la nueva institutriz pueda mostrar las
mejillas del escándalo. Pasa Noel Coward; diríase que baila con
aquella señora de la espalda desnuda. Groucho Marx será el
orador de la cena anual. T. S. Eliot informó que no podía asistir;

pretextó gripa, pero todo el mundo sabe que está paseando en
trineo con su primo el archiduque, y que muy pronto partirá
hacia el sur.

Corre el año de 1930
hoy, diciembre de 1975,
en el viejo hotel
asomado al río.

POEMAS PARA EL PERRO DE LA CARNICERÍA

XVII

Ni el excesivo goce,
ni el dolor
de un talento
que destroza los días.
Una colina suave,
las manos fieles
de ese amor callado.

TRES POEMAS DE VIAJE Y UNA ELEGÍA

III

Bajo la luz plena, alta, ardiente
del medio día maduro,
las muchachas juegan.
Juegan con sus amores apenas nacidos,
con sus corazones de harina tierna,
con sus cuerpos que, de un día a otro,
se abren como esas grandes flores del trópico
sorprendidas por el inmenso sol.
Juegan en la tarde y cuando sale la luna,
mientras los hombres y las fieras regresan a sus cubiles
después de un día de mordiscos, sudores y penas disimuladas
por el estrépito de los quehaceres.

Las muchachas juegan,
sus largas piernas brillan
con las primeras luces de la noche.
Sus pequeños senos creciendo
y sus caderas redondas por obra y gracia de la luna.
Mientras jueguen habrá consuelo en la tierra
y un aire misterioso como la vida verdadera
mejorará las noches.
Las pequeñas mujeres,
nuestras señoras de las consolaciones,
crecen mientras la luna nos envuelve
y el aire dice que todo está hecho
para este juego de gozar creciendo,
de dejar de crecer gozando,
porque la noche y los hombres saben
las palabras y los actos del amor.

A MEXICAN CRAZY JANE

La loca de mi pueblo tenía hambre;
entraba a los jardines y se comía las rosas.
De repente, al voltear una esquina,
percibíamos el perfume floral
de su cuerpo lleno de chinches.
Su boca desdentada y sus labios negruzcos
despedían un aire tan cargado de rosas
que las metáforas se desplumaban
y corrían a refugiarse
en las tumbas de los poetas románticos.

CARTA A JULIO HERRERA Y REISSIG

Sin que el reloj lo sepa, aseguro que está vivo. Su muerte fue un
infundio, una de esas mentirijillas que él se inventaba y en las
cuales creía con más pasión que la merecida por las cosas de la
verdad.

Tiene 102 años, vive en la Torre de los Panoramas, ha viajado
muy poco (pasó un año de destierro inventado en Buenos

Aires, esa ciudad que, cuando los días son claros, puede verse desde la Torre) y no sabe trabajar a horario fijo. Padece del corazón y toma morfina para apaciguar sus angustias. Lo rodean sus «locos serios», Lamartine, Walter Scott, Julián del Casal, unas Walkirias, el sauce, Lope de Vega saliendo de su caja mortuoria, Eurídice, la playa de Montevideo, unos militares expertos en sacar ojos, varias odaliscas recostadas, los pálidos asfódelos de D'Annunzio, una larga serie de noches sin sueño, las mujeres como golondrinas fatales, pastores gemebundos, unos vampiros, ríos de sangre gótica y unas mentiras inofensivas para arreglar la cara del día y detener (entreteniéndola con piruetas, pucheros, carantoñas, canciones, lágrimas de utilería y aullidos verdaderos) a la enlutada enamorada de los corazones «absurdos y metafóricos».

Acabo de enviarle este soneto:

A JULIO HERRERA Y REISSIG, VIAJERO EN SU TORRE

Más lejos, sin que el sol las haga claras,
las torres de Venecia multiplican
los ecos de la voz que enmascaras
los dolores que a tu ojo sacrifican.

Para hablar de Venecia en esta tarde
es necesario nunca haberla visto.
Así diremos que la luna arde
bajo la palidez de lo imprevisto.

Por la ciudad se mueven las aguas del Leteo
y de ellas brota el fúnebre asfódelo
visto en la noche de Montevideo.

Que el recuerdo fingido nunca borre
el curvo, pensamiento y cruel anhelo
de ver el mundo sin dejar la torre.

En el sobre escribí: Señor don Julio Herrera y Reissig
Torre de los Panoramas
Montevideo, Uruguay.

CONTESTACIÓN PAGADA.

ÓSCAR HAHN
(Iquique, Chile, 1938)

Óscar Hahn

Nació en Iquique (Chile) en 1938. Fue profesor de la Universidad de Chile (Arica) hasta septiembre de 1973. Miembro del Taller Internacional de Escritores de la Universidad de Iowa (1971-1973). Master of Arts por dicha Universidad y doctor en Filosofía por la de Maryland. En la actualidad es profesor de Literatura en la Universidad de Iowa y coeditor del Handbook of Latin American Studies, de la Biblioteca del Congreso de los Estados Unidos.

Obra poética: *Esta rosa negra* (Santiago de Chile, 1961); *Agua final* (Lima, 1967); *Arte de Morir* (Buenos Aires, 1977); *Arte de morir*, 2.ª ed. (Santiago de Chile, 1979); *Arte de morir*, 3.ª ed. (Lima, 1981); *Mal de amor* (Santiago de Chile, 1981).

Ha publicado también: *El cuento fantástico hispanoamericano en el siglo XIX* (México, 1978) y una edición de *Ecuatorial*, de Vicente Huidobro.

Los poemas seleccionados pertenecen a las ediciones siguientes: «Invocación al lenguaje», «O púpura nevada o nieve roja», «De tal manera mi razón enflaquece», «Movimiento perpetuo», «Restricción de los desplazamientos nocturnos» y «Tractatus de sortilegiis» *(Arte de morir,* Ed. Nascimento, Santiago de Chile, 1979); «Paisaje ocular», «Escrito con tiza», «Ningún lugar está aquí o está ahí», «Ecología del espíritu», «Buenas noches hermosa» y «Eso sería todo» *(Mal de amor,* Ed. Ganymedes, Santiago de Chile, 1981).

INVOCACIÓN AL LENGUAJE

Con vos quería hablar, hijo de la grandísima.
Ya me tienes cansado
de tanta esquividad y apartamiento,
con tus significantes y significados
y tu látigo húmedo
para tiranizar mi pensamiento.
Ahora te quiero ver, hijo de la grandísima,
porque me marcho al tiro al país de los mudos
y de los sordos y de los sordomudos.
Allí van a arrancarme la lengua de cuajo:
y sus rojas raíces colgantes
serán expuestas adobadas en sal
al azote furibundo del sol.
Con vos quería hablar, hijo de la grandísima.

O PÚRPURA NEVADA O NIEVE ROJA

Está la sangre púrpura en la nieve
tocando a solas llantos interiores
al soplo de memorias y dolores
y toda la blancura se conmueve
Fluyendo van en ríos de albas flores
los líquidos cabellos de la nieve
y va la sangre en ellos y se mueve
por montes de silencio silbadores
Soñando está la novia del soldado
con aguas y más aguas de dulzura
y el rostro del amado ve pasar
Y luego pasa un río ensangrentado
de blanca y hermosísima hermosura
que va arrastrando el rostro hacia la mar

DE TAL MANERA MI RAZÓN ENFLAQUECE

La razón de estas aguas, la perfecta
lógica de estas aguas, de esta mente
líquida, que la curva de la recta
distingue, y la sustancia, el accidente,
se desmorona cuando por su frente
oyo pasar los peces funerales
y quedar en su trágica corriente,
de la nada, las huellas digitales.

MOVIMIENTO PERPETUO

Al son de un suave y blando movimiento,
arroyos vas pisando de dulzura.
Tus pasos pisan, pasan por la oscura
región de mi memoria. Ya no siento
ni el ruido de la puerta ni el lamento
del lecho al irte. Pasa tu hermosura,
se pierde en el umbral. Tu mano pura
cerró el vestido.

          Piénsanme dormido
tus pasos. Pisan, pasan por mi mente
igual que ayer. Mi pobre sentimiento

qué solo está, qué solo estoy tendido
mirándote partir perpetuamente
al son de un suave y blando movimiento.

RESTRICCIÓN DE LOS DESPLAZAMIENTOS NOCTURNOS

o el animal super-chico cuyo cuerpo crece o decrece
de izquierda a derecha:

o el cazador moviéndose hacia la bestezuela
de derecha a izquierda:

o la línea que se borra o se marca en el pizarrón
de izquierda a derecha:

o el borrador deslizándose hacia el punto blanco
de derecha a izquierda:

o el cazador o el borrador como únicos sobrevivientes
en esta hoja:
o esta hoja que arrugo o que boto en el papelero:
o ese algo que avanza hacia mí por el cuarto sin ruido

de abajo arriba: de arriba abajo:
de izquierda a derecha o de derecha a izquierda:

y me arruga y me bota en el papelero.

TRACTATUS DE SORTILEGIIS

En el jardín había unas magnolias curiosísimas, oye,
unas rosas re-raras, oh,
y había un tremendo olor a incesto, a violetas macho,
y un semen volando de picaflor en picaflor.
Entonces entraron las niñas en el jardín,
llenas de lluvia, de cucarachas blancas,
y la mayonesa se cortó en la cocina
y sus muñecas empezaron a menstruar.
Te pillamos in fraganti limpiándote el polen
de la enagua, el néctar de los senos, ves tú?
Alguien viene en puntas de pie, un rumor de pájaros
pisoteados, un esqueleto naciendo entre organzas,
alguien se acercaba en medio de burlas y fresas
y sus cabellos ondearon en el charco
llenos de canas verdes.
Dime, muerta de risa, a dónde llevas
ese panal de abejas libidinosas.
Y los claveles comenzaron a madurar brilloso
y las gardenias a eyacular coquetamente, muérete,
con sus durezas y blanduras y patas
y sangre amarilla, aj!
No se pare, no se siente, no hable

con la boca llena
de sangre:
que la sangre sueña con dalias
y las dalias empiezan a sangrar
y las palomas abortan cuervos
y claveles encinta
y unas magnolias curiosísimas, oye,
unas rosas re-raras, oh.

PAISAJE OCULAR

Si tus miradas
salen a vagar por las noches
las mariposas negras huyen despavoridas
tales son los terrores
que tu belleza disemina en sus alas.

ESCRITO CON TIZA

Uno le dice a Cero que la nada existe
Cero replica que Uno tampoco existe
porque el amor nos da la misma naturaleza

Cero más Uno somos Dos le dice
y se van por el pizarrón tomados de la mano

Dos se besan debajo de los pupitres
Dos son Uno cerca del borrador agazapado
y Uno es Cero mi vida

Detrás de todo gran amor la nada acecha

NINGÚN LUGAR ESTÁ AQUÍ O ESTÁ AHÍ

Ningún lugar está aquí o está ahí
Todo lugar es proyectado desde adentro
Todo lugar es superpuesto en el espacio

Ahora estoy echando un lugar para afuera
estoy tratando de ponerlo encima de ahí

encima del espacio donde no estás
a ver si de tanto hacer fuerza si de tanto hacer fuerza
te apareces ahí sonriente otra vez

Aparécete ahí aparécete sin miedo
y desde afuera avanza hacia aquí
y haz harta fuerza harta fuerza
a ver si yo me aparezco otra vez si aparezco otra vez
si reaparecemos los dos tomados de la mano
en el espacio
                    donde coinciden
                                    todos nuestros lugares

ECOLOGÍA DEL ESPÍRITU

Ahora estamos hundiéndonos lentamente en el fango
y lo más raro es que podemos respirar
tóquese fondo ahora tóquese fondo quebradizo
quiébrese el fondo y cáigase al vacío abierto
navéguese un buen rato por el cielo
y húndase en el espacio profundamente en el espacio
y lo más raro es que podemos respirar
tóquese fondo ahora tóquese fondo duro
pálpese el fondo siempre con los pies
golpéese el fondo duro rebótese allí
sálgase impulsado hacia arriba sálgase al vacío abierto
navéguese un buen rato por el cielo
porque ahora estoy hundiéndome cada vez más en el fango
mientras vuelo sin alas por el espacio de la pecera

BUENAS NOCHES HERMOSA

Buenas noches hermosa
que sueñes con demonios
con cucarachas blancas

y que veas las cuencas
de la muerte mirándote
con mis ojos en llamas

y que no sea un sueño

ESO SERÍA TODO

Te estoy haciendo un destino aquí mismo
Lo estoy dibujando en las alas de un pájaro
Lo estoy pintando en la pared de mi cuarto

Ahora el pájaro vuela con furia
ahora lanza su grito do guerra
y se dispara contra la pared

Sus plumas están flotando en el espacio
Sus plumas están mojándose en su sangre

Coge una y te escribe este poema

JOSÉ EMILIO PACHECO
(Ciudad de México, 1939)

José Emilio Pacheco

Foto de Josué Sánchez

Nació en Ciudad de México (México) en 1939. Coordinó, con Carlos Monsiváis, el suplemento de la revista *Estaciones*. Secretario de redacción de la Universidad de México y de México en la Cultura. Jefe de redacción del suplemento de *Siempre*, «La Cultura en México». Actualmente trabaja en el Departamento de Investigaciones Históricas del I.N.A.H. Ha dado cursos de poesía y de literatura hispanoamericana en diversas universidades norteamericanas.

Obra poética: *Los elementos de la noche* (México, 1963); *El reposo del fuego* (México, 1966); *No me preguntes cómo pasa el tiempo* (México, 1969); *Irás y no volverás* (México, 1973); *Islas a la deriva* (México, 1976); *Desde entonces* (México, 1980). *Tarde o temprano* (México, 1980) reúne todos los libros de poesía publicados hasta entonces, e incluye *Aproximaciones, 1958-1978:* versiones que quieren ser «textos que puedan ser leídos y juzgados como poemas en castellano, reflejos y aun comentarios en torno de sus intactos e inmejorables originales». *Los trabajos del mar* (México, 1982).

Ha publicado también: *El viento distante* (1963-1969); *El principio del placer* (1972), cuentos, y *Morirás lejos* (1967 y 1977) y *La batalla en el desierto* (1981), novelas.

Los poemas seleccionados pertenecen a las ediciones siguientes: «La materia deshecha», «El reposo del fuego: 4, 11, 15», «Tratado de la desesperación: los peces», «Ô toi que j'eusse aimée...», «Ciudad maya comida por la selva», «Sor Juana», «H & C», «Sentido contrario», «El equilibrista» y «Apunte del natural» *(Tarde o temprano,* F.C.E., México, 1980); «La noche nuestra interminable» y «El fantasma» *(Los trabajos del mar,* Universidad de Nuevo León, México, 1982).

LA MATERIA DESHECHA

Vuelve a mi boca, sílaba, lenguaje
que lo perdido nombra y reconstruye.
Vuelve a tocar, palabra, el vasallaje
con tu propio fuego te destruye.

Regresa, pues, canción, hasta el paraje
en donde el tiempo acaba mientras fluye.
No hay monte o muro que su paso ataje:
lo perdurable, no el instante, huye.

Ahora te nombro, incendio, y en tu hoguera
me reconozco: vi en tu llamarada
lo destruido y lo remoto. Era

árbol fugaz de selva calcinada,
palabra que recobra en su sonido
la materia deshecha del olvido.

EL REPOSO DEL FUEGO

I, 4

Miro sin comprender, busco el sentido
de estos hechos brutales,
                              y de pronto
oigo latir el fondo del espacio,
la eternidad muriéndose,
                              y contemplo,
reparo en la insolencia
feliz con que la lluvia moribunda
ahoga este minuto y encarniza
sus procaces colmillos contra el aire.

I, 11

Mala vasija el cuerpo. Recipiente
incapaz de rebalse. Y deterioro.
¿Sólo perder ganamos existiendo?
¿Con qué ojos recobrarla, si la órbita
en que la luz brilló sólo es la casa
de las hormigas, su castillo impune?

¿Cómo acercarme así, ya por los siglos
de los siglos sin pausa ni sosiego,
si no puede volver, si ya la tierra
se aposenta en la boca y enmudece
con su eco atroz la oscura letanía?

Si una rama se mueve, si en la hierba
una brizna se rompe, en los dominios
despoblados y abyectos de la muerte
¿qué rapiña a la vida está cercando,
con qué cara morir, cuál sacrificio
reclama la ceniza, y al salvarnos
qué humillaciones, muerte, has aplazado?

I, 15

No humillación ni llanto: vocerío,
insumiso clamor. Toma la antorcha,
prende fuego al desastre.
                                             Y otra hoguera
florezca,
               hienda el viento.
Mediodía, presagio incandescente,
inminencia total que es vida y muerte.

TRATADO DE LA DESESPERACIÓN: LOS PECES

Siempre medita el agua del acuario
Piensa en el pez salobre y en su vuelo
reptante
               breves alas de silencio

El entrañado en penetrables   líquidos
pasadizos de azogue
                              en donde hiende
su sentencia de tigre
                              su condena
a claridad perpetua
                              o ironía
de manantiales muertos tras dormidas
corrientes de otra luz
                              Claridad inmóvil
aguas eternamente traicionadas
o cercenado río sin cólera
que al pensar sólo piensa en el que piensa
cómo hundirse en el aire
                              en sus voraces
arenales de asfixia
                    Ir hasta el fondo
del invisible oleaje que rodea
su neutra soledad
                    por todas partes

«Ô TOI QUE J'EUSSE AIMÉE...»

Y ahora una digresión   Consideremos
esa variante del amor que nunca
        puede llamarse amor

Son aislados instantes sin futuro
En la ciudad donde estaré tres días
        nos encontramos
Hablamos cien palabras

Pero un brillo en los ojos   un silencio
o el roce de las manos que se despiden
prende la luz de la imaginación

Sin motivo ni causa uno supone
que llegó pronto o tarde
        y se duele
(«no habernos conocido...»)

E involuntariamente ocupas tu fiel nicho
en un célibe harén de sombra y humo

Intocable
incorruptible al yugo del amor
viva en lo que llamó De Rougemont
la posesión por pérdida.

CIUDAD MAYA COMIDA POR LA SELVA

De la gran ciudad maya sobreviven
arcos
     desmanteladas construcciones
vencidas
       por la ferocidad de la maleza
En lo alto el cielo en que se ahogaron sus dioses

Las ruinas tienen
         el color de la arena
Parecen cuevas
        ahondadas en montañas
que ya no existen

De tanta vida que hubo aquí
de tanta
     grandeza derrumbada
sólo perduran
       las pasajeras flores que no cambian

SOR JUANA

es la llama trémula
en la noche de piedra del virreinato

H & C

En las casas antiguas de esta ciudad las llaves del agua
    tienen un orden diferente
Los fontaneros que instalaron los grifos
    hechos en Norteamérica

dieron a *C* de *cold* el valor de *caliente*
La *H* de *hot* les sugirió agua *helada*

¿Qué conclusiones extraer de todo esto?
        —Nada es lo que parece
        —Entre objeto y palabra
          cae la sombra
          (ya entrevista por Eliot)

Para no hablar de lo más obvio:
          Cómo el imperio nos exporta un mundo
          que aún no sabemos manejar ni entender
          Un progreso bicéfalo (creador
          y destructor al mismo tiempo
          —y como el mismo tiempo)
          al que no es fácil renunciar

Nadie que ya disfrute el privilegio (aquí
          tener agua caliente es privilegio)
          se pondrá a cavar pozos a extraer
          aguas contaminadas de un arroyo

Y de otro modo cómo
          todo acto es traducción:
          Sin este código
          se escaldará quien busque
          bajo la *C* el agua fría
          Los años pasarán sin que se entibie
          la que mana de *H*

SENTIDO CONTRARIO

Picasso y sus críticos

El río de tinta
seguirá corriendo

Hilito de agua al pie de la montaña

Lugones a los ultraístas

Hablo una lengua muerta
y siento orgullo
de que nadie me entienda

Camoens

Cuando empezó la ruina en Portugal
Camoens que había cantado su gloria
volvió a Lisboa:
— «Quiero compartir
este dolor
esta miseria que somos»

Dante

Al ver a Dante por la calle
la gente lo apedreaba   Suponía
que de verdad estuvo en el infierno

Sol de Heráclito

El sol es nuevo cada día
(«pero los ojos que lo ven brillar
no disfrutan
de esa capacidad»)
añadió Heráclito
en líneas omitidas por los copistas
o devoradas
en el célebre incendio de Alejandría

Cabeza olmeca

Bloque o montaña
Un solo rostro
Un astro
caído
de una historia inescrutable

Selva de la inmovilidad
Padre de piedra

Vestigio de qué dios decapitado

Ciudades

Las ciudades se hicieron de pocas cosas:
madera (y comenzó la destrucción)
lodo piedra agua pieles
de las bestias cazadas y devoradas

Toda ciudad se funda en la violencia
y en el crimen de hermano contra hermano

Nombres

El planeta debió llamarse *Mar*
Es más agua que *Tierra*

Tradición

Aquí yacen tus pasos:
en el anonimato de las huellas

Lost generation

Otros dejaron a la «posteridad»
grandes hazañas o equivocaciones
        Nosotros
Nada dejamos
Ni siquiera espuma

Antiguos compañeros se reúnen

Ya somos todo aquello
contra lo que luchamos a los veinte años

EL EQUILIBRISTA

Entre las luces se perdió el abismo
Se oye vibrar la cuerda

No hay red/ sólo avidez/ sólo aire
a la temperatura de la sangre

Suena el silencio
es invisible la luz
resbalosos milímetros acechan

Y la muerte
lo toma de la mano

Se deja conducir
pero la ve de frente
y ella baja la vista y se retira

Sabe respetar
a quien no la desdeña ni la teme

El hombre al fin
llega al extremo opuesto

Su pavor
se desploma en el aire

APUNTE DEL NATURAL

Una rama de sauce sobrenada en el río. Pulida por la corriente
se encamina hacia el ávido mar. Al tocar el follaje el viento im-
pulsa la navegación. La rama entonces se estremece y prosigue.

En sus hojas se anuda una serpiente. En sus escamas arden la
luz del sol, los rastros de la lluvia. Rama y serpiente se enlaza-
ron hasta constituir una sola materia: piel es la madera y la
lengua un retoño afilado, venenoso. La serpiente ya no florecerá

en la selva intocable. El árbol no lanzará contra las aves sus colmillos narcóticos.

Ahora, vencidas, prueban la sal del mar en las aguas fluviales.
Luego entran en el vórtice de espuma y llegan al Atlántico
mientras la noche se propaga en el mundo. Serán por un momento isla, ola, marea. Unidas llegarán al fondo del océano. Y
allí renacerán en la arena inviolable.

LA NOCHE NUESTRA INTERMINABLE

Mis paginitas, ángel de mi guarda, fe
de las niñeces antiquísimas,
no pueden, no hacen peso en la balanza
contra el horror tan denso de este mundo.
Cuántos desastres ya he sobrevivido,
cuántos amigos muertos, cuánto dolor
en las noches profundas de la tortura.

Y yo qué hago y yo qué puedo hacer.
Me duele tanto el sufrimiento de otros,
          y apenas
intento conjurarlo por un segundo con estas hojitas
que no leerán los aludidos, los muertos ni los pobres
          ni tampoco
la muchacha martirizada. Cuál Dios
podría mostrarse indiferente
a esta explosión, a esta invasión del infierno.
Y en dónde yace la esperanza, de dónde
va a levantarse el día que sepulte
la noche nuestra interminable doliendo.

EL FANTASMA

Entre sedas ariscas deslizándose
—todo misterio, todo erizada suavidad
          acariciante—
el insondable, el desdeñoso fantasma,

tigre sin jaula porque no hay prisión
capaz de atajar
esta soberanía,
esta soberana soberbia,
rey de la noche y de su gallinero:
la cuadra,

el gato adoptivo,
el gato exlumpen sin pedigrí más prehistoria,
deja su harén
y con elegancia suprema
se echa en la cama en donde yaces desnuda.

PEDRO SHIMOSE
(Riberalta, Bolivia, 1940)

Pedro Shimose

Foto Portillo

Nació en Riberalta (Bolivia) en 1940. Redactor y columnista del diario *Presencia,* de La Paz. Ejerció durante diez años la crítica de arte. Estudios de Derecho y Filosofía en la Universidad Mayor de San Andrés, de La Paz, donde ha sido profesor de Literatura Latinoamericana y director de Cultura. Licenciado en Ciencias de la Información por la Universidad Complutense de Madrid. En la actualidad, trabaja en el Instituto de Cooperación Iberoamericana de la capital de España. Pedro Shimose es, además, dibujante y compositor de música popular.

Premio Nacional de Poesía, 1960 (Confederación Universitaria Boliviana); premio nacional de Poesía, 1966 (Juegos Florales de Sucre); premio Casa de las Américas, 1972; accésit del premio El Olivo (Jaén, 1974) y del premio Leopoldo Panero (Madrid, 1975).

Obra poética: *Triludio en el exilio* (La Paz, 1961); *Sardonio* (La Paz, 1967); *Poemas para un pueblo* (La Paz, 1968); *Quiero escribir, pero me sale espuma* (La Habana, 1972); *Caducidad del fuego* (Madrid, 1975); *Al pie de la letra* (Jaén, 1976); *Reflexiones maquiavélicas* (Madrid, 1980).

Ha publicado también un libro de relatos: *El Coco se llama Drilo* (La Paz, 1976).

Los poemas seleccionados pertenecen a las ediciones siguientes: «Hallstatt» y «La esfera y el río» (*Al pie de la letra,* Diego Sánchez del Real, Ed. Jaén, 1976); «La doliente quimera», «Jardín de arena», «Mecánica de los cuerpos», «Dilución del puñal», «Los espejos llameantes» y «La muerte del fuego» (*Caducidad del fuego,* Ed. Cultura Hispánica, Madrid, 1975); «Maquiavelo y las mujeres», «Tres sonetos para Giuliano de Medici» y «Marietta Corsini» (*Reflexiones maquiavélicas,* Playor, Madrid, 1980). El poema «La Casa de la Moneda» es inédito en el momento de preparar esta antología.

HALLSTATT

Los cuervos agonizan al filo de la llama.
           La alondra canta en la rama
                    Su canto
es la morada de los
astros.
           Transita el fuego la floresta
y en la forma punzante
           se derrama:
                         la jabalina.
                         el dardo.
                         la ballesta.

LA ESFERA Y EL RÍO

Se engaña y engañándose te engaña
sin querer. No ve más que el dolor lento
de las cosas. Ignora el movimiento
de la luz. Él ve sólo la montaña.

Es su realidad una maraña
de símbolos, un puro sentimiento
o un sueño donde el sueño es pensamiento,
cristal de tiempo que la sangre empaña.

Ojo burlado y burlador, tu instante,
tu fragmento de certidumbre inerte
no ve sino diamante en el diamante.

Tú sabes lo que sabes al no verte
e ignoras lo que ignora el nigromante,
lo que ignora la vida de la muerte.

LA DOLIENTE QUIMERA

Vuelvo el rostro y veo
                    la dimensión del odio.
No he venido a decirte
                    que todo es tarde en mí.
He vuelto a tu crueldad,
a sucumbir junto a la
piedra.

Veo mis ruinas en tus ojos
                    hermosos todavía.
Veo tus manos
                    todavía perfectas
y emerjo
            de las brumas violentas
del pasado
                    cada vez más
solo.

Vuelvo a contemplarme y todo es triste.
Todo:
        mi soledad:
                    mi fuerza:
                            la montaña.
Te miro
en la mentira de mis sueños
            y te arrojo a mis
abismos.

Si me llego a encontrar con aquel
que huye de mí
volveré a tu ternura
            y empezaré a decir
lo que nunca
hubiera dicho.

JARDÍN DE ARENA

No hay flores,
        sólo círculos y líneas.
¿Dónde
      sino en tu mente
           la luz canta?
(Aquí) soy:
        la suavidad del gesto (ahora)
la armonía en las cosas
        y en el pensamiento.
                A veces
por la serenidad cruzan
relámpagos.

MECÁNICA DE LOS CUERPOS

Acaricio tus formas
suaves
como dunas
que no hay;
beso tus pezones
        enhiestos y rosados
como un amanecer.
Tu cuerpo, emblema
crepitante;
     mi alma
        tiembla
al puro estado de belleza.
          Tus ojos.
Reposa en ti el impulso
de una corriente
      azul. Desciende
a mí
tu voz.

La armonía
conquista los espacios
      del tiempo
        inasequible.

DILUCIÓN DEL PUÑAL

Tu quoque, fili mi!

Desciende
soñándose
perverso,

rasga el aire,
se desliza,
corta el
agua y
cae,

contempla
su caída,

inventa
animalitos
de ternura,

recuerda
ríos de amor
bajo la noche
poblada de
leones,

brilla
en el papel
de estaño,

envuelve
lunas, se
hunde en
el espejo;

al otro
lado del
cristal

gira,
lenta,
su muer
te.

La san
gre se
diluye
en el
pai
sa
j
e

LOS ESPEJOS LLAMEANTES

Toda grandeza tiende a soportar su horror,
    su hirviente gusanera, el peso
    de sus vicios;
        oye su astucia y su perfidia
    como golpes de martillo
sobre el fuego que se acaba.
                            La sangre
—de tanto amar el cielo—
                        negrea,
oscurecida de tanta soledad,
con la boca abierta en un grito
sofocado;
sus ojos vacíos miran mi nada
                        anochecida
en la tristeza de la tierra.
Yo sé
        pero mi juventud no sabe.
Tienes que morir,
                decrépito estertor,
                    charco de
                llamas frías.

La carne ciega ve, por fin, su espanto.

LA MUERTE DEL FUEGO

> Vive el fuego la muerte de la tierra,
> y el aire vive la muerte del fuego;
> el agua vive la muerte del aire, la
> tierra la del agua.
>
> Heráclito, Fragm. 76, 1.

La chispa   Vue
        la
plu
   ma
      de
    o
tra
   muer
      te
in
   sec
   to
     di
       mi
   nu
   to   vue
            la
pé
   ta   lo
       bri
       llan
          te
hie
   re
      la
   pie
   dra
      to
ca
   la
    ma
   de
    ra
     en

la
  bra
     vu
  ra
de

La llama   Rosa apocalíptica,
                        furor tumultuoso,
boca rugiente,
            blasfema,
                delirante;
llegas demoliendo imperios
y arrasando brumas;
                  conduces
tus huestes por mis lámparas;
despiertas al tiempo y su forma
         derretida,
    metálica,
crujiente,
       se baña
en tu música violenta.
¡Cédeme tus ímpetus para borrar la
        noche!
             ¡Oh realidad pura,
espíritu colérico,
tu justicia flameante
                  embriaga
a

La brasa   Ardes
como una rosa
extraviada
en la noche.
Te necesitan
la carne y el
tabaco; mi sombra
te precisa
pero tú
te niegas,
tarántula mortal, y el
humo

celebra tu
grandeza de
carácter, tu
voluntad
que anuncia
la llegada
del frío
en

La ceniza   Heráclito: tú
sabías
la verdad
al contemplar la
noche.
(Mi padre mira el
mar y yo
reúno
mis últimas
palabras
para el
viento)

MAQUIAVELO Y LAS MUJERES

Si deseáis escribirme algo a propósito de las damas, no dejéis de hacerlo. En cuanto a los asuntos serios, hablad con aquellos a quienes les gustan o los comprenden mejor que yo. Nunca me causaron más que contrariedades, en tanto que aquellas me hacen experimentar sólo dicha y placer.

Maquiavelo: Carta a Francesco Vettori, 3-8-1514.

Le gustaba la pachanga
como a cualquier hijo de vecino.

Los asuntos serios lo aburrían.

Las ñatitas, en cambio,
le dieron la felicidad que nunca
conocerán
los poderosos.

TRES SONETOS PARA GIULIANO DE MÉDICI

III

La vida me está matando, pero aun así
os envío unos tordos de regalo.
Los cacé personalmente para Su Señoría.
Os ruego que si os sobran algunos

los repartáis entre mis enemigos:
vuestros amiguetes. De esa manera
tendrán las fauces ocupadas
y dejarán de darme dentelladas.

Si juzgáis que los pajaritos están flacos,
tened en cuenta que yo también lo estoy
(es la mala suerte, Señor, la que me tiene

piel sobre huesos, demacrado y pálido).
No obstante, debo estar apetitoso,
pues sobre mí todos se ceban.

MARIETTA CORSINI

Marietta,
hija de Lodovico,
se casó ilusionada
como todas las jovencitas
de su edad,
pero pronto comprendió
que la vida
de un político es una discreta
locura
irremediable.

El marido vivía
dedicado a los asuntos de Estado:
viajes,
            reuniones,
                        francachelas.

(Alguna vez
le fueron con el chisme
de que su hombre
la engañaba
con locas
y putuelas)
callada,
cerró puertas y ventanas,
ordenó la casa,
parió seis hijos
y soportó en penumbras
la ausencia
de aquel
que la llamaba
cariñosamente
Monna
Marietta.

Su oscuridad
iluminaba
los trabajos
del ilustre
secretario.

LA CASA DE LA MONEDA

Una máscara se ríe.
¿De qué se ríe?

He llegado a pensar
que todo esto es una broma.

En el patio,
los leones soportan
la música del agua

y un tintineo de plata
me aturde
bajo un cielo vacío de colores.

El viento bate las ventanas
en esta noche irresponsablemente larga.

Y yo soy otro:
multitud diferente
defensora
del fuego.

JOSÉ KOZER
(La Habana, 1940)

José Kozer

Nació en La Habana (Cuba) en 1940. Hijo de emigrados judíos provenientes de Polonia y Checoslovaquia. Reside en Nueva York desde 1960 y es profesor de Lengua y Literatura Españolas en el Queens College (Universidad del Estado de Nueva York) desde 1965. Premio «Julio Tovar» de Poesía, 1974.

Obra poética: *Padres y otras profesiones* (Nueva York, 1972); *Poemas a Guadalupe* (Buenos Aires, 1973); *De Chepén a La Habana,* en colaboración con Isaac Goldemberg (Nueva York, 1973); *Poemas de Guadalupe* (Buenos Aires, 1974); *Este judío de números y letras* (S/C. de Tenerife, 1975); premio «Julio Tovar» 1974; *Y así tomaron posesión en las ciudades* (Barcelona, 1978; México, 1979); *La rueca de los semblantes* (León, España, 1980); *Jarrón de las abreviaturas* (México, 1980); *Antología breve* (República Dominicana, 1981); *The ark upon the number,* ed. bilingüe (Nueva York, 1982); *Bajo este cien* (México, 1982).

Los poemas seleccionados pertenecen a las ediciones siguientes: «Abraham M. Materim» (*Padres y otras profesiones,* Antiediciones Villamiseria, Nueva York, 1972); «Recomendaciones a mi hijo» (*De Chepén a La Habana,* Ed. Bayú-Menoráh, Nueva York, 1973); «Hago historia» (*Poemas de Guadalupe,* Ed. Por la Poesía, Buenos Aires, 1973 y 1974); «Éste es el libro de los salmos...» y «Abuelo sometía sus proposiciones...» (*Este judío de números y letras,* Ed. Nuestro Arte, S/C. de Tenerife, 1975); «Muertes del rey David» y «Kafka» (*Y así tomaron posesión en las ciudades,* U.N.A.M., México, 1979); «Divertimento (I)» y «Romanticismo (I)» (*La rueca de los semblantes,* Col. Provincia, León, España, 1980); «Zen», «El filósofo Mo Tse enseña...» y «Mme. Chu (al amanecer) servilletas de lino...» (*Jarrón de las abreviaturas,* Premiá, México, 1980); «Apego de lo nosostros» y «Nupcias» son inéditos en el momento de preparar esta antología.

ABRAHAM MARCUS MATERIM...

Abraham Marcus Materim
cuenta que vio a los bolcheviques entrar en
        Varsovia
mucho antes que la obesidad le obstruyera
        la memoria.
Dice que en el traspatio de su casa se escuchaban
        los cañones,
que él hundió la cabeza en un Talmud
por si algún estallido atravesaba la ventana.
Muchos años más tarde se hizo autor de libros
que varios refugiados comentaron,
se hizo cajista, imprimió varias odas,
fieramente aduladas por la comunidad hebrea.
Salió en los periódicos, del brazo de colegas,
la camisa por fuera, las gafas empañadas,
la portañuela abierta con su erudición.
Abraham Marcus Materim
impresor de libros en hebreo,
cayó por su propio peso bajo las garras de la
        gordura,
agonizó unas horas escupiendo tetragramas por la
        boca.

RECOMENDACIONES A MI HIJO VARÓN
QUE ESTÁ POR NACER

Primero, hijo, la camisa por dentro.
Hablar poco,
y si hablas de ti, decirlo todo escuetamente,
como cuando lo mejor que escribió tu padre.
Mucho respeto a tu madre,
y alzarle la voz lo menos posible.

Un beso a tu padre cuando llega del trabajo:
nada de apretón de manos.
No matar, no ir a la guerra,
tener siempre un par de pesos guardados en el banco,
y jamás hijo mío y jamás,
hipotecar la casa.
Ten tu buró, pon tus cosas en la gaveta,
no renuncies al tabaco.
Si tienes hijos, ni adviertas ni impongas.
El día de la muerte abre por fin tu libro,
coloca la cabeza bajo el tajo,
no te quites.

HAGO HISTORIA

Y mi voz que no tiene vibraciones,
mi verso reiterativo,
y la gran desavenencia que hubo en mis tres primeras casas,
mi madre fijando el mundo con un dedo,
mi padre fabricado de hormigón en los altos hornos uniformes,
y un abuelo recóndito que a fuerza de no verlo se me hizo fami-
     liar,
para mi hermana tengo nuestros dos cuartos nebulosos,
abuela chancleteando entre las frituras,
yo casado con una mujer que asustaba a los bisontes y se partió
     en pedazos,
los culeros embarrados de mi hija, rabia y reconciliación,
luego hubo otra mujer, ahora como un cadáver fresco y re-
     ciente,
venga a empezar, Guadalupe.

ABUELO SOMETÍA SUS PROPOSICIONES...

Abuelo sometía sus proposiciones ante las arcas de la ley,
convocando, impenetrable rueda de la monotonía,
biblias y gravedades del tabernáculo,
ayunaba en primera fila.
Rey de reyes por las blancas juderías,
llegó aquel hombre de una Europa de tubérculos,

abrió una bodega de alimentos judíos,
ubicó su expendio del maná en una plaza con moscas,
sensatamente llamó a su negocio La Bodega Cubana.
Luego hubo más: no amó Cuba particularmente,
porque no sabía de naciones,
aquel rabino grande con la cabeza rapada,
ojos zarcos que jamás conocieron la insolencia.
Luego hubo más: yo lo heredé obsesivamente,
a los diez años de edad encontré la servilleta de lino blanco almi-
          donado,
con la matzá de la huida y la promesa.
Entonces fue que yo pedí una carriola de regalo,
y abuelo no accedió, me puso cinco pesos en la mano.
Yo me quebré como un trompo trastornado, rota la púa.

ÉSTE ES EL LIBRO DE LOS SALMOS...

Éste es el libro de los salmos que hicieron danzar a mi madre,
éste es el libro de las horas que me dio mi madre,
éste es el libro recto de los preceptos.
Yo me presento colérico y arrollador ante este libro anguloso,
yo me presento como un rabino a bailar una polka soberana,
y me presento en el apogeo de la gloria a danzar ceremonioso
          un minué,
brazo con brazo clandestino de la muerte,
yo me presento paso de ganso a bailar fumando,
soy un rabino que se alzó la bata por las estepas rusas,
soy un rabino que un Zar enorme hace danzar ante los bastiones
          de la muerte,
soy el abuelo Leizer que bailó ceñido ceremoniosamente al talle
          de la abuela Sara,
yo soy una doncella que llega toda lúbrica a dilatar las fronteras
          de esta danza,
yo soy una doncella dilatada por un súbito desconcierto de los
          tobillos,
pero la muerte me impone un desarreglo,
y hay un búcaro que cae en los grandes estantes de mi cuarto,
y hay un paso lustroso de farándula que han dado en falso,
y son mis pies como un bramido grande de cuatro generaciones
          de muertos.

MUERTES DEL REY DAVID

La fiebrecilla es de vejez.
La profecía una vigilancia clamorosa de Natán sobre el monarca.
Pecado en Betsabé como una mantis religiosa, patriarca contra
  las descendencias de David.
Los cedros, por Salomón un árbol para la edificación de sus mo-
  radas al desierto.
La muerte, proclamación de súbditos hasta el mar y sus coperos.
Panes de agua, y ese olorcillo a sebo, a láudano sobre grilletes.
La cítara, temblona.
Y la muchacha un cuenco por Urías, por Absalón a los salterios.
Toda la conmiseración para el rey
y aquella sunamita que le colocaron como rebaños a su edad
  para solazarlo.
Sometimientos al aplacar su yugo casto en la desobediencia.
Y el rey, barba florida y chiquitón por la terraza y por los sico-
  moros.
Galancetillo testarudo en la jauría de los adulterios.
Sus consejeros, copiosos de furor para sus propios ojos al escon-
  der la orina vieja de David por los tibores.

KAFKA

Le cupo amar los gorriones.
Porque era un hombre abundante y detestable quiso creerse
  oscuro como si fuera un habitante de la ciudad de Viena
  condenado a inspeccionar el mundo desde los ventanales
  que Stalin concibió en el Kremlin.
Pero soñaba también en los cañaverales.
Vio un día que lapidaron la imagen de San Juan de Patmos en
  los ojos rasgados del fuego.
Y se sintió circundado de palomas.
Vasto en exceso, conoció momentáneamente las desdichas de
  la ambigüedad.
Creyó verse asesinado entre los matorrales por los gendarmes.
Por su falta de clarividencia conoció el futuro.
En la piedra de los holocaustos comprendió su significado.
Dejaba demasiadas circunstancias por terminar.

Nadie compareció: llamaban a lo fiscales en la piedad.
Lo empezaron a buscar por Praga o en la incesante garúa de
    Lima
pero sólo desenterraban el veredicto que dejó en las bibliotecas.
Nadie entre tantísimos documentos lo quiso consolar.

DIVERTIMENTO (I)

Los tres muchachos hacen gala de su ingreso al batallón de los
    granaderos, guardan un secreto.
Al alba y camino del frente que Margot se asome
y Alfredo que suspire por Alfredo
y Edmundo que sus lágrimas salpiquen como si un mirlo regara
    sobre el frutero un agua somnolienta por Edmundo
y Bernardo que su rostro palidísimo refleje la marcialidad de
    unos cabellos rojos por Bernardo
y los muchachos (regreso) sin volver de las trincheras
y Margot todavía dormilona presumiendo de ciertas miradas
    con los caballeros, las cejas enarcadas en la retirada pulcra
    de sus bostezos, cintitas en la dejadez enganchadas al pelo.

ROMANTICISMO (I)

Cario amava la sua donna in gelosia. Io amo, io amo!
Bestialidad.
No son hojas, polvo los amores: tuercas, bielas.
Puso la retranca el muy farsante y envió a su amada a los Alpes
    Suizos a hacer la cura.
Ella regresó el cutis rozagante, las piernas temblorosas.
Su busto y su sombrilla por los bulevares.
Cario amó: su anterior gallardía de sales para el desmayo y ciga-
    rrillos cayó en desgracia.
En su lugar, ramilletes de margaritas.
Cosa seria: búcaros, el mes de octubre, la primera migración de
    las aves y una tos persistente empañando de rojo las crista-
    lerías.
Bochornoso.

Cario cela a Leticia: por los sagrarios, por los deambulatorios, al
    salir de la iglesia por la puerta lateral.
Por el futuro.
Mario, mal agüero, pasó por su reja: pétalos, clavel, pañuelos.
Lo de siempre.
Oh! si se aman! Oh! si se aman! si se aman! (retorcimiento de
    manos)
Cario amava la sua donna in gelosia.
Ahora sí que perdió prenda: su chaleco un botón que cuelga des-
    prendido, la gomina y el té detrás de una ventana.

ZEN

El arquero, un paso al frente, imitación de la grulla en la quietud
    anterior al graznido.
Abre su posición, la mano imita el arco.
Los ojos buscan la diana en sus pupilas.
Rocío
        (el arquero a punto de captar una imagen al alba).
Surca la flecha, pasa.
El arquero, inmóvil, la mirada fija en la arrogancia de su esterili-
    dad.

EL FILÓSOFO MO TSE...

Para Juan Pedro Castañeda.

El filósofo Mo Tse enseña: refutarme es como tirar huevos a
    una roca.
Se pueden agotar todos los huevos pero la roca permanece incó-
    lume.
El filósofo Wo agota los huevos del mundo contra una roca
y la conquista.
Primero, al hacerla memorable.
Segundo, porque en lo adelante y dada su amarillez excesiva
quienes acuden a la roca
confunden la luna y los caballos.
Y tercero, aún más importante: un veredicto actúa sobre otro
    veredicto,
anula la obsesión de sus palabras.

MADAME CHU (AL AMANECER) SERVILLETAS DE LINO...

Madame Chu (al amanecer) servilletas de lino, té verde (o té de Ceilán) y unos panecillos a base de yema (ligerísimos) mermelada de arándanos.

Y como una naturaleza muerta un huevo duro en su cáliz pequeño de porcelana (mantel ribeteado con una franja de crucecitas rojo amarillo rojo) tajada, dos limones.

Modorra, aún: anoche brotaron de su sueño unos escarabajos difusos, pasó un portavoz del Emperador delante de su ventana (cubriéndose de gloria con un monólogo) y un abanico

se deshizo.

APEGO DE LO NOSOTROS

Para Guadalupe.

Di, di tú: para qué tantos amaneceres.
Qué año es, era.
Te previne: podría aparecer una pera de agua en el
                    albaricoquero cargado de frutos, hacerse
escarlata
la savia del rosal; sonreías. Y ahora reímos, rompemos
                    a reír a carcajadas, blusón
de lino, faja
sepia con un emblema geométrico, también te previne:
                    y ves, un arpa en el peral del patio,
                              ¿arpa? Tres años
que no llueve
y debajo del albaricoquero hiede a humedad: a gusaneras
                    fortísimas que devoran cuanto cae, devorarían
                              la propia lluvia
si cayera. Si
cayera, recordaríamos aquel tren de vida metódico que
                    tanto nos gustaba: mojar

las galletas
de anís en el café retinto (yo te enseñé a decir, café
      retinto y carretero; sonreías): mojar.
                         Qué seres
tranquilos. Y
toda tu admiración volcada en aquella frase que nos
      resumía: «es que sabemos administrarnos bien.»
                          No digas
que no
te previne, había tantas señales: el varaseto que apareció
      roto inexplicablemente el peldaño que faltó
de pronto
a la escalera de coger los frutos ¿del peral, del albaricoquero?
          Cómo: yo lo supe, yo lo supe. Mira,
dormías
aún y me quedé de pronto (tan temprano) en la arista en altas
      celosías en la revuelta de un arco hacia
arriba, quizás
aún dormitas: dos lustros, o dos décadas, ¿pasaron? Qué hubo.
                          Qué
del segundo
movimiento *andante sostenuto,* ¿recuerdas que por aquella época
      descubrimos los poemas del amado Sugawara
      No
          Michizane, amantísima? Amantísima,
      del arpa
desciendas, de
los instrumentos de cuerda desciendan tus dedos numerosísimos
      que me toquen al hombro, que me prevengan: la
      mesa,
          está servida. El plato de cerámica
granadina
con las galletas de anís y frente por frente los dos tazones
      de café tinto. Servida
la mesa
e imitábamos como si hubiera un mayordomo yo fui tu mayordomo
      y mayordoma («la mesa está servida, Señora»),
              ¿te acuerdas? Qué
miedo
le cogimos al plato cómo pudo resbalársete de la mano

        el plato el número siete la luz crecer de la
        luna al entrar por el enrejado de la ventana,
                              irisar
bajo
la campana de cristal las flores del albaricoquero las
        flores del peral, flor de tul flor de cera toda
              esta habitación esta mesa
servida.

NUPCIAS

Creyó, que entraba.
El trombón en el suelo, papel pautado.
La sábana como una toga sobre el nicho, el butacón.
Y que estaría, una pierna sobre el escabel la media blanca
        en el pie izquierdo que apoya fogoso al
        ritmo de cuatro violoncelos arcos arcos
        bom bom el atabal tut tut los figles
        diapasón diapasón Oh Oh tres llaves
                    la corneta.
Estaría, a la hora boata del té.
Porcelana de Sèvres, porcelanita: Westminster Abbey; a
        la mesa Queen Ann patas combas so select
           the audience, Maestro.
De consuno, ¿hemos muerto?
Es con la mano izquierda que el alza de
        seguro mismamente por su asa la
        tacita blanca valeriana calmosa orna
        una trinitaria su taza blanca.
¿Creyó, que entraba?
El viejo tiene en la habitación un clavecín por lujo una
        palmatoria Eckermann y Goethe si se afeitara
        Oh si empezara por rasurarse esos carámbanos
        de sebo que han comenzado a exudar sus barbas
        mal huele a espermas el viejo si se desprendiera
        por Dios de la bata alcanforada y el peluquín
        empegostado no somos reyes y nuestro doncelín
        (tendrá que aceptarlo) ¿murió? ¿comercia?
        ¿es dependiente de la banca? ¿no supo reencarnarse?
Maestro, ¿caramelos?

Nada mejor que el anís para la salud: o no recuerda el frío
       que hubo con la borrasca de granizo escarchada
       galerna, anoche; deje que llueva.
Saldremos, nuevamente parasol.
Ud., la ocarina y yo de palafrenera para guiar sus pasos
       de cuerda y viola de tecla y marcha
       tac tac tac tac el bastón empedrado.
Su lazarilla.
Maestro, soy la joven campiña la matroncita amor su
       brizna de jipijapa trenzada y blusa
       de yedra alta ¿descorchamos? que se
                            encarama.
¿Entro, nupcial?
Con el verde betún de mis borceguíes inclínese y desamarre,
       Maestro, a las violas sentado Ud. muy
       soberano y yo a su regazo horma de grave
       caja he aquí la contraseña inicie y
       ponga a sus cuatro violines piano címbalos
       contrabajo atabal caramillos y figle
                  a resbalar ¿batuta?

LUIS ALBERTO CRESPO
(Carora, Venezuela, 1941)

Luis Alberto Crespo

Foto cortesía del escritor

Nació en Carora (Venezuela) en 1941. Estudios de Derecho y Periodismo. Ejerce el periodismo y la crítica literaria. En la actualidad dirige el «Papel Literario» del diario *El Nacional* (Caracas).

Obra poética. *Costumbre de sequía* (Caracas, 1977) reúne toda su obra poética hasta esa fecha: *Si el verano es dilatado* (1968), *Cosas* (1968), *Novenario* (1970), *Rayas de lagartija* (1974) y *Costumbre de sequía* (1976); *Resolana* (Caracas, 1980).

Los poemas seleccionados pertenecen a las ediciones siguientes: «Costumbres», «Pesadilla», «Novenario VIII», «Novenario XXX», «Las hojas por las entradas», «Herencias» y «Cuarto» (*Costumbre de sequía,* Monte Ávila, Caracas, 1977); «¿Qué pájaro es ese aquel?», «No nos movamos», «Mi parecido», «Si hablo», «(Char)», «No me muevo» y «Tierra que halamos» (*Resolana,* Monte Ávila, Caracas, 1980).

COSTUMBRES

Bajo el cielorraso cargado de lluvias
están los comerciantes y sus arreos de burro,
los de mercancías que hacen dormir.
Dejan una vejez en mis nervios,
y el polvero en los puentes
llevándole a uno las lejanías.
Trajeron una guitarra. La vi quemándose en el patio.
Y caminar, caminar,
hasta el río terminado en una piedra.
El agua me tiró lejos. Más allá
se borraban colinas y colinas.
Así toda la noche:
el cuerpo envuelto en aceite,
en sábana blanca
un tiempo llevado por las tejas,
a los quince años de vivir
creyendo estar en todas partes,
de querer ropas para volar
y la luna que me pasaba silbando por la cara.

PESADILLA

Un tiempo feo, después de insolación o cansancio:
levantarse tirado afuera por el temporal,
esa música de cuerdas, el ventarrón
que trae la montaña hasta la puerta,
toda mi familia en los relámpagos.
Nunca se acabó este ruido,

ni el de los muertos barriendo sobre mí, buscando en los baúles
donde el sol no toca fondo.
El aguacero hace brincar al infierno,
y tal vez haya un baúl enterrado detrás de los armarios.
En esta casa, el balcón sigue la raya del horizonte
y un relámpago se lleva a mi mamá bien lejos.
No puedo abrir los ojos. La casa en la calle,
el cuarto de mi papá en los basureros
abierto como una lata.

NOVENARIO

VIII

Qué desamparo después. Las tapias de adobes
idas.
En el cielo, desde temprano,
se borraron las huellas del diablo
que iba para Burere.
Abajo queda su tierra de basura
y los nombres amarrados en las cruces
hundiéndose.
El camino que pasó por aquí
arrimó la calle hasta el playón de la mortecina.

No te muevas, tía,
y coge un poco de aire por esta rendija de zamuro.

XXX

Crecen los cajones,
les nacen sus ramas, se abren
para no oler más a ti
y las valijas
repletas de lazos de murciélago,
en los travesaños.
Las voces
se oyen ahora y gente ida
vuelve a hablarle a uno, bajito.

Los cajones no dejan entrar,
las ramas altas caminan,
caminan por los techos.
Pasa el polvo, pasa la telaraña
por esta casa seca.

LAS HOJAS POR LAS ENTRADAS...

Las hojas por las entradas y salidas
de cielo

Los vuelos de gavilán que me pongo a mirar,
a ser
y me llevan por cosas tumbadas

HERENCIAS

De cuidar su hundido en la hamaca,
el tizne, el carbón de mi tía

Los ojos picados de culebra
de mi hermano Alcides

Tenso en el patio
cuando suena la iglesia

La llave en el balcón
como un cuchillo

Si hay chirrido de puerta
trago saliva para no decir tu nombre.

CUARTO

No apartarme
y guardar sombra

Dejarme igual
en los declives
entre tú y yo

Durar juntos
después
en el tendido

Ponernos la sábana
su filo en el cuello

¿QUÉ PÁJARO ES ESE AQUEL?

¿Qué pájaro es ese aquel?

¿De qué vuelo?

*¿Cuál de los dos
es el otro que huye?*

*¿El del hueco en la página?
¿El de la bala en la sien?*

NO NOS MOVAMOS...

No nos movamos
Grita para no volver

No voltees
no muestres la cara en esta casa suelta

Afuera es un cuarto oscuro

No te des cuenta de lo que somos para los otros
en el espejismo

esa reliquia del fulgor

MI PARECIDO...

Mi parecido en la pared
su desprendido
debajo de la ceja

Me acostumbro a lo que nos arruina

Lo liso lo fijo

Somos gente blanca en el vacío

SI HABLO...

Si hablo
¿sigo en la loma?

Si escribo
¿ando igual por la serranía?

¿Se irá el zorro
si despierto?

Si no digo nada
Si estoy quieto
¿cuál será mi tumba?
¿cómo distinguirla
de las otras casas?

(CHAR)

Ahora lo hago por mí
perdiz

La mano brilla
como un disparo

Me enseño con dedo
en la caída interminable

Para ti es lo que enrojece

Para mí la tentación

NO ME MUEVO...

No me muevo en lo marchito

Me niego con los ojos
Viéndome no sé nada de mí

Amarro el caballo a la rajadura

Tierra bruta que ensucio hablando

Y donde callarse es esto
sin suelo

TIERRA QUE HALAMOS...

Tierra que halamos
de tanto llamar

Lo quemado de separarse
mirándola

De dejar lo oscuro abierto después
hasta el fin

oyendo ese pájaro
que hace como los que ya no vuelven.

ANTONIO CISNEROS
(Lima, 1942)

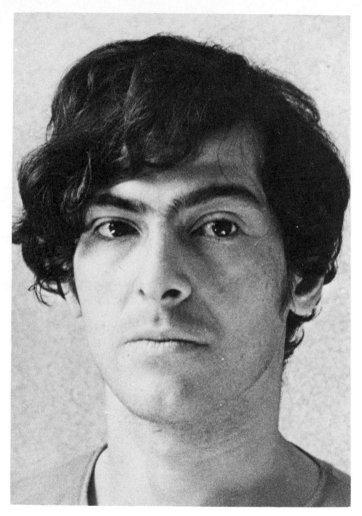

Antonio Cisneros

Nació en Lima (Perú) en 1942. Estudios de Literatura en las Universidades de San Marcos y Católica (Lima). Licenciado y doctor en Letras. Profesor de Literatura en las Universidades de San Marcos (Lima), Southampton y Niza. Profesor visitante en la Universidad de Eötvos Lorand (Budapest). Ha trabajado también en la Universidad de Berkeley (U.S.A.).

Miembro de la Asociación Nacional de Escritores y Artistas y del P.E.N. Club de Perú. Becario de las fundaciones Javier Prado y Guggenheim. Premio de Poesía «José Santos Chocano» de Perú (1965). Premio de Poesía «Casa de las Américas» de La Habana (1968). Mención en el premio internacional de Poesía «Rubén Darío» de Nicaragua (1980).

Ha desarrollado una notable actividad en el campo del periodismo literario y dirigió la revista *Cuadernos,* del Concejo de la Universidad Peruana, entre 1976-1977. En la actualidad hace lo propio en el suplemento dominical «El Caballo Rojo» de *El Diario.*

Obra poética: *Destierro* (Lima, 1961); *David* (Lima, 1962); *Comentarios Reales de Antonio Cisneros* (Lima, 1967); *Canto ceremonial contra un oso hormiguero* (La Habana, 1968-Buenos Aires, 1969-Barcelona, 1972-Lima, 1980); *Agua que no has de beber* (Barcelona, 1971); *Como higuera en un campo de golf* (Lima, 1972); *El libro de Dios y de los húngaros* (Lima, 1978); *The spider hungs too far from the ground* (Londres, 1970, Nueva York, 1970); *Versei* (Budapest, 1978); *Helicopters in the Kingdom of Peru* (Londres, 1981); *Crónica del Niño Jesús de Chilca* (México, 1982).

Los poemas seleccionados pertenecen a las siguientes ediciones: «Paracas», «Antiguo Perú» y «Los conquistadores muertos» (*Nueva poesía peruana,* de A. Tamayo Vargas, El Bardo, Barcelona, 1970); «Karl Marx died..», «A una dama muerta», «Dos soledades» y «La araña cuelga demasiado lejos de la tierra» (*Canto ceremonial contra un oso hormiguero,* Ocnos, Barcelona, 1972): «Tranvía nocturno» y «Después de corregir las pruebas...» (*Vuelta,* núm. 13, México, diciembre 1977); «Y antes que el olvido», «Una muerte del Niño Jesús», «Una muchachita en domingo», «Otra muerte del Niño Jesús» y «Una madre habla de su muchacho» (*Crónica del Niño Jesús de Chilca,* Premiá, México, 1982).

PARACAS

Desde temprano,
crece el agua entre la roja espalda
de unas conchas

y gaviotas de quebradizos dedos
mastican el muymuy de la marea

hasta quedar hinchadas como botes
tendidos junto al sol.

Sólo trapos
y cráneos de los muertos, nos anuncian

que bajo estas arenas
sembraron en manada a nuestros padres.

ANTIGUO PERÚ

Con ramas de huarango
espantaban las moscas que crecían
sobre el pecho de sus muertos.
En las piedras del templo,
viejos curacas hacían el amor
con las viudas, y un sol enrojecido
achicharraba
los huesos de sus hijos.

LOS CONQUISTADORES MUERTOS

I

Por el agua aparecieron
los hombres de carne azul,
que arrastraban su barba
y no dormían
para robarse el pellejo.
Negociantes de cruces
y aguardiente,
comenzaron las ciudades
con un templo.

II

Durante este verano de 1526,
derrumbóse la lluvia
sobre sus diarios trajines y cabezas,
cuando ninguno había remendado
las viejas armaduras oxidadas.
Crecieron, también, negras higueras
entre bancas y altares.
En los tejados
unos gorriones le cerraban el pico
a las campanas.
Después en el Perú, nadie fue dueño
de mover sus zapatos por la casa
sin pisar a los muertos
ni acostarse junto a las blancas sillas
o pantanos,
sin compartir el lecho con algunos
parientes cancerosos.
Cagados por arañas y alacranes,
pocos sobrevivieron a sus caballos.

KARL MARX DIED 1883 AGED 65

Todavía estoy a tiempo de recordar la casa de mi tía abuela y
		ese par de grabados:
«Un caballero en la casa del sastre», «Gran desfile militar en
		Viena, 1902».
Días en que ya nada malo podía ocurrir. Todos llevaban su pata
		de conejo atada a la cintura.
También mi tía abuela —20 años y el sombrero de paja bajo el
		sol, preocupándose apenas
por mantener la boca, las piernas bien cerradas.
Eran los hombres de buena voluntad y las orejas limpias.
Sólo en el music-hall los anarquistas, locos barbados y envueltos
		en bufandas.
Qué otoños, qué veranos.
Eiffel hizo una torre que decía «hasta aquí llegó el hombre».
		Otro grabado:
«Virtud y amor y celo protegiendo a las buenas familias».
Y eso que el viejo Marx aún no cumplía los 20 años de edad
		bajo esta yerba
—gorda y erizada, conveniente a los campos de golf.
Las coronas de flores y el cajón tuvieron tres descansos al pie de
		la colina
y después fue enterrado
junto a la tumba de Molly Redgrove «bombardeada por el ene-
		migo en 1940 y vuelta a construir».
Ah, el viejo Karl moliendo y derritiendo en la marmita los di-
		versos metales
mientras sus hijos saltaban de las torres de Spiegel a las islas de
		Times
y su mujer hervía las cebollas y la cosa no iba y después sí y en-
		tonces
vino lo de Plaza Vendôme y eso de Lenin y el montón de re-
		vueltas y entonces
las damas temieron algo más que una mano en las nalgas y los
		caballeros pudieron sospechar
que la locomotora a vapor ya no era más el rostro de la felicidad
		universal.

«Así fue, y estoy en deuda contigo, viejo aguafiestas».

A UNA DAMA MUERTA

Desde la primera vez comprendí que te iba a seguir como un
    granadero a su bandera,
entre los muertos y el torreón de las moscas —retirada en
    Verdún, 1870, por ejemplo.
                   Así era,
la Tierra sobre el lomo del buen Atlas, terrible y necesaria, ine-
    vitable.
1967, la Revolución Cultural China y los quesos baratos
—fue en París donde perdí a mi amigo.
                  Allí estabas,
gorda, desparramada y sin embargo más dura que un colmillo.
María era mi esposa. *You know* Maria,
Señoritas *from Havana know a lot of things about* caballeros,
Doncella *cigarrettes,* Kingston, Jamaica.
               María Doncella,
               María Caballero,
               María Señorita,
               María Buenos Días Señor.
(Trato así de ablandar su rostro guerrero, sus incisivos, sus
    uñas convexas.
Maria olfateaba al enemigo desde 5 jornadas de distancia, era
    perfecta.)
María chiquita, bonita, con un cuchillo de hueso escondido en
    la media.
You know that Villa's song
(Oh bandera torpe y pesada como un oso, hubimos de ente-
    rrarte para correr mejor.
María devoró las aceitunas del odre en muy pocos minutos,
y el odre fue vacío.
             Y ahí,
sin desnudarte —María temía a los bichos y bacilos de tu ropa
    interior—
te clavamos.
          Después, el agua hervida.)
María loves Pancho in a fantastic tower of palmeras.
Y Pancho que no sabe escoger.
Pancho partido entre la Mariguana y el Té de las Señoras.
       (Cómo duele,

aquí junto al hígado y la última costilla voladora.
Estancia destinada a los cobardes.)
María Buenos Días Muchas Gracias said me «You are a bravo».
I'm sure of it.
                    I'm sure.
Entre las Matanzas y el Salmo de Primera Comunión, en perfecto equilibrio.
Para siempre.

DOS SOLEDADES

I. *Hampton Court*

Y en este patio, solo como un hongo, adónde he de mirar.
Los animales de piedra tienen los ojos abiertos sobre la presa enemiga.
—ciudades puntiagudas y católicas ya hundidas en el río— hace cien lustros
se aprestan a ese ataque. Ni me ven ni me sienten.
A mediados del siglo diecinueve los últimos veleros descargaron el grano,
ebrios están los marinos y no pueden oírme
—las quillas de lo barcos se pudren en la arena.
Nada se agita. Ni siquiera las almas de los muertos
—número considerable bajo el hacha, el dolor de costado, la diarrea.
Enrique El Ocho, Tomás Moro, sus siervos y mujeres son el aire
quieto entre las arcadas y las torres, en el fondo de un pozo sellado.
Y todo es testimonio de inocencia.
Por las 10.000 ventanas de los muros se escapan el león y el unicornio.
El Támesis cambia su viaje del Oeste al Oriente. Y anochece.

II. *París 5.ᵉ*

«Amigo, estoy leyendo sus antiguos versos en la terraza del Norte.
El candil parpadea.
Qué triste es ser letrado y funcionario.

Leo sobre los libres y flexibles campos del arroz:
    Alzo los ojos
y sólo puedo ver
los libros oficiales, los gastos de la provincia, las cuentas ama-
    rillas del Imperio.»

Fue en el último verano y esa noche llegó a mi hotel de la calle
    Sommerard.
Desde hacía dos años lo esperaba.
De nuestras conversaciones apenas si recuerdo alguna cosa.
Estaba enamorado de una muchacha árabe y esa guerra
—la del zorro Dayán— le fue más dolorosa todavía.
«Sartre está viejo y no sabe lo que hace», me dijo y me dijo tam-
    bién
que Italia lo alegró con una playa sin turistas y erizos y aguas
    verdes
llenas de cuerpos gordos, brillantes, laboriosos,
    «Como en los baños de Barranco»,
y una glorieta de palos construida en el 1900 y un plato de can-
    grejos.
Había dejado de fumar. Y la literatura ya no era más su oficio.
El candil parpadeó cuatro veces.
El silencio crecía robusto como un buey.
Y yo por salvar algo le hablé sobre mi cuarto y mis vecinos de
    Londres,
de la escocesa que fue espía en las dos guerras,
del portero, un pop singer,
y no teniendo ya nada que contarle, maldije a los ingleses y
    callé.
El candil parpadeó una vez más.
Y entonces sus palabras brillaron más que el lomo de algún esca-
    rabajo.
Y habló de la Gran Marcha sobre el río Azul de las aguas re-
    vueltas,
sobre el río Amarillo de las corrientes frías. Y nos vimos
forteciendo nuestros cuerpos con saltos y carreras a la orilla
    del mar,
sin música de flautas o de vinos, y sin tener
otra sabiduría que no fuesen los ojos.
Y nada tuvo la apariencia engañosa de un lago en el desierto.
Mas mis dioses son flacos y dudé.

Y los caballos jóvenes se perdieron atrás de la muralla,
y él no volvió esa noche al hotel de la calle Sommerard.
Así fueron las cosas.
Dioses lentos y difíciles, entrenados para morderme el hígado
    todas las mañanas.
Sus rostros son oscuros, ignorantes de la revelación.

«Amigo, estoy en la Isla que naufraga al norte del Canal y leo
    sus versos,
los campos del arroz se han llenado de muertos.
Y el candil parpadea.»

LA ARAÑA CUELGA DEMASIADO LEJOS DE LA TIERRA

La araña cuelga demasiado lejos de la tierra,
tiene ocho patas peludas y rápidas como las mías
y tiene mal humor y puede ser grosera como yo
y tiene un sexo y una hembra —o macho, es difícil
saberlo en las arañas— y dos o tres amigos,
desde hace algunos años
almuerza todo lo que se enreda en su tela
y su apetito es casi como el mío, aunque yo pelo
los animales antes de morderlos y soy desordenado,
la araña cuelga demasiado lejos de la tierra
y ha de morir en su redonda casa de saliva,
y yo cuelgo demasiado lejos de la tierra
pero eso me preocupa: quisiera caminar alegremente
unos cuantos kilómetros sobre los gordos pastos
antes de que me entierren,
                            y esa será mi habilidad.

TRANVÍA NOCTURNO

Sido como fui el fauno real de Niza, la pantera —de Argel— en
    el Hyde Park, gárgola alegre del valle de Huamanga,
oh vedme convertido en el gorgojo tuerto del Danubio: pi-
    mientos y vigilias sin rumbo y sin respuesta.

Virgen necia entre las vírgenes prudentes, un solo ojo apestado
    que no ve
el cielo atrás del cielo, el triunfo de los hombres que vendrán.
Sin lámpara de aceite que descubra las más verdes colinas en los
    ojos
de un borracho fondeado en el tranvía a la hora del búho.
Campos de ámbar y avena que no oteo, gorgojo que ahora
    evito:
No hay días venideros, apenas un tranvía cargado de borrachos
como un carbón prendido entre la niebla.

DESPUÉS DE CORREGIR LAS PRUEBAS DE AMARU EN LA IMPRENTA, 1967

(Emilio Adolfo Westphalen.)

Anochece sobre la línea del tranvía.
Los avisos luminosos de Limatambo
son más lejanos aún que las estrellas.
No hay estrellas.
La fatiga es más larga que este día.
Antes de despedirnos
me invita a su casa.
Bebemos un vaso luminoso
como el último refugio en la tormenta.
No habla. Yo no nombro
tanta bondad, tanta sabiduría.
Y anochece.

Y ANTES QUE EL OLVIDO NOS

Lo que quiero recordar es una calle. Calle que nombro por no
    nombrar el tambo de Gabriel
y el pampón de los perros y el pozo seco de Clara Vallarino y la
    higuera del diablo.
Y quiero recordarla antes que se hunda en todas las memorias
así como se hundió bajo la arena del gobierno de Odría en los
    años 50.

Los viejos que jugaban dominó ya no eran ni recuerdo.
Nadie jugaba y nadie se apuraba en esa calle, ni aun los remo-
    linos del terral pesados como piedras.
Ya no había hacia dónde salir ni adónde entrar. La neblina o el
    sol eran de arena.
Apenas los muchachos y los perros corríamos tras el camión
    azul del abuelo de Celia.
El camión de agua dulce, con sus cilindros altos de Castrol.
Yo pisé entonces una botella rota. Los muchachos (tal vez) se
    convirtieron en estatuas de sal.
Los perros (pobres perros) fueron muertos por el guardián de
    la Urbanizadora.
Y la Urbanizadora tenía unos tractores amarillos y puso los cor-
    deles y nombró como calles las tierras que nosotros no ha-
    bíamos nombrado.
(También son sólo olvido).

Lo que quiero recordar es una calle. No sé ni para qué.

UNA MUERTE DEL NIÑO JESÚS

No he prendido el lamparín de kerosene desde hace cuatro
    noches.
Mis ojos sin embargo están clavados en la mecha reseca.
Ciego ante las tinieblas como es ciega la polilla ante la luz.
Mis ojos de carnero degollado. Pobre mierda: lechuza de las
    dunas.
Y sé que el Niño no premia ni castiga. Aquí no hay Dios.
Y sé que hay luna llena pues me duelen las plantas de los pies.
Luna que en un par de horas ya será más oscura que este cielo.
Aguas y vientos color de uva rosada.
Y los devotos entonces a la mar —por unos pocos peces.
Y las devotas entonces a los campos —por unos pocos higos.
Tanta vaina carajo. El gallo enterró el pico.
Un mar de cochayuyos y malaguas y un arenal de mierda.
Somos hijos de los hijos de la sal.
No haré un huerto florido en esta tumba. A Mala iré,
por fiar mangos verdes y maduros y una torre de plátanos. Des-
    pués

por mi negocio iré. Todo a Lima, compadre, a Lima iré.
El Niño está bien muerto. El aire apesta.
Clavo la puerta.
Entierro la atarraya.
Enciendo el lamparín.

UNA MUCHACHITA EN DOMINGO

Los antiguos rodean el altar
como a un lomo de res.
Nada celebran. Esperan un milagro.

Yo corro a la playa
para cazar cangrejos
antes que se levante la marea.

Soy tigrillo y ramita del arroz
(dice mi abuelo)

¿Algún día seré cuervo que espera
lluvias en el altar
y un amante pasados los 50?

OTRA MUERTE DEL NIÑO JESÚS

Si yo supiera por dónde comenzar comenzaría con el corazón
en la mano.
Hija y madre de pescadores y agricultores, servidora del Niño.
Aquí de pie con el puño cerrado y las espinas de la tuna más
seca.
(Los canales de piedra hundiéndose en la arena como una rata
entre los matorrales).
Ni a quién quejarme ahora.
Hemos abandonado a nuestros muertos (puedo oírlos crecer
bajo el carbón).
El Niño me perdone.
Adiós plantita del ají, plantita de la ruda, plantita del rocoto.

Adiós luciérnagas, lagartos, alacranes.
Me recojo los cabellos y trato de dormir mientras escucho
las sombras en las dunas una última vez.
(Al desierto lo que era del desierto. Al mar lo que es del mar).

UNA MADRE HABLA DE SU MUCHACHO

Es mi hijo el menor. El que tenga ojos de ver no tenga duda.
Las pestañas aburridas, la boca de pejerrey, la mismita pelambre
    del erizo.
No es bello, pero camina con suma dignidad y tiene catorce
    años.
Nació en el desierto y ni puede soñar con las calandrias en los
    cañaverales.
Su infancia fue una flota de fabricantes de harina de pescado
    atrás del horizonte.
Nada conoce de la Hermandad del Niño.
La memoria de los antiguos es un reino de locos y difuntos.
Sirve en un restaurant de San Bartolo (80 libras al mes y 2
    platos calientes cada día).
Lo despido todas las mañanas después del desayuno.
Cuando vuelve, corta camino entre las grúas y los tractores de
    la Urbanizadora.
Y teme a los mastines de medianoche.
Aprieta una piedra en cada mano y silba una guaracha. (Ladran
    los perros).
Entonces le hago señas con el lamparín y recuerdo como puedo
    las antiguas oraciones.

JUAN GUSTAVO COBO BORDA
(Bogotá, 1948)

Juan Gustavo Cobo Borda

Foto de Javier Sandoval

Nació en Bogotá (Colombia) en 1948. Asistente de la dirección del Instituto Colombiano de Cultura y redactor de la revista *Eco*.

Obra poética: *Consejos para sobrevivir* (Bogotá, 1974); *Salón de té* (Bogotá, 1979); *Ofrenda en el altar del bolero* (Bogotá, 1979); *Casa de citas* (Bogotá, 1980); *Ofrenda en el altar del bolero. Antología* (Caracas, 1980); *Roncando al sol como una foca en las Galápagos* (Bogotá, 1982).

Ha publicado también: *La alegría de leer* (1976); *La tradición de la pobreza* (1980), y *La poesía de Álvaro Mutis,* prólogo a la obra de este último: *Summa de Maqroll el gaviero* (Barcelona, 1973). Suyas son también las antologías: *Álbum de la poesía colombiana* (Bogotá, 1980) y *Álbum de la nueva poesía colombiana* (Caracas, 1980).

Los poemas seleccionados pertenecen a las ediciones siguientes: «Poética», «Autógrafo», «Rue de Matignon, 3» y «Nuestra herencia» (*Salón de Té,* Instituto Colombiano de Cultura, Bogotá, 1979); «Ejercicios retóricos», «Una parábola acerca de Scott» y «Leyendo a Conrad» (*Ofrenda en el altar del bolero,* Golpe de dados, Bogotá, 1979); «Erótica», «Rey en el exilio» y «Comarca apática» (*Casa de citas,* Centro Colombo-Americano, Bogotá, 1980):

POÉTICA

¿Cómo escribir ahora poesía,
por qué no callarnos definitivamente
y dedicarnos a cosas mucho más útiles?
¿Para qué aumentar las dudas,
revivir antiguos conflictos,
imprevistas ternuras;
ese poco de ruido
añadido a un mundo
que lo sobrepasa y anula?
¿Se aclara algo con semejante ovillo?
Nadie la necesita.
Residuo de viejas glorias,
¿a quién acompaña, qué heridas cura?

AUTÓGRAFO

A los poetas de antes
les pedían, generalmente, un acróstico.
Solo que ahora,
cuando el rencor es la única palabra
que sé pronunciar,
¿con qué enrevesada caligrafía
(letra palmer, ¿no?)
lograré transmitir el profundo desprecio
que hay en mí?
Aprieto los dientes, y sigo,
exento de todo romanticismo:
mi tarea consiste
en redactar notas necrológicas,
dos o tres veces al año.

A quien se debate, también,
entre el abandono y la lástima:
tal podría ser la grandilocuente dedicatoria,
y luego los prolijos catorce versos,
llenos de almíbar.
Qué decirte
que no te hubieran dicho ya,
la muchacha de la casa, la tía solterona:
resignación y experiencia.
A los libros, quítales el polvo;
ordena el closet, y consigue aquellas matas
que siempre has querido para el balcón del apartamento.
(La tragedia consérvala en secreto).

RUE DE MATIGNON, 3

El viejo judío enfermo —su oficio era mirar—
levanta con el índice el párpado paralizado:
allí están los polvorientos estandartes del Emperador.
Las leyendas del liberalismo
no han logrado enturbiar su gesto aristocrático.
Además, renegar de Yahvé, mendigar unos francos
no era, en verdad, asunto grave.
Quedaba el idoma, y el antiguo oficio de Dios
que es perdonar. Pero el desterrado no es hombre práctico:
desdicha y aflicción, como en toda biografía respetable.
Mientras Matilde cotorrea,
Heine, aburrido, se demora en morir.

NUESTRA HERENCIA

La dulce desdicha de la adolescencia
y el inadvertido paso hacia una madurez deseada,
nunca obtenida del todo, siempre amenazante
como un cheque sin fondos.
Las convenciones rechazadas con un vigor especial,
casi excesivo, y esos hábitos más antiguos
que ya nunca nos abandonan:
sonreír, y dar la mano,

pronunciando nuestro nombre
ante cualquier ilustre desconocido.
En verdad, sólo los viejos odian con razón.
Sólo ellos han hecho el duro aprendizaje
de la trampa doméstica.
Oponen, así, un aire paternal a la usura de los días
y logran llegar inmunes
al tumultuoso desorden de la fiebre,
la boca llena de flemas,
escupiendo sangre y maldiciones,
mientras las visitas comienzan a retirarse, en voz baja,
y reanudan su charla en la habitación vecina:
pésames y condolencias.

EJERCICIOS RETÓRICOS

1

Eludir la realidad durante treinta años
resulta un triunfo indudable.
Así deberían reconocerlo
los incompetentes siquiatras.
Pero quien está en la obligación de escribir
es aquél que ha conocido
la acumulación de papeles en su escritorio;
aquél que es incapaz de profundizar
en su propio cansancio.

2

Como un poeta que ha perdido la costumbre de su oficio
estos versos naufragan indolentes
tratando de recuperar lo mejor tuyo.
Tu piel, que revive, y el acre perfume,
yaciendo exhaustos en la fatiga de una gloria
duramente adquirida.
Donde quiera que estés
infúndele, ahora, a estas palabras,
tan necesitadas de tu risa,
algo de ese tiempo que me concediste
y que hoy vuelve, fugaz e inmerecido.

3

El adolescente que aún no ha muerto
debe volver palabra su imprecisa reacción.
Y no tiene más remedio
que apelar al viejo truco del poema.
Aprende a expresarte con claridad, se dice,
para que alguien pueda reconocer
las precarias señales
con que se comunican
quienes no son capaces de apresar, al momento,
lo que otros, inexactos, llaman la felicidad.
Pero el hombre cansado,
y que respira con dificultad,
sueña, apenas, con quien tiene miedo,
como él.

UNA PARÁBOLA ACERCA DE SCOTT

Las mansiones de moda en Long Island están en nuevas manos:
allí Gatsby había muerto, luego de amar a una mujer.
Quedaba el dolor, tan solo, como una presencia fraternal;
y los afectos superfluos, aferrándose al cuello.
«Dilapidé mis esperanzas
en las pequeñas carreteras
que llevan al sanatorio de Zelda».
Apelaba a frases pastosas, y los hermosos rostros
del año pasado dejaban advertir su vacuidad.
Entretanto, en los guiones, el productor tachaba
giros innecesarios: era el final.
Frasco vacío, boleto para una función que ya pasó,
faltaba aún el postrer ultraje.
Agradeciendo el tibio vino de la compasión
supo que tenía derecho a morir en paz.

LEYENDO A CONRAD

Las aspas del ventilador
apenas si remueven el aire
y en algún remoto cuarto de este hotel,
destartalado pero noble,
una mujer se demora bajo el agua.
Fue entonces cuando el capitán comenzó
a narrarnos su historia.
Transcurría en el Oriente,
entre islas secretas
y radas de blancura deslumbrante.
Aparecía un hombre,
traficante de armas, y culpas innominadas.
También el piadoso consuelo de una mulata.
Eso fue todo. Y sin embargo,
luego de que los huéspedes nos dispersamos,
fatigados por un día de playa,
ella siguió resonando, de modo inolvidable.

ERÓTICA

Bosque vedado
        manantial que no cesa
te anega y te desborda
        la marea contra la roca
sudor en las axilas
        tersura de los muslos
te cubro y te habito
        es áspero y se pliega
tu vello
        en la yema de mis dedos
en la punta de la lengua
        el sabor de tu sexo
gruta plena.

REY EN EL EXILIO

A José Luis Díaz-Granados.

Sus huestes se pasan en tropel al enemigo;
las tácticas que él utilizara
se emplean en su contra
y no queda ni el consuelo
de un sobrio epitafio.
Hay, en todo ello, una justicia exacta,
implícita en su decisión de servir a la patria.
(Ahhh, las grandes palabras).
La política era pues esta infamia.
Y sus memorias, pasto del gorgojo y la ignorancia.

COMARCA APÁTICA

A Mauricio Pombo.

Insumiso, a la intemperie,
vuelvo a ser irreverente.
Ni complicidad, ni indulgencia.
En el exceso, en el extravío,
la imagen desencadenada.

RECONOCIMIENTO

Quisiera acabar expresando mi reconocimiento
al poeta José Kozer, cuya ayuda ha sido decisiva a la hora de iniciar los contactos y la relación epistolar con la mayoría de los escritores aquí reunidos; mi agradecimiento, también, por sus atinadas sugerencias con respecto al título;

a todos los escritores convocados, que han dado toda clase de facilidades para la reproducción de textos y han aportado todos los datos que les hube de requerir con el fin de dar con esta obra una visión, lo más completa posible, del período de la poesía hispanoamericana que ellos protagonizan;

a aquellos otros poetas que, por imposibilidad manifiesta, o por negligencia o ignorancia del antólogo, quedaron excluidos de la selección final. Su comprensión —que se les supone— me obligará a rectificar los errores cometidos, en posibles futuras ediciones;

a Ángeles Solano, de Espasa-Calpe, que aceptó y alentó, desde el primer momento, la idea de este libro. Y que soportó con paciencia infinita las alternativas de ánimo del autor;

a mi mujer y a mis hijos que, durante meses, han sabido sobrellevar los desajustes que en nuestra casa y en nuestra vida familiar provocó la confección de la antología.

A todos ellos quisiera dedicar este libro porque, en gran medida, a todos lo debo.

SELECCIONES AUSTRAL